熟练掌握操作技巧

康凯彬——主编

THE STOCK MARKET

新股民

股市操练大全

快速提升应变能力

第3版

口碑热销

中国纺织出版社有限公司

内 容 提 要

本书是作者根据自己在股市实战多年的经验与心得，为初涉股市的投资新手量身打造的。书中运用了大量的标准图表和经典实战案例，从如何寻找投资机会、K线及技术图形的识别与运用、主要技术指标的分析与运用、量价的分析与实战、如何抄底逃顶、股市操作经验与诀窍六个方面进行了深入的解析，内容丰富全面，方法易学好用。

本版内容根据最近几年股市新的发展趋势，在第 2 版的基础上做了提升和完善，是一本不可多得的股市入门实战操作工具书。

图书在版编目（CIP）数据

新股民股市操练大全 / 康凯彬主编 . --3 版 . -- 北京：中国纺织出版社有限公司，2023.4（2025.9重印）
ISBN 978-7-5180-9895-8

Ⅰ.①新⋯ Ⅱ.①康⋯ Ⅲ.①股票投资－基本知识 Ⅳ.① F830.91

中国版本图书馆 CIP 数据核字（2022）第 180356 号

责任编辑：向连英　　责任校对：高　涵　　责任印制：储志伟

中国纺织出版社有限公司出版发行
地址：北京市朝阳区百子湾东里A407号楼　邮政编码：100124
销售电话：010－67004422　传真：010－87155801
http://www.c-textilep.com
中国纺织出版社天猫旗舰店
官方微博 http://weibo.com/2119887771
天津千鹤文化传播有限公司印刷　各地新华书店经销
2023年4月第3版　2025年9月第2次印刷
开本：710×1000　1/16　印张：15.5
字数：220千字　定价：49.80元

股市是一个变化多端、风云莫测的神秘场所，也是一个最能体现投资者综合素质的地方。它无时无刻不在进行着财富的再分配，但同在一个市场、同处一个大势，有的人赚得盆满钵满，有的人却亏得血本无归。如同巴莱多的二八定律，在股市中只有 20% 的人在赚钱，而 80% 的人在赔钱，这 80% 的人中大部分都是新股民。

证券市场风云变幻，股市涨跌无常，如何在市场中把握机会，成为赢家，是新股民关心的话题。股谚云："会买是徒弟，会卖才是师傅。"在股市里，无论是谁，无论是做短线还是做长线，买进股票后总有卖出的时候。但是，股票卖出却并非一件简单的事情，里面大有学问。很多投资者尤其是新入市的投资者，就是因为没有把握好股票卖出的契机，导致了无限遗憾。

任何成功的背后都有一定的技巧和方法在支撑，投资股市也不例外。在其他客观条件支持下，盈利与否、盈利多少，都是由操作的方法和时机决定的。每一个刚涉足股市的新股民都希望自己能够快速获利，这就需要投资者不断自我磨炼，才能最终成为股市的赢家。

本书向新股民详细介绍了股市中的各种知识、方法和技巧，同时教给新股民如何掌控风险以及在风险中获利的方法。

值得说明的是，在讲解知识点时本书采用了图示配文字的方法，因为图示能直观明了地说明股价的涨跌。利用图示进行操作是一种实用而有效的方法。

本书的实战图具有极强的代表性，以便新股民在熟记该图形走势后，举一反三，触类旁通，在操作时碰到类似图形，知道应该如何操作。

新股民要学会看图，若不会看图，技术分析便无从谈起。看图既要看得懂标准图形，也要看得懂非标准图形。在股市中非标准图形占了绝大多数，因此，股市投资者不但要提高对标准图形的辨别能力，更要提高对非标准图形的辨别能力。

本书既从实战操练的角度出发，帮助新股民把脉股市行情，分析股市大盘，制订投资策略；又从微观入手，讲述抄底逃顶的技巧，揭露股市陷阱……希望通过这些"必修课"的学习，使新股民成为股市搏击的高手。

随着市场的发展、投资主体的变化，投资理念、操作策略及操作技巧也会不断发展和变化。本版内容根据股市新的发展趋势，在第2版的基础上做了完善与提升，更新了大量的实操图，希望本书能够有助于新股民灵活掌握股票操作技巧，提高实际应变能力。

编者

2023 年 2 月

目 录
CONTENTS

第一章 新股民如何寻找股票的投资机会

第二章 K线及技术图形的识别与应用

第三章 ∧∧ 主要技术指标分析及运用

第四章 量与价的分析及操作精要

第五章　抄底逃顶的技巧

第六章　股市操作经验与诀窍

新股民如何寻找股票的投资机会

第一节　从基本面中寻找

一、根据国家经济政策的取向选股

无论股市的基本分析方法有多少种，作为中小投资者首先要学会的就是根据政策面来选股。

丽丽是一个很理性的股民，她从来不会把道听途说的消息当作自己买入股票的依据，而是善于观察分析国内外的经济形势，认真学习国家的大政方针，紧跟国家各个时期的政策和目标，从而确定自己的投资方向和重点，这样，自然就会让自己的股票投资活动变得无限快乐。

那么，如何来学习和掌握国家的经济政策呢？

1. 反复研读法

根据一些股市高手的操作经验，投资者可以多关注各大财经网站、《中国证券报》等证券报刊的头版，特别要关注高层领导的重要讲话，把整篇文章仔细反复研读几遍，并把每一次高层领导的讲话、重要的社论、评论员文章、新闻发布会内容等信息收集整理，吃透其精神。如果你能做到这样，那么，你就已经和机构、主力等所谓的大户站在同一起跑线上了。

2. 借脑分析法

应借助那些学有专长的人的脑袋来分析。借脑最简便的方法就是去听经济专题讲座。这是因为股市中大多数人不具备经济学方面的专业知识，如果仅靠自己收集新闻媒体和网上的信息，要一下子深刻理解和掌握国家的经济政策会遇到很多困难，如信息难以收全、理解上出现偏差等。但听经济专题讲座就不同，一般来说，能来讲课的人大多是经济界的学者或权威，他们收集的信息要比一般人齐全、准确得多，对国家的经济政策的理解也会表现出相当高的水平。

好的经济专题讲座，会使你有"听君一席话，胜读十年书"的感觉。因此，我们主张散户投资者，尽可能多听一些经济学家的专题讲座。这是投资者快速学习和理解国家经济政策的一个非常有效的方法。

张宏是一个老股民了，尽管他有时也能捕捉到一两只好股票，然而赚的钱还不如替券商打工上交的钱多。但自从参加了某经济学家的专题讲座后，他做股票再也不热衷于跑进跑出了。例如，他在底部买入的海航科技（600751），一直持有不放，收益翻番。曾经有人问他怎么会想到买这只股票的。张宏说，都是在听专家报告中悟到的！专家分析说，随着国家首次提出"一带一路"倡议之后，对外开放格局的逐渐形成，预计将来会成为一个投资主线。而且海航科技这只股票被主力相中，行情向上发动是迟早的事。再说，该股长期处于低位横盘，一直没有涨过，向上的空间自然要比向下的空间大。张宏经过一番深思熟虑后，觉得介入这只股票机会大于风险，值得一搏。于是，他在这个股票均线出现再次黏合向上发散时，重仓杀了进去。之后，他就一直捂着这个股票不放，一段时间下来，还真让他捂出了一个金娃娃来。

综上所述，投资股票必须时刻关心国家大事。一个成熟的投资者，必定是一个热爱国家，关心时事，关注经济发展的思想者。反之，只靠小道消息，凭想当然来投资股票，难免会陷于盲人骑瞎马的境地，其结果不但会使自己经济上遭受损失，而且还会破坏自己的心态。

二、根据行业的发展前景选股

挑选股票永恒不变的原则就是行业的发展前景了。如果行业不景气，那么上市公司再好的微观背景也难有作为。相反，如果行业发展迅速，上市公司又属行业龙头，那么投资收益自然就是十分可观了。

看行业前景选股，从行业前景中寻找黑马股，是在股海大浪中规避风险，获取高额利润的一条重要途径。

相反，选股时选错行业会产生很多麻烦。行业不景气会导致市场需求持续下降，这时行业中大部分企业都将受到市场萎缩的威胁，即使这个行业中的佼佼者也很难幸免。

一般来说，人们把行业的生命周期分为创业期、成长期、稳定期、衰退期四个阶段，不同行业经历这四个阶段的时间长短不一样。

（1）创业期。随着社会的发展，新的行业不断涌现，逐渐代替旧的传统行业。在行业发展的初创期，整个行业缺乏成熟的技术和成功的经验，产品鲜为人知，市场需求很小，生产未形成规模，单位成本较高，行业利润低，甚至发生亏损。在这个阶段，行业中的企业数量很少，所承担的风险较大。

在初创期，低利润、高风险使人们极少关注这类行业，因而其股价偏低。投资者应对行业的性质和社会经济形势进行综合分析，从而对该行业的未来前景做出正确的预测，一旦发现其具有远大前景就应逐渐加大投资，待发展到成长期、稳定期之后，将会获得包括股息和价差两部分的高额回报。

（2）成长期。在初创末期，随着技术趋于成熟，市场需求扩大，产品成本降低，利润不断上升，行业便进入成长期。随着市场需求的扩大，竞争加剧，经营不善的企业被淘汰，而站稳脚跟的企业逐渐占据和控制市场，获取越来越高的利润。在这一阶段，行业的利润很高，但风险也很大，股价容易大起大落。

（3）稳定期。随着市场需求趋于饱和，产品的销售增长率减慢，盈利的机会减少，整个行业便开始步入稳定期。在这一阶段，少数大企业控制了整个行业，它们经过上一阶段的激烈竞争，已成为资金实力雄厚、财务状况良好、竞争力强的一流企业。

（4）衰退期。当一个行业发展到最后阶段，随着新产品和大量替代品的出现，原行业市场需求和产品销售开始下降，某些企业开始向其他行业转移资金，致使原行业出现企业数目减少、利润下降的情况，此时便进入衰退期。在这一阶段，该行业在国民经济中的地位也逐渐降低。衰退行业的企业股票价格平平或有所下跌，那些因产品过时而遭淘汰的企业，股价会受到非常严重的影响。

我们应该明白，行业的前景并不是人为划分决定的，而是客观存在的一种事实。朝阳行业是指某行业的整体销售和利润正处在上升时期，如早晨太阳刚刚升起；夕阳行业是指某行业的整体销售和利润正处在下降状态。

我们应该相信，在国家产业政策的大力推动下，那些行业具有前景的股票将会是商机无限，投资者选择的只要是真正具有市场竞争能力的行业的股票，并掌握好买进时机，日后中长线的投资收益就一定会十分惊人。

三、根据上市公司的经营业绩选股

从上市公司的经营业绩中寻找投资机会是选股的基本准则。通常要关注以下一些指标：

（1）营业成本的变化。营业成本越低，这通常能表明公司产品获利水平在提高。但要注意的是公司上一年度是否计提过大量存货跌价准备，这种人为的会计操作会导致公司今年营业成本显著下降，但并不代表公司产品获利水平的提高。

（2）营业收入的增长。营业收入是否比上一年有所增长，特别要关注营业收入增长的原因，不同的原因分析的结果与决策也就不同。

（3）每股收益（扣除）。每股收益代表公司每一单位股份的赚钱水平。关注每股收益（扣除）指标，并与往年数据进行横向比较，有一定增长才是硬道理。另外，每股收益的变化也会受公司在本期进行转配送股以及增发股票等原因而扩大了股份的基数而相对下降，但这并不代表公司盈余水平下降。

（4）销售收现率。即销售商品收到的与主营收入的比率，这个比率越高，越能代表企业在销售中占据卖方地位。商品销售收入能及时收到现金，也就能表明公司的利润是有保障的。

（5）业绩的季节性分布。很多上市公司经营具有明显的季节性特征，其利润水平在季节之间分布并不一定均衡。所以，不要被个别季度盈利水平迷了眼。

（6）经营项目的分布。了解上市公司的主要经营项目，分析其所属行业、获利水平以及各项目间的规模比例关系，从而结合国家的产业政策对公司的经营前景有个基本判断，避免犯战略上的错误。

（7）业绩水平的判断。业绩水平高低的判断必须有一定的参照，至少应该与企业的历史及同行业的其他公司进行比较，才能更好地看清其水平。从近期来看，绩优股肯定是有投资价值的。投资者只要在相对低位买进，日后就一定能获得丰厚的投资回报。

投资者必须认识到：只要是具有真正投资价值的绩优股，其股价下跌或在低位区徘徊都是暂时的现象，它最终会有一个价值回归。因此，投资者对一些真正具有投资价值的绩优股，如果逢低吸纳，长期持有，必有厚报。而对一些前期已大幅炒作，目前经营状况处于相对稳定阶段的绩优股，要采取敬而远之的态度，多以观望为宜，只有当这类个股出现调整到位时，才可适时介入。

四、根据上市公司的人员素质选股

股谚云："选股要选董事长。"这是指要选择一个有好的董事长领导的优秀管理层的企业的股票。松下幸之助认为，一个公司的成败，公司领导人要负70%的责任。公司经营管理者在管理活动中起主导性、实质性的作用，他们是企业的神经中枢，负责企业一切重大经营管理事项的决策。如果他们素质不高、能力不够，导致决策出现严重的错误，将会对企业造成致命的打击。因此，选对了董事长就选对了股票，只要在相对低位买进，日后必定会有大的收获。

对管理层的选择应该从以下几个方面去考虑：

（1）要注意权威部门和同行对其的评价。权威部门鉴于自己的影响和威望，不会轻易评价一家企业尤其是企业领导人。同行的评价也很重要，通常同行之间由于利益冲突，很难做到为同行领导人喝彩。在关注权威部门和同行的评价时，投资者要把握两点：一是评价的部门或同行越多，越有参考价值；二是评价的时间越近，可信度越高。

（2）要关心企业领导人的个人信息，包括年龄、教育背景，任职情况、负责范围，在社会和工作上的贡献以及人格品质、人际关系等。工作经历丰富、知名度高、人际关系好、事业心强并曾有良好经营业绩的企业领导人，一般具有洞察市场、胜人一筹的领导才能。

（3）要重视企业领导人是否制定过行之有效的战略方针。企业领导人高瞻远瞩的战略目光与计划往往决定一个公司的命运。在当今技术更新加速、竞争日益激烈的情况下，公司的战略方针已成为考察公司管理层领导能力的一个重要组成部分。

（4）除了企业领导人外，考察上市公司的管理层队伍也是至关重要的。

公司核心领导层的知识结构、学历水平、管理经验和技术、性格特征等因素都会影响企业的发展。

投资者可以通过公司基本资料中的信息来了解企业领导人。另外，阅读财务报表，关注董事长及董事会成员的资格、学历和人员变动情况。特别是新董事长或新领导班子上任后，上市公司的经营思路、经营业绩有何变化。要了解这方面内容，注意把近几年的年报、中报集中起来，相互对照，相互比较，才能做出正确的判断。

第二节 从市场面中寻找

一、根据市场炒作题材选股

炒股离不开题材。正所谓"师出有名"，干啥事都得有个说法，这个说法适用于股市，即为"题材"。

简单来说，题材就是炒作股票的一种理由。市场主力炒作任何一只股票都要有相当的理由和依据，才能吸引市场跟风，否则，主力只能一路自拉自唱。

1. 题材种类

市场上题材变化万千，主要有以下几类：

（1）业绩改善题材。业绩是股市的根本所在，所有所谓利好的预期最终都会反映到上市公司的业绩上来。因此，经营业绩改善或可望改善是最有号召力的题材。而其中，业绩"有望改善"又比"已经改善"更有吸引力，因为人们更看重上市公司的未来。这一类题材每到上市公司业绩报告期间便显得尤为活跃。业绩的改善可以是因为宏观经济环境的改善，也可以是因为微观经营水平的改善。

（2）企业成长题材。现实是铜，成长是金。买股票就是买未来有发展前景的企业。因此，预期将来有广阔发展空间的板块或个股，常常会受到市场主力的光顾，这个题材一旦得到市场认可，很可能先是炒过了头，后再盛极而衰，进入长期调整。

（3）国家产业政策扶持题材。从经济全局发展的立场来考虑，国家必定会对某些产业进行扶持，给予优惠政策，其中最关键的是优惠的税收政策和贷款支持。处于这些政策扶持行业的上市公司从中可以得到很大的好处，其业绩改善自然就有了保证。投资者选股时若偏重于这些行业的上市公司，投资回报的可靠性将大为增加。

（4）资产重组题材。资产重组这个题材历来就争议不断，且常常炒得不亦乐乎。但资产重组对上市公司来说，究竟利益有多大，则要仔细分析。例如，某个资产重组项目的实施对提高公司技术水平、降低生产成本、扩大市场销路、改善经营管理会有好处，但好处究竟有多大，短期和长期每股利润的增长是多少，则要认真分析。当然，不管这种重组对上市公司利益大小，投资者都应关注主力的行动和散户的反应后再确定对策。即使这种交易的实质意义不大，如果公众受惑于主力的煽动，市场反应很热烈，那么采取短期的跟进策略也是正确的选择。

（5）增资配股或分红送股题材。增资配股是股份公司增资常用的一种形式，是指公司把资本公积金转为资本无偿分配给原有股东或允许股东按一定比例以较优惠价格购买新股票。在牛市中，这种优先投资的权利往往显得非常重要，并具有一定的价值。因为牛市中人们预期股价会上升，可以优先投资必定会给投资者带来良好收益。于是有配股题材的个股在牛市中被大加追捧，往往把配股权所包含的价值预先在股价中反映出来。

分红送股是上市公司给股东的真正回报，在这种回报真正兑现之前，往往会出现抢筹现象，因为预期牛市中会填权。

（6）控股或收购题材。这是股市中最有吸引力的题材之一，因为它会给投资者无限的想象空间。控股是指某财团在股票市场上吸纳某上市公司股票，以求最终控制该上市公司大部分股份的行为。这种行为可能很复杂，会对上市公司产生深刻的影响。

2. 根据题材选股应注意的问题

重视市场题材效应顺势而为，往往就能抓住在股市中盈利的机会；而对市场题材效应反应迟钝，则往往失去在股市中盈利的机会，甚至高位追进成为赔钱的"冤大头"。正所谓"成也萧何，败也萧何"，股市活跃靠题材，但炒作题材往往又会套住一大批后知后觉者。

为了不被题材所迷惑，投资者需要通过不断学习，并运用正确的理论来指导实践。而那些天天跟着市场主力炒题材，却不知道题材的理论基础是什么；天天想挖掘题材，却不懂如何根据凯恩斯的"空中楼阁"理论预期下一个题材是什么的人，只能被题材牵着鼻子走，最终栽在题材的陷阱里难以自拔。

正因为题材具有正反两方面的作用，在利用题材寻找最佳投资机会时，操作上要注意以下几点：

（1）题材发现要早。当一个新题材出现时，只要新题材能引起市场共识，就应该顺势而为，充分利用题材来趋利避害。

（2）任何题材，其本身并不重要，重要的是能否引起投资大众的共识。如能引起市场共鸣，形成热点，可积极参与，否则尽量不要参与。

（3）除了股票的业绩外，题材只是主力借用的一个旗号，那些被恶炒得太离谱的各种概念终将回归股票本身的价值，盲目跟风就会成为主力的抬轿客。

（4）要抢在题材酝酿之时加入，题材明朗之前退出。通常，题材具有前瞻性、预期性、朦胧性和不确定性。题材只有处于朦朦胧胧的状态时，对投资者才有吸引力，股价才会上涨；而一旦题材的神秘面纱被揭开，题材炒作也就结束了，股价就开始出现下跌。

（5）题材贵在创新，留恋旧的题材要吃大亏。在创新题材刚推出之时，对这些个股宜采用耐心持有的中长线操作方法，这样往往可以获得丰厚利润。但当该题材已在市场上宣传了很长一段时间时，操作中就要采用投机性的短线操作法，如果操作慢了，就很有可能被套在高位。

（6）要注意题材的真实性，对虚假题材要警惕。股市不能没有题材，但杜撰的题材是没有生命力的，只有具有真实内涵的题材才能在市场上发挥作用。2019年2月，融资融券的消息公布，与资金关系密切的金融类股票应声上涨，很多人以为利好时代马上就要到来。正当摩拳擦掌的时候，次日传来央行收缩银根的消息，金融类股票应声下跌。这就是没有认清题材真实性的实例。

二、根据市场热点选股

通常，热点是指在某一特定时间内被市场热炒的板块或个股。这些在特定时间内被炒作的股票，我们称之为"热门股"。通过股票涨跌排行榜，我们会发现涨幅榜的前列大多是这类股票的身影。

选股的方法因人而异，但在一些个股走势当中发现并捕捉热点却是获利效率很高的一种方法。

1. 热点选股的实战意义

（1）热点能够聚集主力资金，决定着市场运行的方向。因此，进入市场就要先找准方向，而要把握好市场方向就要找准市场热点。通常讲的要"牢牢把握市场热点"的道理就在于此。

（2）通过热点选股可以提高获利效率。稍有经验的人都知道，每一波行情中热点板块和热点龙头股一般上涨最快，上涨幅度最大。而非热点股要么不涨，要么涨幅明显落后于大盘。"赚了指数没赚钱"的原因就在于手中股票不是热点。

（3）由于每当热点出现时媒体集中予以报道，所以该类股比较容易被发现。

2. 热点炒作的阶段

热点的酝酿过程就是主力资金介入的过程。一般来说，热点酝酿的时间越长，炒作持续的时间就越长。按照以往的经验，市场热点从形成到结束通常经历三个阶段：

（1）第一阶段：单一热点发动行情，此阶段的热点持续时间较长。

（2）第二阶段：由单一热点扩散到多极热点，其持续的时间较短。假如市场出现多个热点同时疯炒的时候，此时就要注意大盘是否在走最后一浪。

（3）第三阶段：热点转移和消退阶段，这一过程持续的时间更短。一般而言，当能炒的板块都被轮炒一番之后，大盘往往就会进入休整期，以孕育下一个热点出现，如此循环往复。

有些热点因为所在行业涉及面广、群众基础好，主力会反复加以利用，直到无利用价值时把它抛弃。这类热点的特点是：你相信它一次两次是对的，但是你相信它三次或四次就错了。投资者在跟随市场热点寻找投资机会时必须明白，市场上不会有永恒的热点。"盛极而衰"是一种自然法则，也适合股市。当一个市场热点持续一段时间后，人们就失去了对它的新鲜感，跟风炒作的人就会越来越少，市场热点自然会转向另一个新的更具号召力和认同感的热点。这时原来的热门股就会出现一次下跌走势。

一般来说，在一轮中级以上行情中，热点板块通常能持续几周甚至几个月的时间。因此，在热点板块里选股，胜算会大得多。

三、根据板块轮动选低价大盘股

1. 选低价大盘股的理由

在市场投机气氛较浓的情况下，主力奉行的一个原则就是"什么好卖炒什么"。当股市中的高价股、中价股、小盘股、新股和次新股都炒过一轮之后，主力下一步最有可能炒作的就是久卧不动的低价大盘股。这是为什么呢？

（1）便宜是金。没有被市场发掘出的绩优股都是金，而股价炒得越高越热闹，其"股质"也在变：由金变成铜，由铜变成铁。从二级市场看，股价越高风险越大。当高价股、小盘股、新股和次新股都炒过后，这些股票的风险自然在加大，它们已成了主力脱身转移的对象。

（2）风水轮流转。主力不可能总守在一只或几只股票上，总要使用一些花招或者发布一些利好信息等，挖掘出可以自救、可以获利甚至可以获得暴利的"一些股票"。在市场人气旺盛之时，久卧不动的低价大盘股自然会备受主力青睐。

2. 低价大盘股的炒作特点

（1）主力炒作这类个股时，正是市场最不看好它们的时候。

（2）主力炒作低价大盘股常常采取突袭的方式，市场中并没有任何征兆。

（3）以点带面。每轮多头行情的中期和末期，主力重点只炒作 1～2 只低价大盘股，其他的都作为陪衬。

3. 操作要点

（1）当久卧不动的低价大盘股成交量突然放大，周 K 线拉出长阳，股价站稳 30 日均线时，说明主力已完成建仓，开始拉升，此时投资者应及时跟进。

（2）低价大盘股启动后，应观察短期均线排列状况，5 日、10 日、30 日均线呈多头排列时，可以放心持股。

（3）要看准低价大盘股中的领头羊，这样获胜的概率会大大增加。

（4）短期连续拉升的股票可适时做空，一般跟主力炒作低价大盘股，中线持股获利机会大，中线持股利润锁定的目标通常在 50% 以上。

四、根据股东人数变化选股

一般来说，上市公司股东人数多，说明筹码分散，散户多；反之，股东人数少，说明筹码集中，机构控盘程度高。当筹码由集中开始分散，往往就是主力机构派发出货阶段，散户接盘；反之，当筹码由分散逐步集中，往往是主力震荡吸筹，大规模建仓阶段。

实战证明，上市公司股东人数由集中到极度分散，或者由分散到极度集中，总是会给我们带来一些投资机会。

因此，我们有必要对股东人数变动情况进行统计分析，从而更好地把握大盘与个股的动向。在具体分析过程中要特别注意以下几点：

（1）股东人数分析数据来源的滞后性。股东人数的数据，目前绝大多数股民只能从年报、中报、季报中获取。年报的数据往往滞后 3 ~ 4 个月，中报也要滞后 1 ~ 2 个月。要注意数据的时效性，4 个月的时间已足够主力完成筹码运作。必须注意这段时间内的盘面变化，特别是量能变化，根据这些变化判断数据的有效性。一般来说，如股价波动不大，量能没有剧增过，个股的数据较为有效，因为这表明大资金没有大规模进出。

（2）股东人数分析的变动性。股东人数的数据还会受到股本变动的影响，配股、增发都会影响股东人数的变化。送股虽不会影响股东人数，但是会影响个人持股数，这种情况在分析数据时必须充分考虑。

（3）股东人数分析的混淆性。上市公司年报中公布的股东人数为总持股人数，并未单独指出 A 股股东人数及 B 股股东人数。股东人数分析过程中一定要注意这些因素的影响，不准确的统计数据无法推断出正确的结果。

（4）股东人数分析的欺骗性。随着股东人数分析技巧的普及，越来越多的投资者参与应用，主力机构也开始利用这种分析方法作为误导散户、掩护其操作方向的工具。具体操作往往是在期末采用突击重仓或分仓的方法来改变持股的数量。

（5）股东人数分析的片面性。股东人数的增加与减少并非股价涨跌的唯一因素，股东人数分析研究的是个股的一个方面，并没有考虑到其他方面。如大盘走势、政策变化、国际形势、资金状况、业绩好坏、题材多少等因素的影响。仅凭股东人数来研判行情远远不够，还需要配合其他基本面分析和技术分析，多角度、全方位、立体化地研判个股和大势，才能取得最佳效果。

五、根据主力操盘选股

就股票炒作来说，一只股票只有主力介入了才会上涨。主力介入某只股票属商业机密。随着现在科学技术的发展，依靠一些炒股软件和技术指标也能识别出主力的动向。通常，大主力的介入会在技术上有以下几个明显的信号：

（1）股价长期下跌，某日股价止跌回升，上升时成交量放大，回档时成交量萎缩，日 K 线图上阳线多于阴线，阳线对应的成交量明显放大。用一条斜线把成交量峰值相连，明显呈上升状，表明主力处于收集筹码阶段。每日成交明细表中抛单少，买单大手笔多。这表明散户在抛售，有只"无形的手"即主力在入市吸纳，收集筹码。

（2）股价形成圆弧底，成交量越来越小。这时眼见下跌缺乏动力，主力悄悄入市收集筹码，成交量开始逐步放大，股价因主力介入而底部逐渐抬高。

（3）股价低迷时刻，市场上公布利空消息。股价大幅低开，引发广大中小散户抛售，成交量放大。大盘指数下跌股价反而大幅上扬，唯有主力才敢逆市而为，可确认该股有主力介入。

（4）股价呈箱体上下震荡，上扬时成交量放大，下跌时成交量萎缩，经过数日洗筹后，再进一步放量上攻。散户通过细心观察，发觉有主力介入后，可紧跟主力并耐心捂股！那么，当发现主力入驻某股后，是否要马上跟进需考虑如下几个因素：

（1）主力收集的筹码多，持续时间长，过早跟进对耐性是一个严峻的考验。

（2）主力入市后，打压吸货，股价仍会下跌。

（3）主力为夯实底部，会反复进行严厉的震仓，持筹者心理压力过大。

因此，投资者跟进要讲究时机。通常，初次买进的时机应该选择在股价往上有效突破时。考虑到股价第一次往上突破后常常会有回抽确认的过程，所以稳健型投资者初次买进时机最好选择在股价回抽后再往上冲破近期最高点时。另外，在买入个股时，还应该看看大盘走势，如大盘在往下调整就不要轻易买进。因为大势不好时，主力逆势操盘，以失败例子居多。

第三节　从心理层面寻找

一、从股市的新鲜感中选股

股市无疑是一个永远充满新鲜感和炒作题材层出不穷的投资市场，正因为炒作题材的不断变化，才吸引了无数追随者，也为善于炒作的主力和善于捕捉机会的投资者提供了赚钱的机会。

股票市场的新鲜感主要表现在"第一"上面。我们知道，在人们心目中，"第一"有着特殊的位置，凡是"第一"的东西都会引起人们的特别关注。因为他是第一个敢吃螃蟹的人，因此，人们对后来居上的"第二""第三"也就不那么热情了。我们现在还清楚地记得第一个登上月球的宇航员的名字，但却很难记住后来在宇宙探索中表现出色的宇航员的名字。正因为"第一"的特殊作用，所以无论是体育比赛还是商战和股市实战，人们对"第一"的东西特别看重。在股市中能比别人领先一步的投资者，常常会收到意想不到的好效果。

那么，是不是意味着今后在股市中只要见到"第一"，投资者就可以大胆进入呢？实践证明，并不是只要是"第一"就可以统统买进。买进还是要讲究一些技巧的。

（1）"第一"的东西务必在第一时间买进。进场时间拖得越久，盈利越少，风险越大。例如，2022年的广汇物流（600603）进行资产重组，此次资产重组包括资产置换和发行股份购买资产两项内容。之前第一时间得到此利好消息早早买入的股民，真是赚得盆满钵满。

（2）只有正向的"第一"才是值得关注的。虽然"第一"会给投资者带来盈利的机会，但这个"第一"一定要有积极意义，而那些有负面影响的"第一"，投资者就不值得参与。

二、从比价效应中选股

所谓"比价效应"，就是指与同类型公司之间通过诸如经营业绩、流通股本、募集资金所投入项目等方面进行直观比较后，影响二级市场中的股价最终定位。比价效应是推动证券市场不断变化的一个最主要的市场动因。在牛市的初期，大盘绩优股由于价格低廉（市盈率与市净率均较低），于是就成为中线资金的追捧对象，股价也会逐级上扬。当这类股的股价上涨到较高位置时，与其他股票相比，不再具备这种比价优势后，其他股就会接过市场的热点成为另一阶段市场最主要的上涨动力。

通过比价效应选股，可从以下几个方面进行：

（1）同一地域板块间的个股，选择股价较低的。

（2）同一行业间的个股，选择股价较低的。

（3）同一炒作题材的个股，选择股价较低的。

（4）相同流通股本规模及类似股本结构的个股，选择股价较低的。

（5）同前期的历史高位比较，选择股价超跌的个股。投资者在选股时要综合考虑分析以上比价关系，并且注意以下投资要点：

①选择目前仍然处于底部区域的股票。

②要注意市盈率与市净率两项指标，其中市盈率低于25倍或市净率低于

3 倍的股票更适合投资。

③要注意底部成交量的变化。出现放量收小阳、缩量收小阴的股票，或者是连续小阳的股票，后市的上涨机会较大。

④在突破密集区缩量回调后介入，回报率更高。

本章操作提示

通过本章的讲解，你会发现，选股的方法其实很简单，只要遵循本章的要领，就能很轻松地选到你所想要的股票。

从基本面选股要从行业中挑选景气或复苏行业，然后从这些行业中寻找优质公司的龙头股；要把精力集中在行业前景好、公司潜力大，目前盈利能力尚未显现的品种上。

市场面选股包含的信息很多：题材，这是主力炒作的一个理由；市场热点，某一特定时期内走红的板块或股票；股本结构，也就是盘子的大小；板块轮动，投资者要学会发现并挖出下一轮待涨股；股东人数变化，股东人数由集中到分散，或者由分散到集中，这种变化总会带来很多投资机会；主力操盘，寻找主力介入时在技术上的信号，觅得投资机会。

从心理层面选股，首先是从股市的新炒作题材中选股，其次就是通过比价效应来进行选股。

第二章

K线及技术图形的识别与应用

第一节　K线概述

一、什么是K线

17世纪，日本德川幕府时代（1603～1867年），大阪的米商创造出K线图。当时日本米市的商人用其记录一天、一周或一个月米价涨跌的情况。

由于绘制出来的K线形状颇似一根根蜡烛，加上这些蜡烛有红绿（或者黑白）之分，因而K线图也叫阴阳线图、蜡烛线图等。后来，K线图被引入股市及期货市场。

1. 构成日K线图的四要素

简单地说，日K线图就是反映当日开盘价、收盘价、最高价、最低价这四个数据，开盘价、收盘价、最高价、最低价这四个价格是构成K线图的四要素。

2. K线图中的实体和影线

由开盘价和收盘价组成的长方柱体被称为"实体"，实体之外的部分——连接"最高价和收盘价""开盘价和最低价""最高价和开盘价""收盘价和最低价"的直线被称为"影线"（图2-1）。

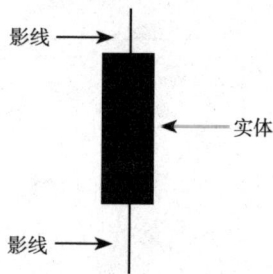

图2-1

除了日K线外，还有周K线、月K线和年K线。

其中，周K线是指依据周一的开盘价、周五的收盘价、全周最高价和全周最低价组成的K线图。

月K线是依据一个月的第一个交易日的开盘价、最后一个交易日的收盘价、全月最高价与全月最低价组成的K线图。

3. 阳线和阴线

如果当日的收盘价高于开盘价，即通常所说的低开高收，开盘价在下收盘价在上，二者之间的长方柱体便以红色来表示，或是在柱体上留白，这种柱体就称为阳线。最高价与收盘价的连线就是上影线，最低价与开盘价的连线就是下影线（图2-2左）。如果当日的收盘价低于开盘价，即通常所说的高开低收，开盘价在上收盘价在下，则以绿色表示，或是在柱体上显示黑色，这种柱体就称为阴线。最高价与开盘价的连线就是上影线，最低价与收盘价的连线就是下影线（图2-2右）。

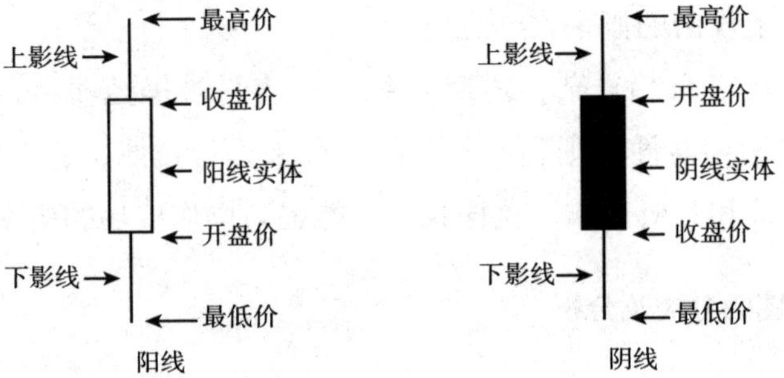

图2-2

4. K线与股价走势

很多根K线组成了一幅连续的K线分析图，但每根K线都有其自身的含义。面对形形色色的K线及其组合，许多投资者不禁有些犯难：看涨时它跌，看跌时它涨；又或者虽然看对方向，却没有较大幅度地抓住行情，这正是投资者并未正确认识和使用K线所带来的结果。

只有正确认识和使用K线，才能真正发挥K线技术分析的威力。要想真正掌握K线图分析法，需要了解以下三个方面：

（1）看阴阳。阴阳代表趋势方向，阳线表示将继续上涨，阴线表示将继续下跌。以阳线为例，在经过一段时间的多空争夺，收盘价高于开盘价表明多头占据上风。根据惯性，在没有外力作用下价格仍将按原有方向与速度运行，因此阳线预示下一阶段仍将继续上涨，最起码能保证下一阶段初期能惯性上冲。阴线预示继续下跌也是同一个道理。

（2）看实体大小。实体大小代表内在动力，实体越大，上涨或下跌的趋势越明显，反之趋势则不明显。以阳线为例，其实体就是收盘价高于开盘价的那部分，阳线实体越大说明上涨的动力越足。同理，阴线实体越大，下跌动力也越大。

（3）看影线长短。影线代表转折信号，同一个方向的影线越长，股价越不利于向这个方向变动，即上影线越长，越不利于股价上涨；下影线越长，越不利于股价下跌。以上影线为例，在经过一段时间的多空争夺之后，多头终于败下阵来。一朝被蛇咬，十年怕井绳，不论K线是阴还是阳，上影线部分已构成下一阶段的上档阻力，股价向下调整的概率大。同理可得，下影线预示着股价向上攻击的概率大。

K线的解读已日趋复杂，短期K线往往容易被操控而存在"陷阱"。因此，我们需要用相对性原则和技术分析手段来进行过滤，相对性原则包括数量化的衡量标准和分析工作，这样我们才能提高操作成功的概率。

二、K线图的分类及分析

1.K线的分类

按照不同的标准，K线有多种分类。

根据开盘价与收盘价的波动范围，可以将K线分为小阴线、小阳线，中阴线、中阳线和大阴线、大阳线等。小阴线和小阳线的波动为 0.6% ~ 1.5%，中阴线和中阳线的波动为 1.6% ~ 3.5%，大阴线和大阳线的波动在 3.6% 以上（图2-3）。

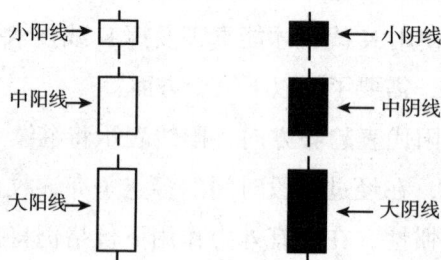

图2-3

根据K线功能的不同，可以将其分为攻击型、防御型、整理型和反转型四种。攻击型K线组合是提示投资者入场的K线组合，防御型K线组合是提示投资者出场的K线组合，整理型K线组合是中继整理的K线组合。反转型K线组合一般出现在底部反转和顶部反转中，至于构成的是底还是顶，则要根据具体行情所处的阶段进行分析。

2. 单根K线的形成过程及其技术含义

进入股市，应该做到无论看到哪种个股或指数的K线都能识别是什么类型、代表何种含义。单根K线的技术含义一定要准确无误地烂熟于心。投资者如果不能在形态各异的K线图中辨别出哪根K线是"财神"，哪根K线是"瘟神"，则赚钱只是偶然的，亏钱定是必然的。

K线是一种外在表象，外在表象在K线图中称为形态，形态背后的本质是技术含义，K线形态背后的技术含义就是做多或做空力量的强弱比较。

通过带有成交量的分时走势图，能够看出单根日K线图的形成过程和不同含义。即时走势图记录了股价的当日走势，不同的走势形成了不同种类的K线，具有不同的技术含义。

（1）小阳星。小阳星是指全日中股价波动很小，开盘价与收盘价极其接近，收盘价略高于开盘价，是一种实体很短的阳线。小阳星的出现，表明行情正处于混乱不明的阶段，后市的涨跌无法预测，此时要根据其前期K线组合的形态以及当时所处的价位区域综合判断（图2-4）。

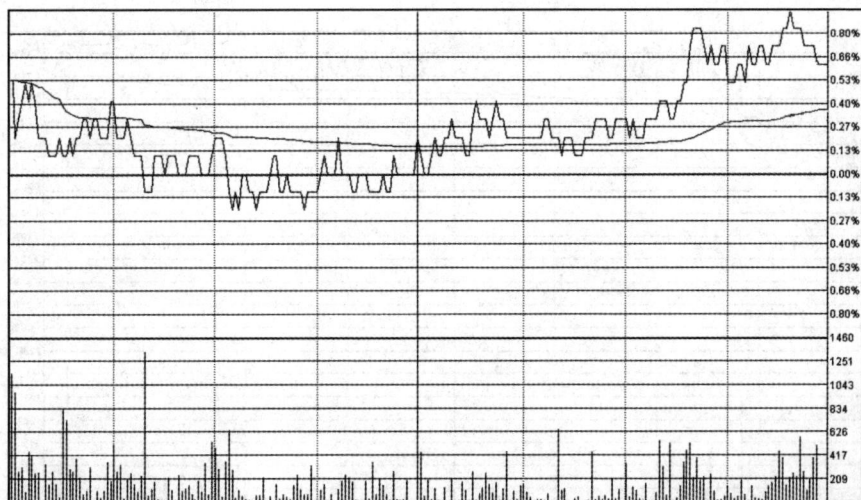

图2-4

（2）小阴星。小阴星的分时走势图与小阳星相似，当日开盘价与收盘价极其接近，全天股价波动非常小，只是收盘价格略低于开盘价格。表明行情疲软，发展方向不明（图2-5）。

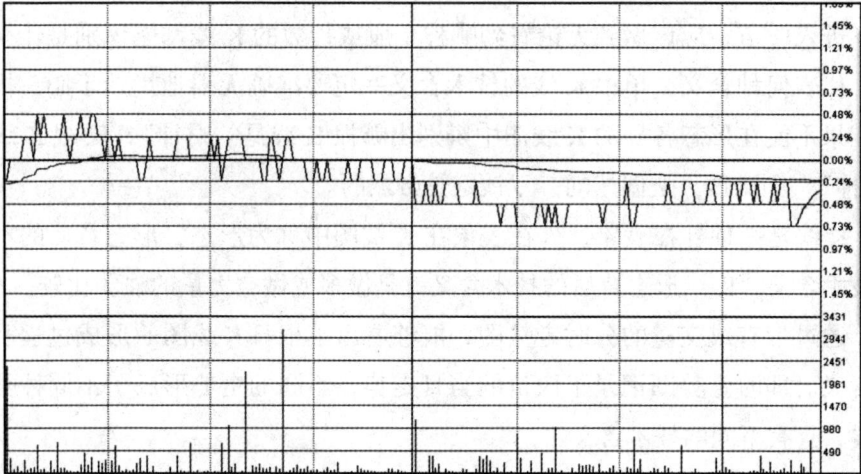

图2-5

（3）小阳线。小阳线比小阳星的波动范围增大，多头略微占据上风，但上攻无力，表明行情发展扑朔迷离，后市行情发展有待进一步验证（图2-6）。

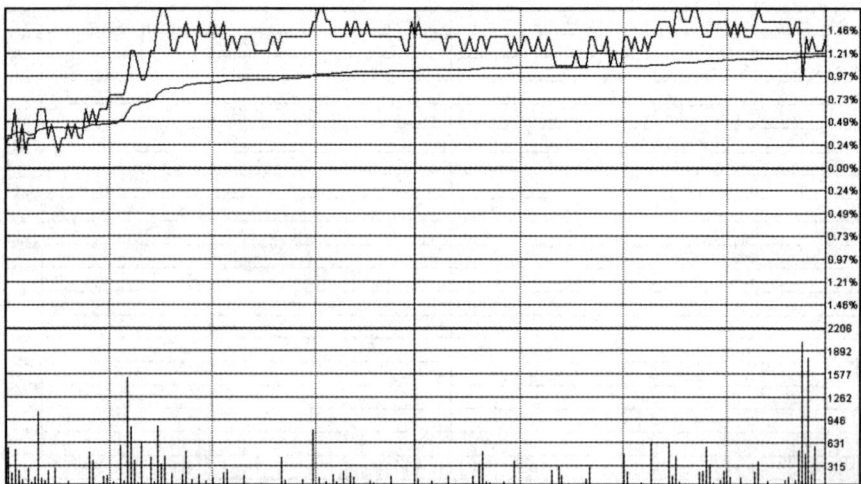

图2-6

（4）上吊阳线。上吊阳线也叫吊颈线。一般出现在高价区，K线实体很小，无上影线或有很短的上影线，但下影线很长。如果股价在相对低位区域出现上吊阳线，股价在探底过程中成交量萎缩，随着股价的逐步攀高，成交量随之均匀放大，并最终以阳线报收，表明后市股价看多（图2-7）。

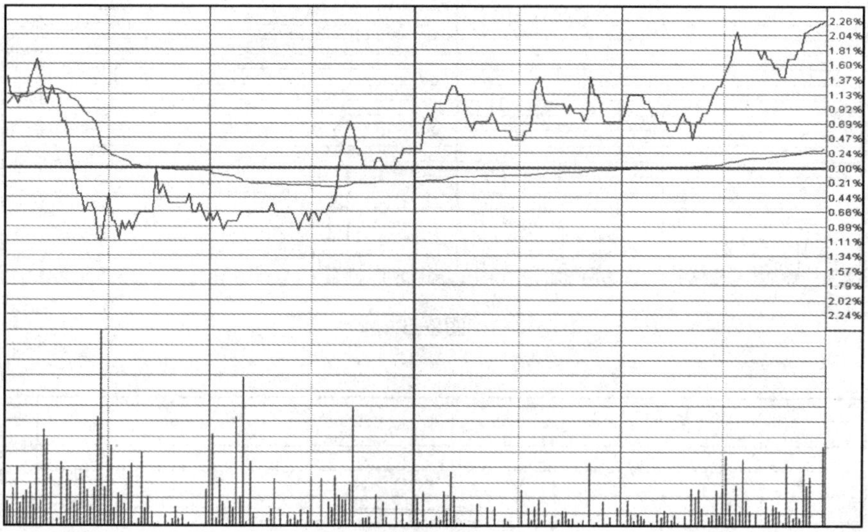

图2-7

　　如果股价在相对高位区域出现上吊阳线，股价震荡向下，成交量放大，尾盘拉高，则有可能是主力在拉高出货，需要引起投资者警惕。

（5）下影阳线。下影阳线是指带有长下影线而上影线很短的阳线。下影阳线的出现，表明多空交战过程中，多方的攻击稳健有力，股价先跌后涨，后市有进一步上涨的可能（图2-8）。

（6）上影阳线。上影阳线指带有长上影线而下影线很短的阳线。上影阳线的出现，显示多方在进攻时上方抛压沉重。这种图形常见于主力的试盘动作和主力顶部的出货动作，说明此时浮动筹码较多，压力较大，涨势不强（图2-9）。

（7）光头阳线。光头阳线是指没有上影线的阳线。在分时走势图上表现为股价探底后逐波走高且成交量同时放大。光头阳线出现在低价位区域，预示着一轮上升行情的开始。如果出现在上升行情途中，表明后市继续看涨（图2-10）。

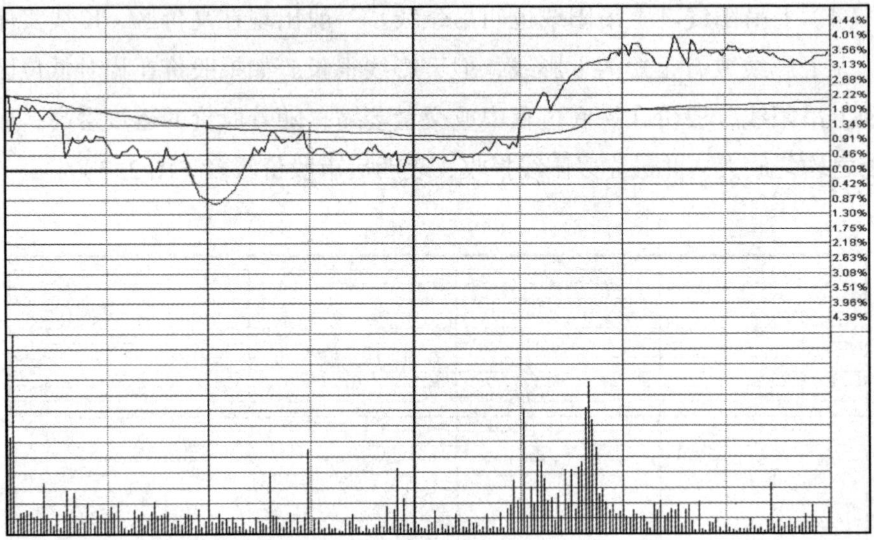

图2-8

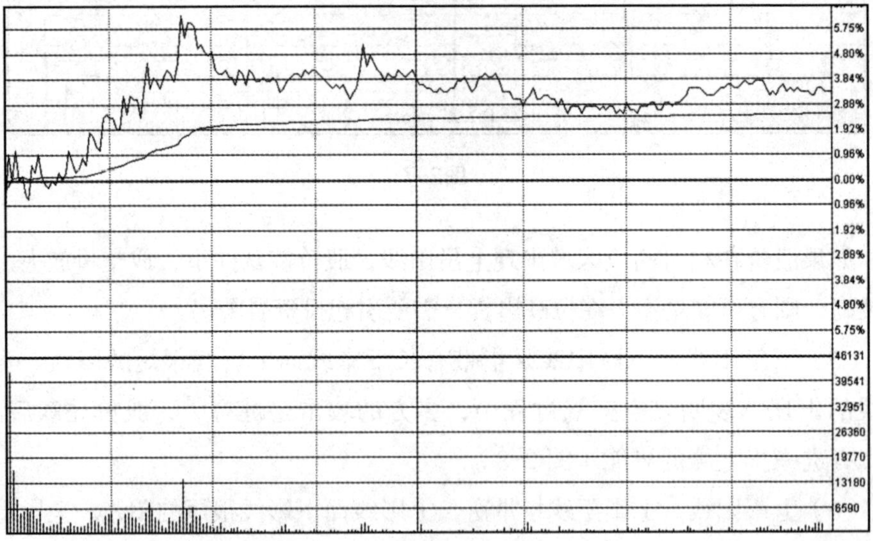

图2-9

（8）光脚阳线。光脚阳线是指不带下影线的阳线。光脚阳线的出现，表示上升势头很强，但在高价位处多空双方有分歧，入场时应谨慎，切勿追高被套（图2-11）。

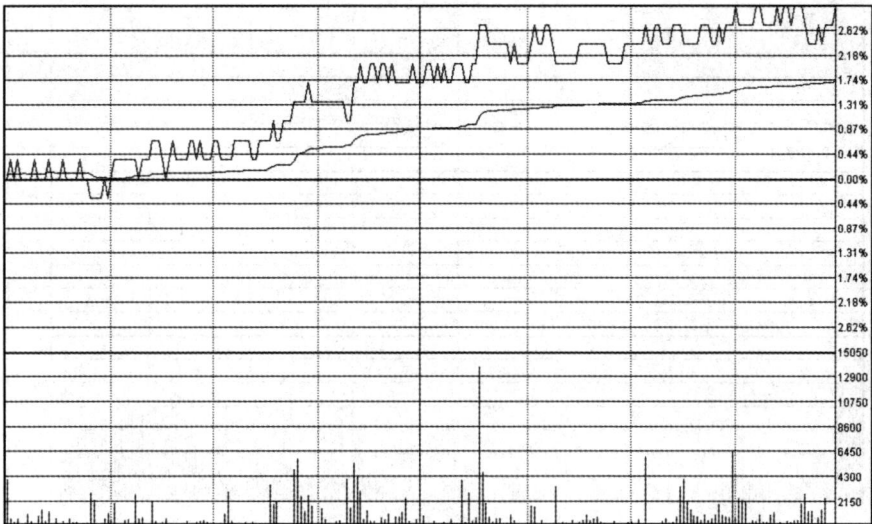

图2-10

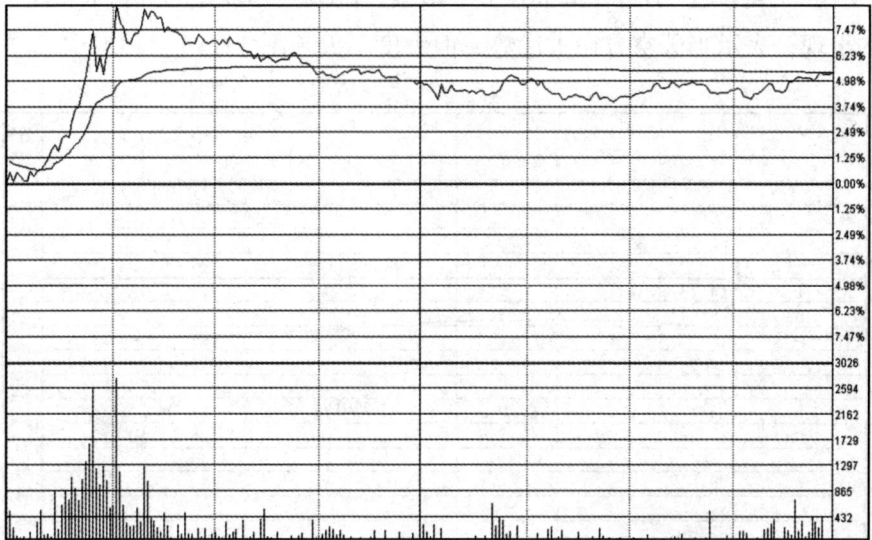

图2-11

（9）光头光脚阳线。光头光脚阳线是指 K 线的上下两头都没有影线的阳线实体。光头光脚阳线的出现，表明当天多方已经控制盘面，放量逐浪上攻，步步逼空，涨势强烈，后市看好（图 2-12）。

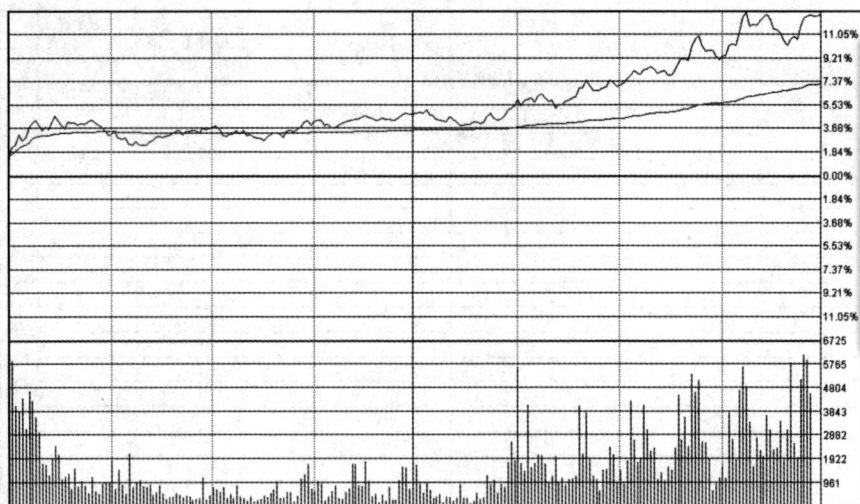

图2-12

（10）小阴线。小阴线指带有上下影线，阴线实体较短的一种K线。小阴线的出现，表示当天空方略占优势，但力度不大（图2-13）。

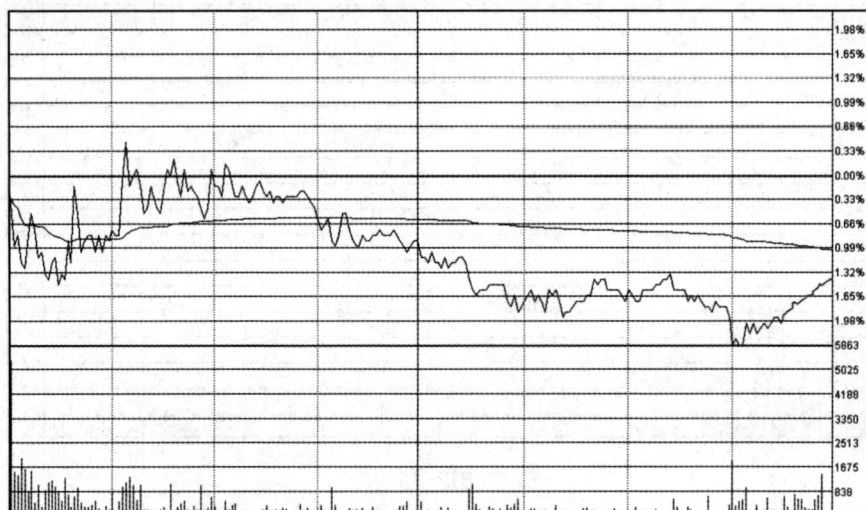

图2-13

（11）光脚阴线。光脚阴线是一种只带上影线的阴线实体。光脚阴线的出现表明股价虽有短暂反弹，但上档抛压较重，空方趁势打压，最终股价以阴线报收（图 2-14）。

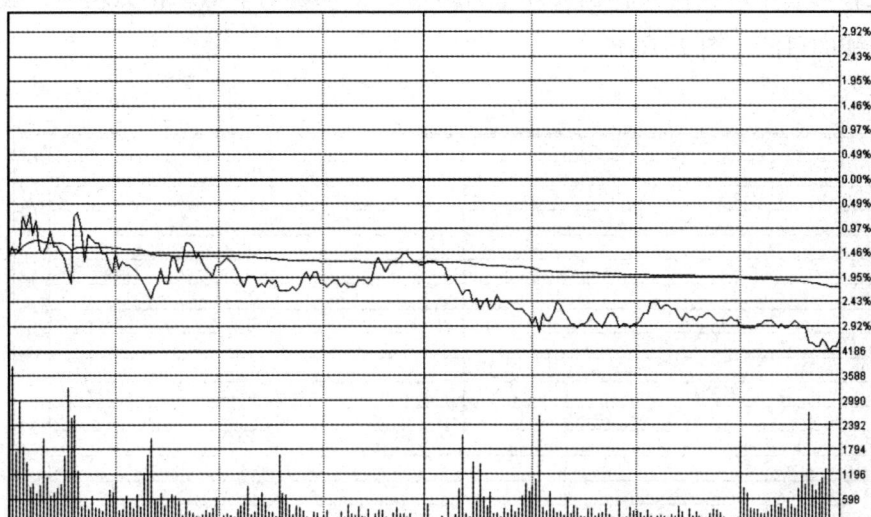

图2-14

（12）光头阴线。光头阴线是一种只带下影线的阴线实体。光头阴线如果出现在低价位区，说明抄底盘的介入使股价有反弹迹象，但力度不大。如果出现在上升途中，说明多方暂时受阻，需要调整（图 2-15）。

图2-15

（13）下影十字星、下影阴线、T形线。下影十字星、下影阴线、T形线这三种形态中的任何一种出现在低价位区时，都说明下档承接力较强，股价有反弹的可能（图 2-16）。

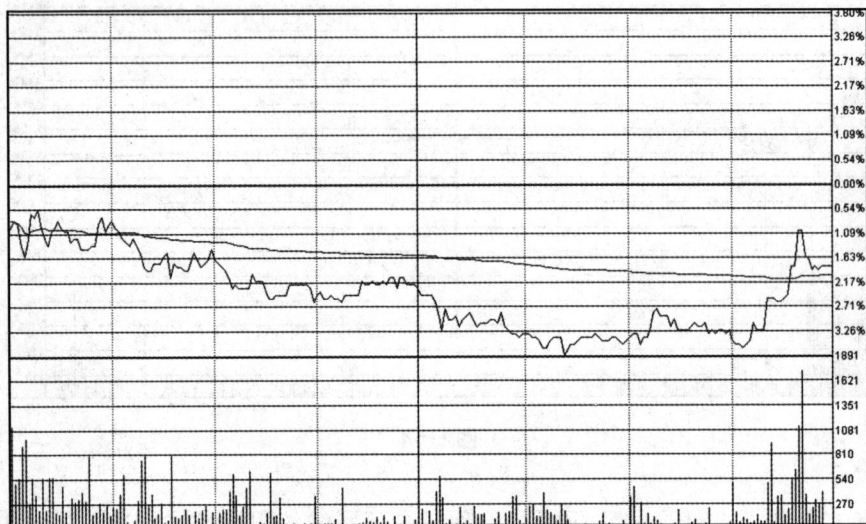

图2-16

（14）上影阴线、倒 T 形线。这两种形态中的任何一种出现在高价位区时，都说明上档抛压严重，行情疲软，股价有反转下跌的可能；如果出现在中价位区的上升途中，则表明后市仍有上升的可能，可能是主力洗盘所致（图 2-17）。

（15）十字星。这种形态常称为变盘十字星，无论是出现在高价位区还是低价位区，都可视为顶部或底部信号，预示大势即将改变原来的走向（图 2-18）。

（16）光头光脚阴线。光头光脚阴线是指 K 线的上下两头都没有影线的阴线实体。股价一开盘就出现了逐波下跌，表明空方在一日交战中最终占据了主导优势，次日低开的可能性较大。

如图 2-19 所示，股价走出了逐波下跌的行情，这说明空方已占尽优势，多方无力抵抗，股价被逐步打压，后市看淡。

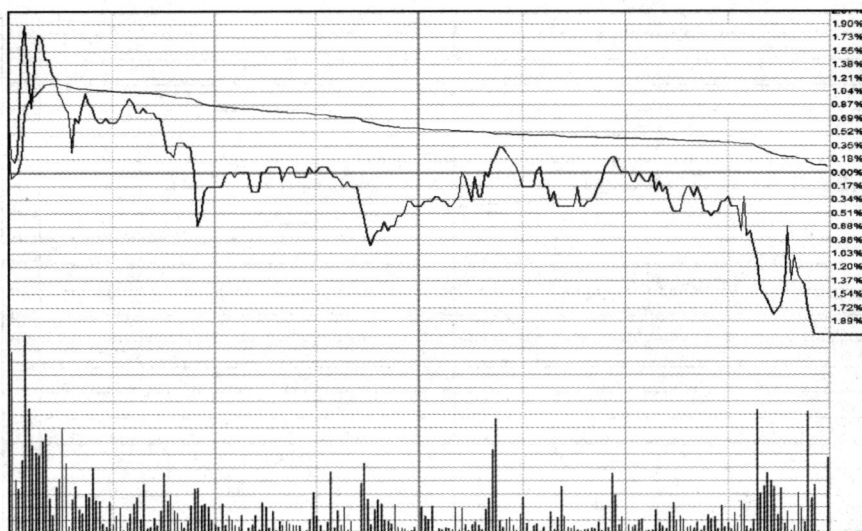

图2-17

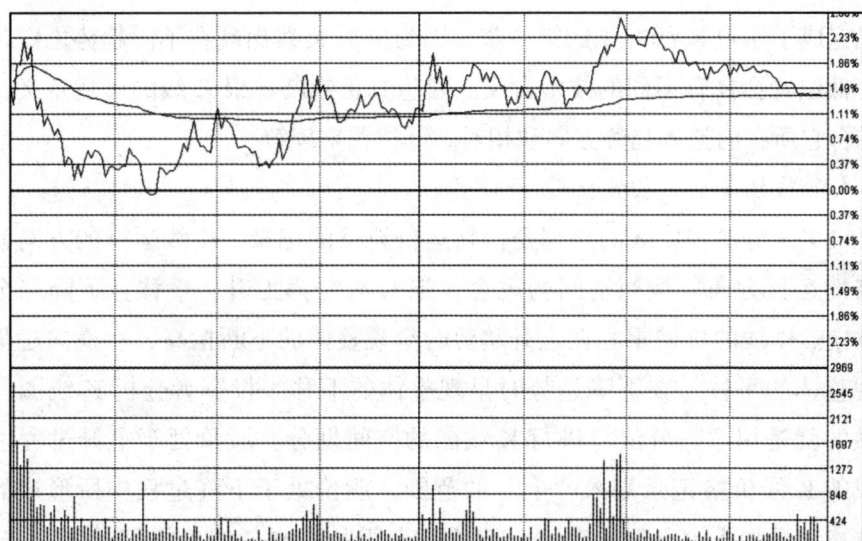

图2-18

3. 单根K线的角色变换

K线是价格运行轨迹的综合体现，无论是开盘价还是收盘价，甚至是上、下影线，都有着深刻的含义。学习了单根K线的外表形态及其技术含义，这

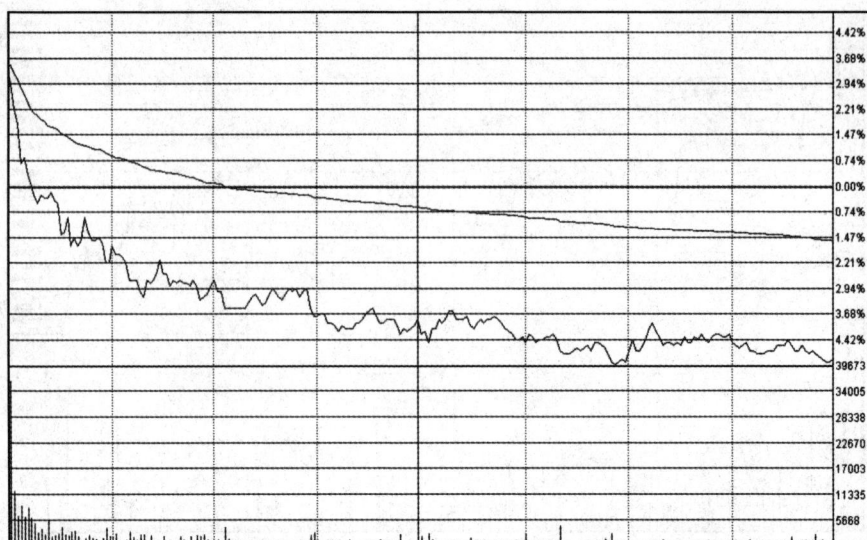

图2-19

只是完成了学习 K 线知识的第一步。因为单根 K 线出现在不同趋势之中与相对高低位置会具有不同的技术含义。要想真正判断单根 K 线的市场意义，必须结合它所在的整体趋势方向和相对高低位置来理解。

4. K线图分析的相关技巧

（1）三分法。K 线的排列是价格运行轨迹的记录，K 线运行的方向就是价格的运行方向。按照空间的观念，把 K 线分为上升、平移、下降三个运行方向。K 线的价格重心在上升趋势时呈现整体的不断抬高，在横向趋势时呈现整体的平移，在下降趋势时呈现整体的下移。投资者分析 K 线图首先要做的就是用"三分法"进行 K 线图的空间划分。股价处于上升过程中所形成的 K 线价格记录划入"上"的范围，股价处于下降过程中所形成的 K 线价格记录划入"下"的范围，股价平走所形成的 K 线价格记录划入"平"的范围。

一幅复杂的 K 线图经过分解后就形成了三大部分，它们是上升趋势、横向平走趋势、下降趋势。这样，就可以在实战交易中，根据不同的趋势具体情况具体处理。当股价处于上升趋势之中，就应用上升趋势的战法；当股价处于下降趋势之中，就应用下降趋势战法；当股价处于横向平走趋势之中，就应用横向平走战法。

（2）整体战略着眼，局部战术着手。在分析个股或大盘指数K线图过程中，投资者经常会犯一些基本的错误：只看眼前不顾长远，或者只看长远不顾脚下。这些是导致看错股价运行方向和操作出现亏损的重要原因。股市如战场，投资者进入股市即意味着投身于这场激烈的博弈中。要想赢得这场战争，既要从战略层面去与对手较量，又要制订具体的战术方案去实施。

K线是多空双方在战场上的博弈记录，其中包含了丰富的信息。K线里面既包含了战略层面的信息，也包含了战术细节层面的信息。从应用K线技术的角度出发，它清楚地显示了投资者可以从K线图上把握战略层面的大方向，也可以从K线图上把握多空双方战术层面的具体细节。在K线图上，既应该以更长的时间框架和更大的空间框架来把握全局整体的运行趋势，也应该从单根K线及K线组合的战术细节上发现多空双方博弈所留下的蛛丝马迹，然后为下一步的作战计划做出正确的决策。

有完美的战略而没有制定可行的战术者，就算一时成功也会最终功亏一篑，甚至是看对方向却亏了钱。有好的战术而不懂战略大趋势，则注定会失败，即使成功也只是暂时的，中途的偶尔成功只能赚取一点蝇头小利。

战略和战术的选择与制定可以从K线的时间周期上把握。例如，投资者立足于日K线层面的实战分析，为了把握更高级别的运行趋势，可以从周K线、月K线、季K线或年K线上去分析。而为了了解每一天的多空博弈细节，则可以参照小时或分钟K线图进行分析。

需要引起注意的是，同样的K线组合，月K线的可信度最大，周K线次之，然后才是日K线。月K线出现看涨的组合，上涨的概率最大，周K线上涨的组合可信度也很高，而日K线骗线的概率较大。因此，在运用K线组合预测后市行情时，日K线必须配合周K线和月K线使用效果才能更佳。

5. K线图分析的五个要点

（1）综合分析K线组合。仅依据单根K线很难对股价运行趋势做出准确的判断，单根K线形态分析的作用有时候也是有限的，因为多根K线形态还原后的K线并不能支持其原有含义，此时往往需要根据多根K线组合的情况加以综合研判。一般来讲，市场趋势一旦形成，短期内很难改变，一两次偶然的意外因素也只能使当前趋势出现短暂波动。也就是说，单根 K 线形态总是服从 K 线组合排列，我们应该从 K 线组合排列角度来考虑操作，而不应该局限于单根 K 线形态。在一个既定的趋势中，单根 K 线形态的指向作用实际上是非常有限的。这要求在分析单根 K 线形态时要结合前后 K 线组合排列综合分析。如果在单根 K 线形态的周围还有许多其他单根 K 线支持其含义，那么这个单根 K 线形态的有效性就会比较高。

（2）学会形态还原。任何 K 线组合排列形态，不管它有多复杂，都可以用其第一根 K 线开盘价和最后一根 K 线收盘价将它们还原为单根 K 线。如果还原后的 K 线的多空含义与原 K 线组合排列形态不一致，那么该 K 线组合排列则需要继续确认；如果还原后的 K 线能支持该 K 线组合排列形态，则无须确认。形态还原的最大好处就是将复杂的、不容易把握的 K 线组合排列简化为单根 K 线，多空含义一目了然。因此，掌握了形态还原方法，投资者就可以对任何 K 线组合排列形态进行研判，即使这个形态我们不曾接触过。

（3）掌握精髓，灵活应用。分析 K 线形态，初学者要避免两种经常出现的错误：一是张冠李戴。在 K 线形态中，形状相似的很多，稍不注意就会认错。为了避免误认，对一些相近的图形要反复比较，真正搞清楚它们的区别所在。比如同是三根阳线的图形，但由于阳线实体的变化，就会出现"红三兵""大敌当前"和"前方受阻"三种形态，它们各自的技术含义不同，与之相对应的操作方法也不同。二是知其然而不知其所以然。很多 K 线，因它所处的位置不同，其含义也就不同。比如一根大阳线，很多人认为，凡是大阳线就是涨的信号，其实这样理解是不全面的，当股价快速上扬之后拉出大阳线往往有见顶的意义，它就不是买进信号。因此，投资者对 K 线的特征和技术含义要认真加以研判，知其然，更要知其所以然，这样在运用时才不会发生差错。

（4）分析投资心理。股票交易是一个多空双方博弈的过程，在股票交易过程中，我们所看到的最直观的信息就是股价的波动，而股价波动是多空双方力量博弈的结果，它反映了交易双方的心理变化过程。所以，透过股价波动的表象去分析投资者的投资心理，就可以把握各种 K 线的变化趋势。

（5）结合其他分析工具使用。正如其他技术分析方法一样，K 线形态分析也不是绝对的、万能的。从统计角度来看，尽管有些 K 线形态的有效性比较高，但随着 K 线形态分析方法的普及，投资者对 K 线形态分析依赖性的提高，会使这些形态的有效性大为降低。因此，K 线形态分析需要结合其他技术分析方法才能有效发挥作用。实际上，利用 K 线骗线、打压吸筹、悄悄派发等，是主力操纵股价的一贯手法。在这种情况下，投资者如果仅凭 K 线形态进行投资判断，就很容易落入主力的圈套。为了确保研判的准确性，投资者可以将 K 线形态分析与公司基本面分析、技术指标分析、成交量分析结合起来，如果公司基本面、技术指标以及成交量都支持其 K 线形态，那么其有效性将会大幅度提高。

第二节　K线图形的识别与运用

一、大阳线与大阴线

1. 大阳线

大阳线是投资者司空见惯的一种 K 线，作为投资者不仅要弄懂它的含义还要深入了解它，能按照它表达的市场含义去操作（图 2-20）。

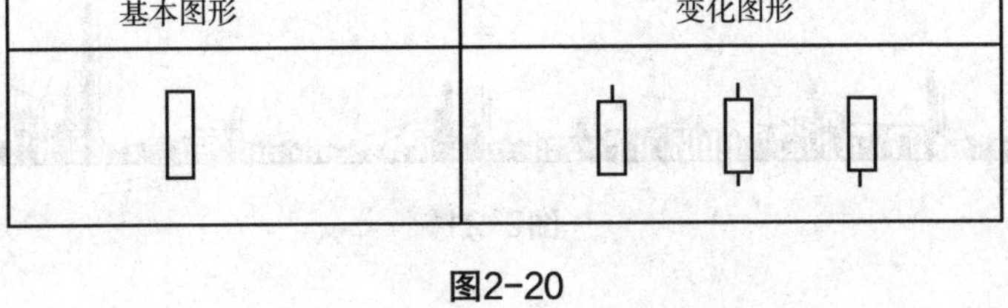

基本图形	变化图形

图2-20

大阳线的出现通常表明以下几种情形：

（1）有新资金进场做多，或者空方有部分资金出场，短期的市场平衡趋势被打破。

（2）多头在整个交易周期内自始至终都占有主动性和优势。

（3）空头在整个交易过程中，不能组织起有效的反扑，自始至终处于被动。

（4）下跌趋势中的大阳线未必能够改变整个下跌趋势，通常会造成下跌趋势的停顿。如果连续出现大阳线或其他上升形态，那么这个下跌趋势就可能被改变。

（5）上升趋势中的大阳线通常能够加速这个上升趋势的发展，而且通常是突破了某个压力区，然后一路高歌猛进。

如图 2-21 所示的大恒科技（600288）走势图，该股在低位区突然拉出了一根大阳线，而此前该股随大盘在一路下跌。这样的大阳线在明确地告诉投资者，主力机构已经进场了。随后，这只股票一路震荡上扬，走出了一波上涨行情。

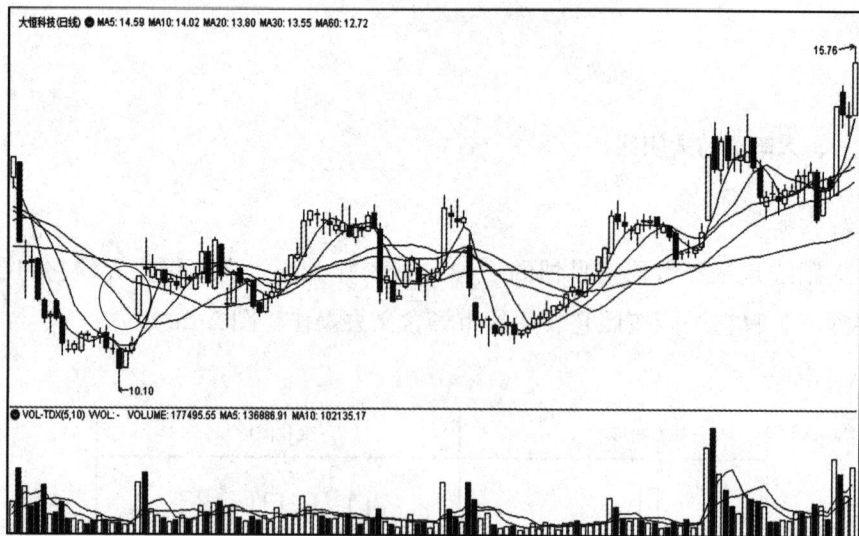

图2-21

2.大阴线

阴线代表做空的力量，大阴线代表强大的做空力量。相对高位的大阴线意味着大量资金的出逃，即表明主力机构在出货（图2-22）。

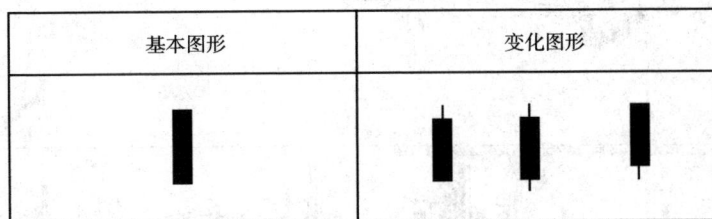

基本图形	变化图形

图2-22

大阴线又称长阴线，它的特征是当天几乎以最高价开盘，最低价收盘，它表示多方在空方打击下节节败退，毫无招架之力。目前，我国股市在实行涨跌停板制度下，最大的日阴线实体可达当日开盘价的20%，即以涨停板开盘，跌停板收盘。大阴线的力度大小与其实体长短成正比，即阴线实体越长，则力度越大；反之，则力度越小。

大阴线的出现对多方来说是一种不好的预兆，但我们也不能把所有的大阴线都看成后市向淡的信号，也就是说并非一见到大阴线就认为股价要跌。有时大阴线出现后，会出现不跌反涨的情况。那么，如何来分辨大阴线出现后后市是涨还是跌呢？这里有几种情形：

（1）大阴线出现在涨势之后，尤其是较大涨幅之后，它表示股价即将回档或者正在做头部，这时卖出股票为宜。

（2）大阴线若出现在较大跌幅之后，暗示做空能量已经释放得差不多了，根据"物极必反"的原理，此时要考虑做多，逢低吸纳一些股票。下面我们就来看几个实例，进一步了解大阴线。

如图2-23所示的鄂尔多斯（600295）走势图，图中的大阴线是在涨势中出现的。毫无疑问，在股价已有一段较大涨幅后，某日出现一根大阴线，如果股价就此由升转跌，那么，这根大阴线就是导火索，此时投资者唯一要做的就是尽快出局。

图2-23

　　如图 2-24 所示的维维股份（600300）走势图，图中的大阴线是在涨势末段出现的。出现的大阴线只不过是对这轮行情结束的进一步确认而已，股价由升转跌即将开始。虽然这根大阴线的杀伤作用稍次于头部直接出现的高开低走的大阴线，但它对多方的打击也十分厉害。因此投资者见此大阴线后也应及时做好减仓的准备。

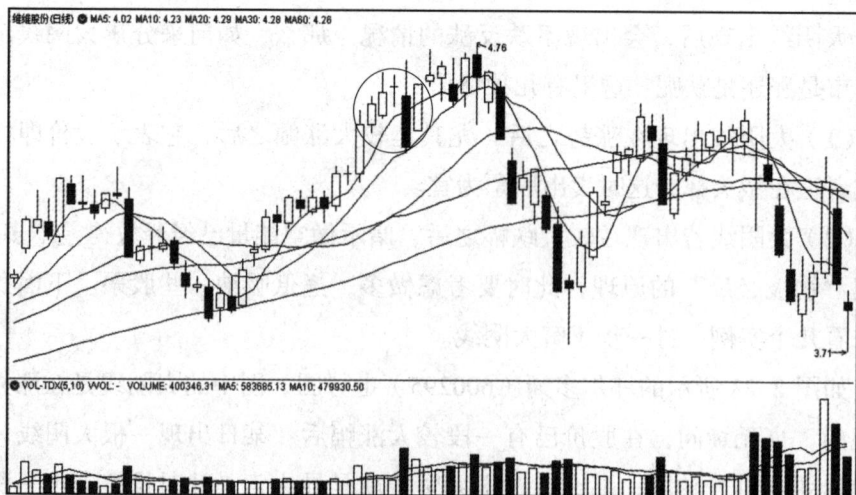

图2-24

如图 2-25 所示的维维股份（600300）走势图，图中的大阴线是在跌势中出现的。大阴线是在股价下跌时，经过短暂盘整向下破位时形成的，因此只能看作市场做空的能量还没有得到充分释放，股价仍将继续下滑。这根大阴线虽然比不上在头部、上档区域出现的大阴线对多方的杀伤作用大，但也不可小视它对市场信心的重挫。因此见此大阴线，投资者还是远离为好，不要轻易参与操作。

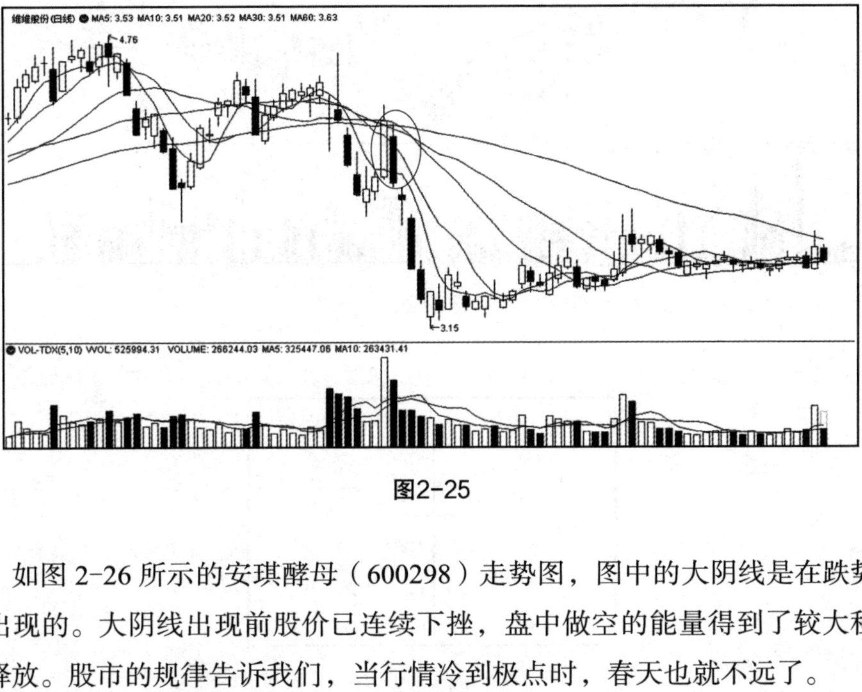

图2-25

如图 2-26 所示的安琪酵母（600298）走势图，图中的大阴线是在跌势后期出现的。大阴线出现前股价已连续下挫，盘中做空的能量得到了较大程度的释放。股市的规律告诉我们，当行情冷到极点时，春天也就不远了。

虽然我们不能断言在连续下跌情况下出现一根大阴线后行情一定会逆转，但投资者至少应该看到跌势已到末期，投资者这时再继续做空卖出股票是不理智的。

相反，我们应该结合其他技术指标，分析一下股价是否见底。

二、长十字线与螺旋桨

1. 长十字线

长十字线（即十字星）表明开盘价和收盘价相同，是上下影线较长的K

线，如图 2-27 所示。

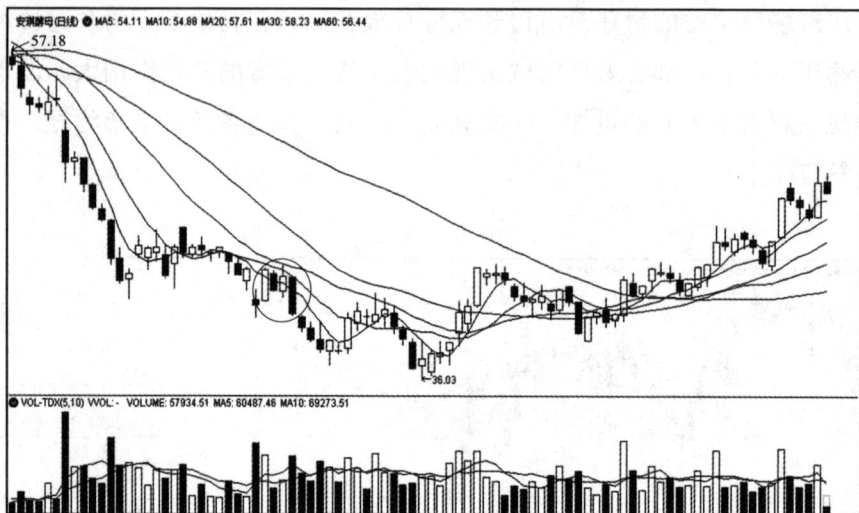

图2-26

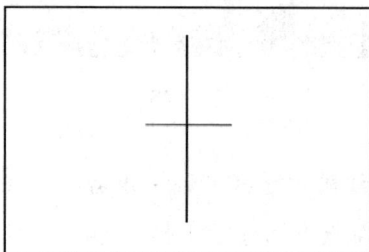

图2-27

长十字线是一个转势信号，即表明它出现后的行情会发生逆转。原来的上升趋势会变成下跌趋势，原来的下跌趋势会变成上涨趋势。在上涨趋势中出现长十字线，尤其是在股价有了一段较大涨幅之后出现，预示股价见顶回落可能性极大。在跌势中出现长十字线，尤其是股价有了一段较大跌幅之后出现，见底回升的可能性极大。总之，长十字线有较强的转势信号作用，对此，投资者应高度重视。当股票在逐波下探，特别是加速下跌时，出现了一根长十字线，这是股价见底的信号。此时意味着空方的打击力量已经耗尽，多方开始了强有力的反击。

如图 2-28 所示的神州数码（000034）走势图，该股在 19.90 元位置附近出现一根长十字线，预示着股价可能到顶了，随后出现的一根大阴线验证了这一信号。

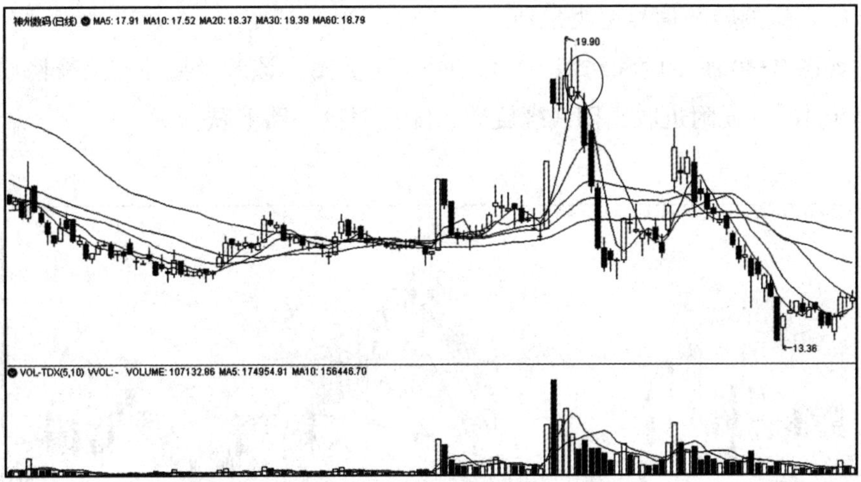

图2-28

2. 螺旋桨

"螺旋桨"是一种常见的 K 线形态，其特征为中间实体很小，上下影线很长，看上去就像飞机的螺旋桨（图 2-29）。

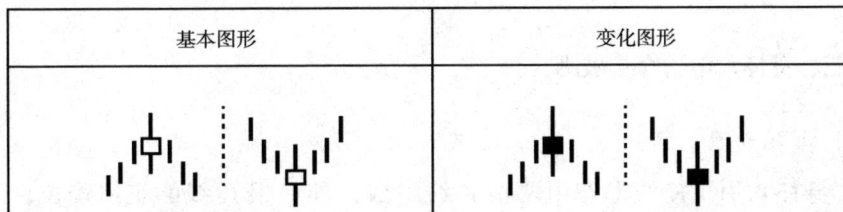

图2-29

这是一种转势信号。在上升行情中，尤其是在有一段较大涨幅之后，螺旋桨是见顶信号。反之，在下跌行情中，尤其是有一段较大跌幅之后，螺旋桨是见底信号。这里需要说明的是，螺旋桨既可以阴线形式出现，也可以阳线形式出现，两者并无实质区别。不过，一般认为在上涨行情中，螺旋桨是阴线，则比阳线力量要大；而在下跌行情中，情形正好相反。值得注意的是，螺旋桨和长阴十字线很容易混淆。它们的区别是长阴十字线中间是一根横线，而螺旋桨中间是个短小的实体。螺旋桨和长阴十字线含义相同，但它比长阴十字线表达的转势信号更为强烈。

如图 2-30 所示的深纺织 A（000045）走势图，该股承接原有上涨格局后，于高位 10.80 元附近收出阳线螺旋桨，随后股价一路下跌。

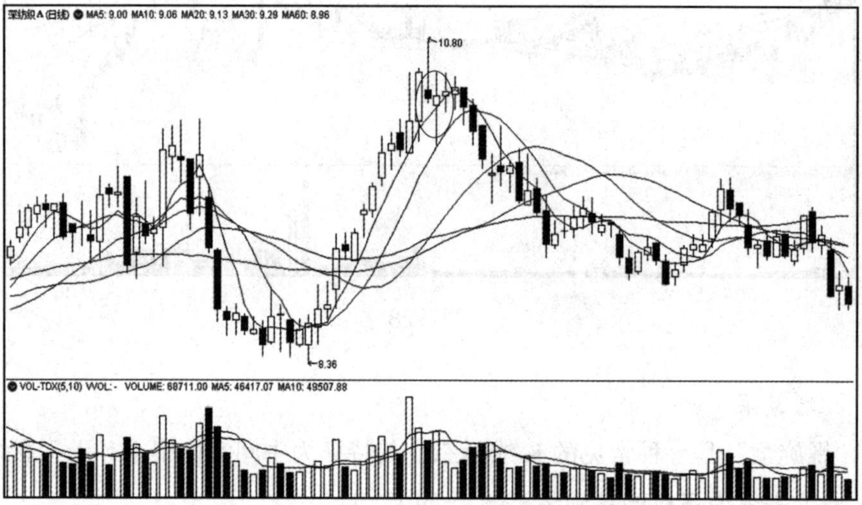

图2-30

三、身怀六甲与穿头破脚

1.身怀六甲

"身怀六甲" K 线形态由两根 K 线组成，前一根 K 线的实体较长，后一根 K 线的实体相对来说要短一些。两者之间的排列位置比较奇特，后一根 K 线的最高价与最低价均未超过前一根 K 线的最高价与最低价，看上去就好像是长 K 线怀中的胎儿，因此，被称为"身怀六甲" K 线（图 2-31）。

该 K 线形态还包括两种具体形态，一种是十字胎 K 线形态，就是后一根短 K 线是十字星，如图 2-32 所示；另外一种是严格意义上的 K 线形态，就是后一根短 K 线不仅被前一根 K 线的最高价和最低价所包容，还被前一根 K 线的开盘价和收盘价所包容。

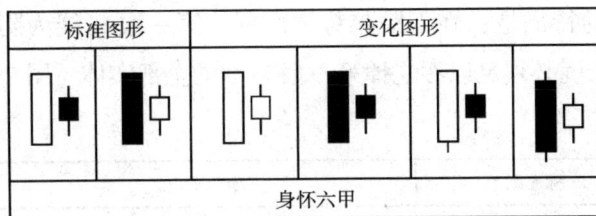

图2-31

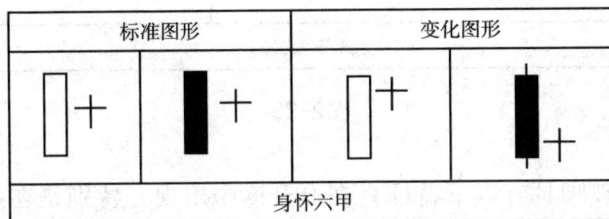

图2-32

　　身怀六甲的特征是：它必须由一根较长的 K 线和一根较短的 K 线组成。前面一根较长的 K 线的实体部分完全吞噬或包容了后面那根较短的 K 线。如果身怀六甲出现在升势市场中，表明目前市场把股价继续向上推高的力量已经减弱，多头行情已经接近尾声，继之而来的很可能是下跌行情。如果身怀六甲出现在下跌行情中，表明目前市场下跌的势头已趋缓，股价可能见底回升，或者说继续下跌空间已很小，市场正积蓄力量，等待机会向上突破或反转。

　　值得注意的是，身怀六甲所提示的买卖信号，只是"准市场逆转信号"，即在一个强劲的多头市场中，上升时出现身怀六甲，股价并不会马上见顶，仍会继续上涨；反之，在一个空头力量十分强大的市场中，下跌时出现身怀六甲，股价也不会马上见底，仍会继续下跌。出现这种情况，也就是人们常说的"涨要涨过头，跌要跌到底"现象。

　　因此，投资者在见到身怀六甲 K 线组合后，不要马上做出买进或卖出的决定，可继续留心观察，结合其他技术指标进行综合分析后再做定夺。

2. 穿头破脚

"穿头破脚"是指第二根 K 线将第一根 K 线从头到脚全部包在里面。穿头破脚在两种情形下出现：一种在底部出现，另一种在顶部出现。出现在底部的穿头破脚的特征是：在下跌趋势中出现，第一根 K 线为阴线，第二根 K 线为阳线，其长度必须足以吞吃掉第一根 K 线的全部实体（图 2-33）。

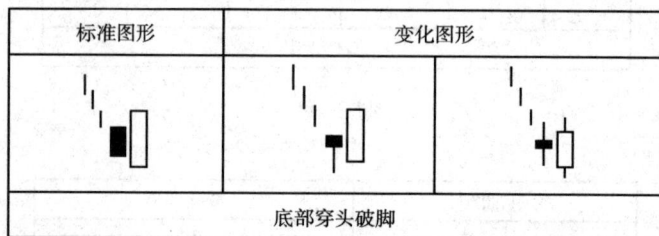

标准图形	变化图形	
底部穿头破脚		

图2-33

顶部穿头破脚具有以下特征：在上升途中出现，特别是在高价区出现更有实战意义；由两根 K 线组成，第二根 K 线为中阴线或长阴线，第二根阴线的实体把第一根 K 线实体完全包容，但上下影线可以不包括在内（图 2-34）。

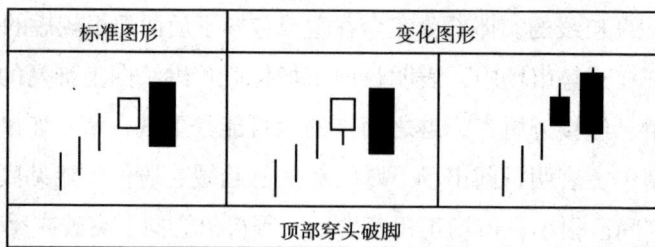

标准图形	变化图形	
顶部穿头破脚		

图2-34

需要说明的是：顶部穿头破脚是股价见顶回落的信号，两根 K 线实体长度相差越大，下跌信号就越强烈。如图 2-35 所示的京粮控股（000505）走势图，该股在顶部走出了穿头破脚，并创出新高 11.86 元后，出现了快速下跌的走势。从图中可以看到，顶部穿头破脚杀伤力大，投资者如不及时离场，将损失惨重。

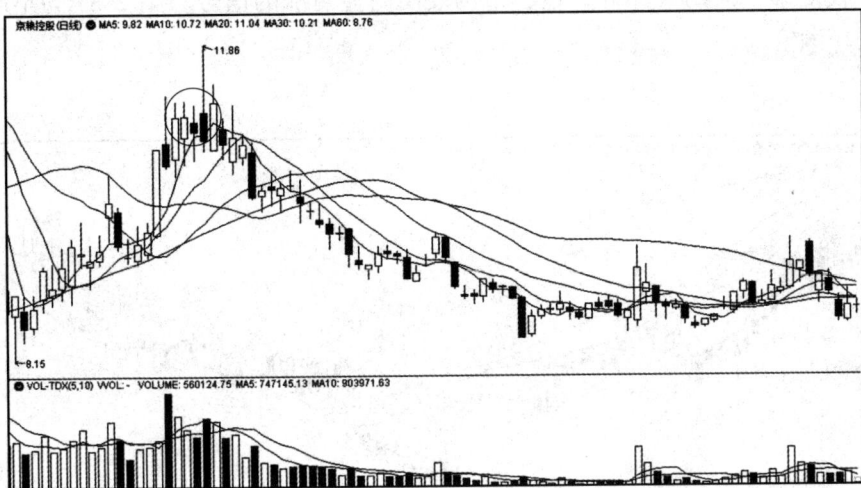

图2-35

四、早晨之星与黄昏之星

1. 早晨之星

"早晨之星"意味着早晨太阳刚刚升起，黑夜已经结束。在 K 线组合上由三根 K 线组成，是下跌趋势即将结束，上涨趋势即将开始的一种见底信号。如图 2-36 所示。

基本图形		变化图形	

图2-36

早晨之星 K 线组合的特征是：由三根 K 线构成，第一天股价继续下跌，并且由于恐慌性的抛盘而出现一根光头光脚的阴线；第二天跳空下行，但跌幅不大，实体部分较短，形成十字星的主体部分；第三天，一根阳线拔地而起，收复第一天的大部分失地，市场发出明显看涨的信号。图2-37为早晨之星实战图。

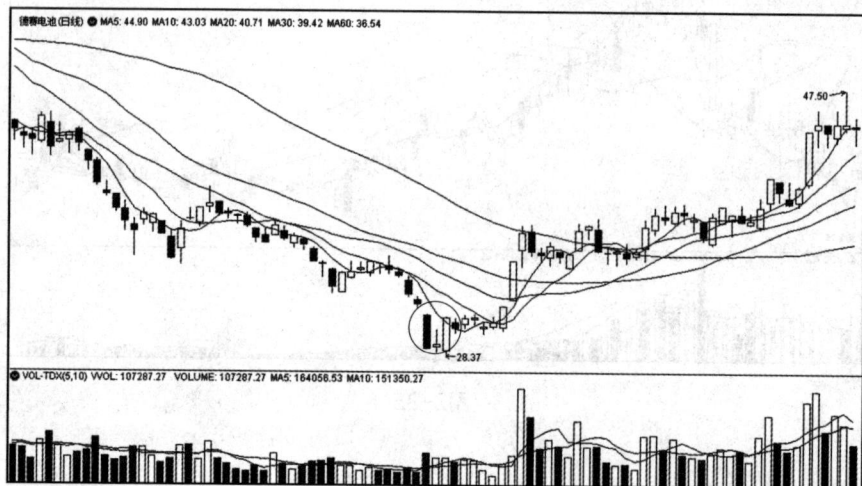

图2-37

在实战中，投资者要注意以下几点：

（1）在暴跌的行情中，早晨之星往往是螳臂当车。

（2）右边的阳线不能过多地放量，要记住量大有回落的可能。如果次日缩量小幅回调可继续看涨，若放量下跌，则此早晨之星无效。

（3）处在双底支撑位置的早晨之星最有效。

2.黄昏之星

"黄昏之星"意指日薄西山，白天即将过去，黑夜即将来临。在K线组合中，黄昏之星意味着上涨趋势即将结束，下跌趋势即将开始，是高位见顶的信号，如图2-38所示。

黄昏之星K线组合形态的特征是：由三根K线组成，第一天，市场在前期上涨的基础上继续其涨势，并且拉出一根长阳线；第二天股价继续冲高，但尾盘回落，形成上影线，实体部分窄小，构成星的主体；第三天股价突然下跌，间或出现恐慌性抛压，拉出一根长阴线，抹去了前两天大部分的涨幅。黄昏之星成为顶部的概率较高，在牛市后期，要特别警惕这种反转信号。

图 2-39 为实战图。

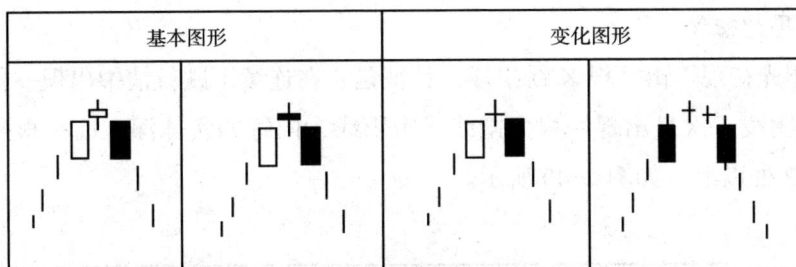

图2-38

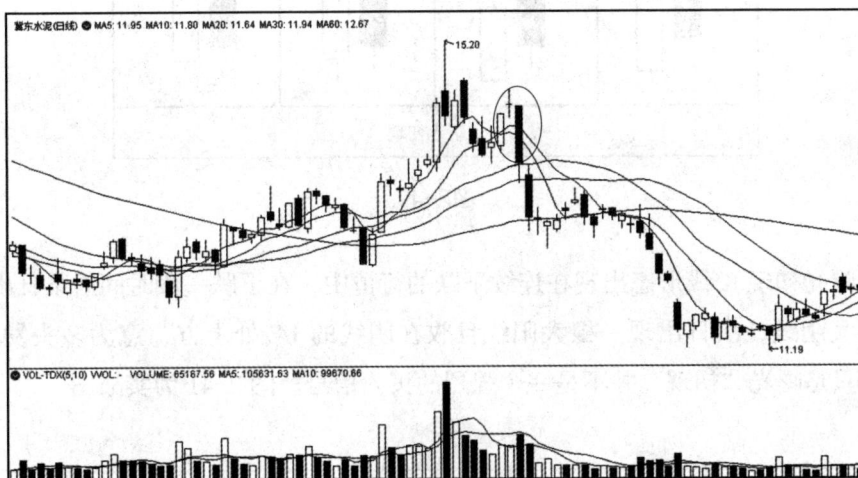

图2-39

　　早晨之星与黄昏之星是一对相反的 K 线组合，早晨之星提示后市看好，黄昏之星提示后市看淡。投资者应注意 K 线的周期以及成交量，对判断见底或见顶的成功率也有很大影响。日 K 线适用于短线行情的判断，周 K 线适用于中线行情的判断，月 K 线适用于长期行情的判断。

　　对于中长期行情的判断，应结合成交量进行分析。早晨之星出现的时候，应伴随有相应的放量配合，底部信号才能确认。而黄昏之星出现的时候，由于 K 线处于拉高阶段，股价过高，买盘相对较小，一般会出现缩量的特征。

五、曙光初现与乌云盖顶

1. 曙光初现

"曙光初现"由两根 K 线组成，特征是：在连续下跌行情中出现一根大阴线或中阴线，次日出现一根大阳线或中阳线，阳线的实体深入前一根阴线实体的 1/2 处以上，如图 2-40 所示。

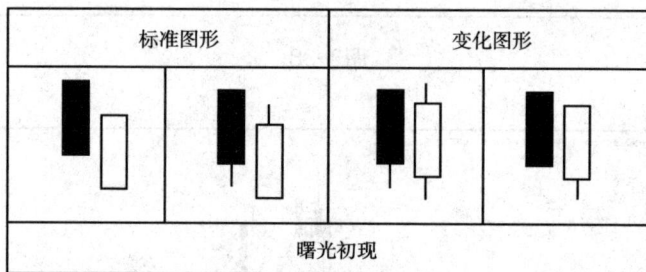

标准图形		变化图形	
曙光初现			

图2-40

曙光初现 K 线形态出现在连续下跌的行情中，在下跌一段时间后某日出现一根大阴线，次日出现一根大阳线且收在阴线的 1/2 处上方，意为多头发力。但这只是曙光"初现"并不是一个强烈的买入信号。图 2-41 为实战图。

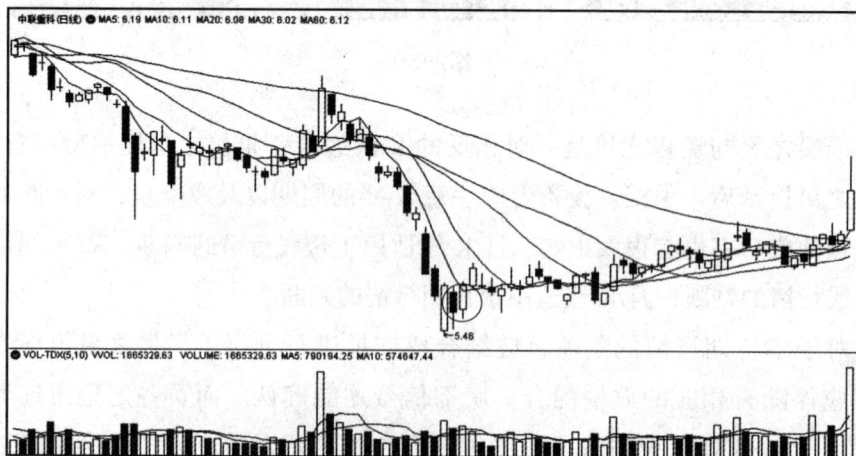

图2-41

在曙光初现K线形态中，阳线实体超过阴线1/2处越多，转势信号越强，若能形成"阳包阴"的形态，则确立的概率更大。

2.乌云盖顶

"乌云盖顶"K线的特征是：在上涨行情中，出现一根中阳线或大阳线后，第二天股价跳空高开，随后出现高开低走，收出一根中阴线或大阴线，阴线的实体深入第一根阳线实体的1/2处以下，如图2-42所示。

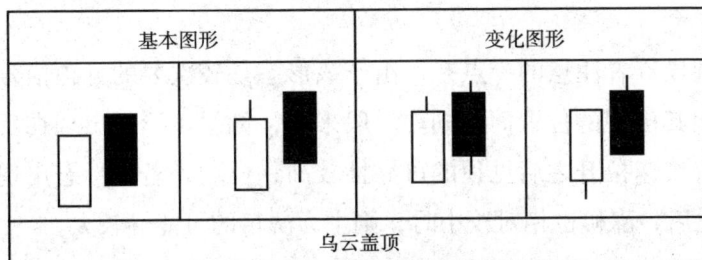

基本图形		变化图形	

乌云盖顶

图2-42

在分析乌云盖顶K线形态的有效性时主要看两点：第一，阴线深入阳线的1/2处下方，说明股价下挫力度很大；第二，阴线下挫时伴有较大成交量，如果在高位出现放量下跌的阴线，投资者应立即清仓出局。图2-43为实战图。

图2-43

投资者在运用乌云盖顶K线形态进行分析时，应注意以下几个方面：

（1）第二根K线（即阴线）的开盘价应高于第一根K线的最高价，但收盘时股价大幅回落。同时，其阴线实体应深入第一根K线实体部分的1/2处以下，否则分析意义不大；且深入幅度越大，信号越强烈。

（2）在分时图上，第二根K线在开市阶段曾经向上突破明显的阻力位，然后掉头向下，这说明多头上攻乏力，见顶迹象开始显露。

（3）第二根K线的成交量要明显放大，这说明市场主力高位派发的意愿很强烈。

要提醒投资者注意的一点是，由于该形态是较次要的见顶信号，因此其可靠性也因其出现的位置而不同。一般来说，如果该形态出现在反弹行情的顶部，股价快速拉升之后见顶的可靠性较高；反之，若该形态出现在股价突破颈线位之后，涨幅也相对较小时，则主力洗盘的可能性较大。

六、旭日东升与倾盆大雨

1. 旭日东升

"旭日东升"的主要特征是：在连续下跌的行情中，某日出现一根大阴线或中阴线，次日出现一根高开的大阳线或中阳线。阳线的收盘价高出前一根阴线的开盘价，这说明股价经过连续下挫，空头能量已释放殆尽，在空方无力再继续打压时，多方奋起反抗，并旗开得胜，所以给它取名叫"旭日东升"，意为前景光明，后市看好。投资者见此图形，不宜继续看空做空，而要转变思维，逢低吸纳，适时做多。图2-44为基本图形，图2-45为实战图。

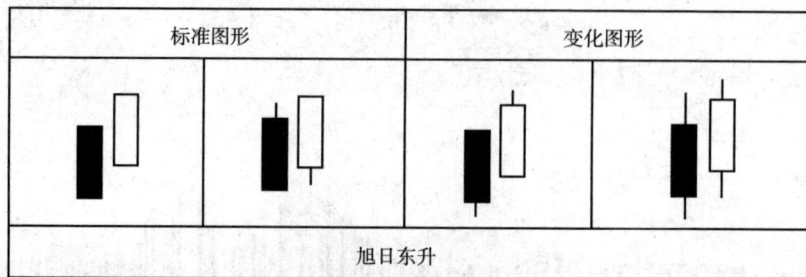

标准图形		变化图形	
旭日东升			

图2-44

图2-45

2. 倾盆大雨

"倾盆大雨"的主要特征是：在股价有一定升幅后，某日出现一根大阳线或中阳线，次日出现了一根低开低收的大阴线或中阴线，其收盘价比前一根阳线的开盘价要低，如图 2-46 所示。

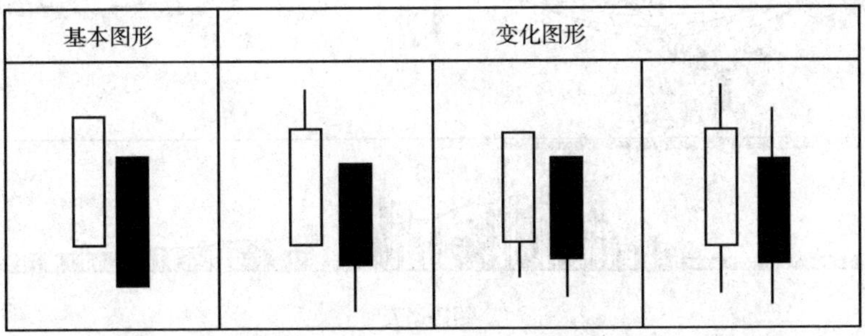

基本图形	变化图形		

图2-46

"倾盆大雨"，顾名思义，当这种 K 线形态出现时，股价就要遭到暴雨袭击了。因此投资者见此图形，应及早离场观望。因为在这种情况下，如果是低开，说明人们已经不敢追高，而想低价出售股票的投资者却大有人在；如果是低收，更是明确地反映了市场看淡该股的大众心理。这种 K 线组合形态出现，若伴有大成交量的出现，形势则更糟糕。但是，有时出现这种情况又有可能是主力在洗盘，为日后股价上升打下基础。不过这种洗盘的情况很少，其原因是：主力用这种方法洗盘使技术形态走坏，本身就要冒洗盘没有洗成功反而招来更大的抛盘，促使股价快速下跌，产生把主力自己都套住的风险。另外，主力即使洗盘，也大多数是发生在股价的涨升初期，一般不会发生在股价已有了相当升幅之后。所以，在涨势中，尤其在股价涨了一段时间之后出现这种图形，从规避风险出发，还是减仓操作为好。如果随后股价重心仍在下移，就应坚决离场。

如图 2-47 所示的金融街（000402）走势图，该股承接原有升势后某日突然低开下挫，与前日大阳线一并构成"倾盆大雨"形态，而且这两日的成交量有放大，后市股价仍将继续下探来消化一路上涨所形成的获利盘。

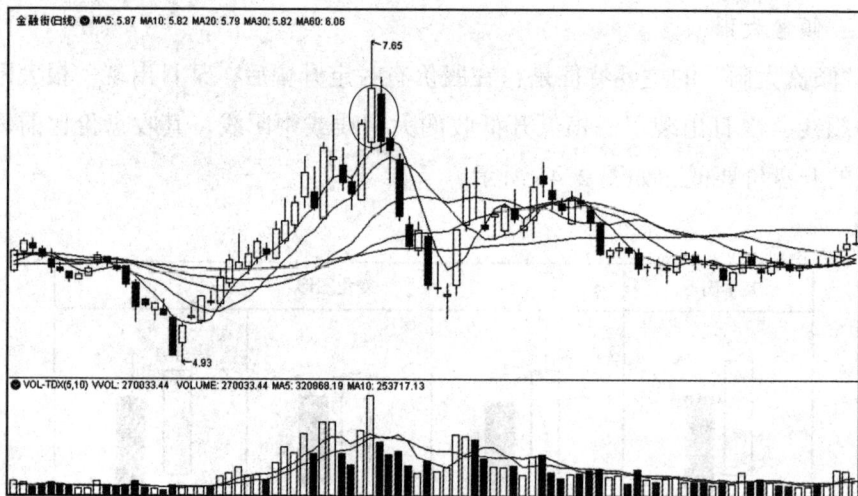

图2-47

七、锤头线与吊颈线

1. 锤头线

"锤头线"是一种出现在下跌趋势中实体很小且带有较长下影线的 K 线形态。其特征是：出现在下跌途中，尤其是在股价有了较大幅度下跌之后；锤头线的实体很小，下影线大于或等于实体的两倍；一般不带上影线或者带有很短的上影线，如图 2-48 所示。

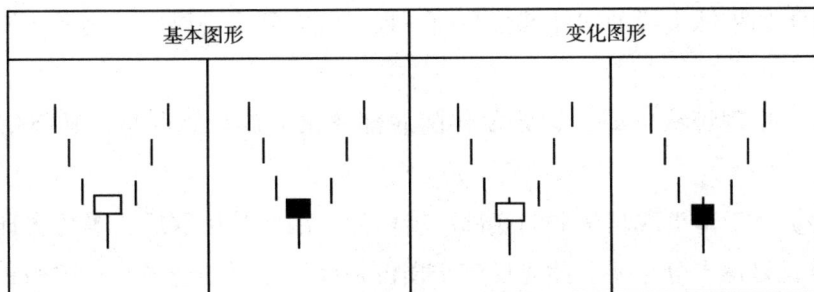

图2-48

锤头线止跌回升的效果与以下两个因素有密切关系：第一，锤头线实体越小，下影线越长，止跌的作用就越明显；第二，股价下跌的时间越长以及幅度越大，锤头线见底的信号就越明确。图 2-49 为锤头线实战图。

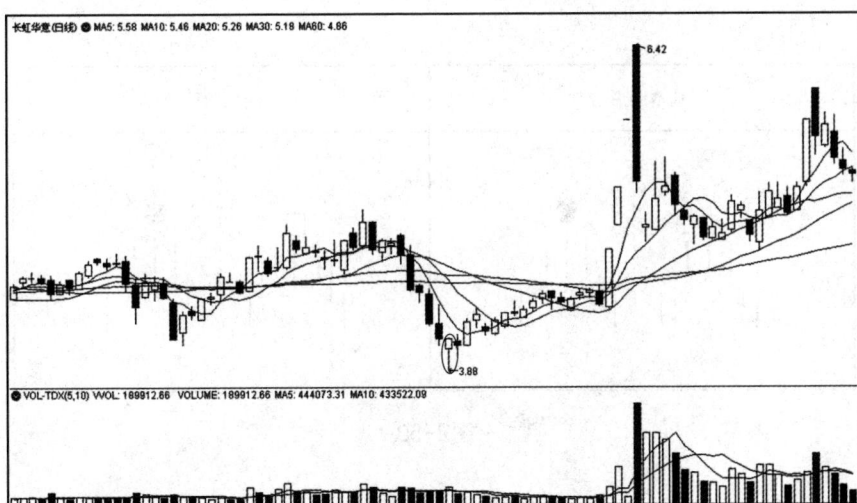

图2-49

锤头线有阳锤头线与阴锤头线之分，在一般情况下，阳锤头线比阴锤头线的反转力度更强。

如果投资者在股价下跌过程中遇到锤头线形态出现，可在锤头线出现后再观察几天，如果发现股价放量上升，即可逢低介入。

投资者在确认锤头线时要注意以下几点：

（1）如果锤头线的实体部分与前一根K线之间出现跳空，则反转的可能性较大。

（2）出现锤头线时，通常要伴随底部放量，放量越明显，转势信号越强烈。

（3）由于锤头线是次要的底部反转信号，因此其出现后，等待次日的验证信号就显得十分重要。此时设定止损位是我们必要的选择，对这种K线形态而言，出现锤头线形态那一天的最低价，往往就是一个很好的止损位，一旦股价跌破该价位，则说明下跌抵抗失败，投资者应及时止损出局。

2. 吊颈线

"吊颈线"是一种出现在上升趋势中实体很小且带有较长下影线的K线形态，其形状就像一个人被吊在绞刑架上，所以又称"绞刑线"，如图2-50所示。

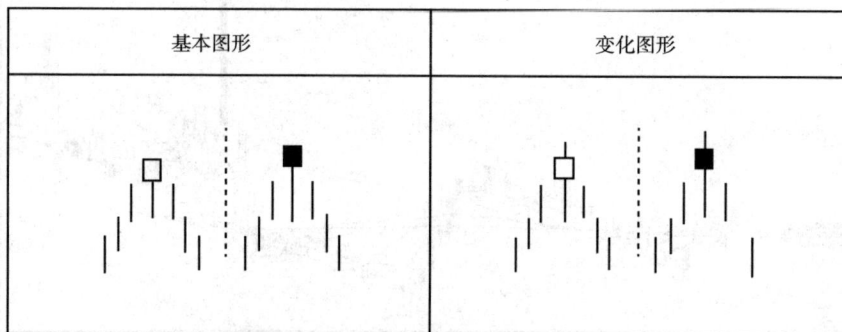

图2-50

将它起名为"吊颈线""绞刑线"，意在提醒投资者，这种K线的出现是一种不好的预兆。它的特征是：

一是K线实体很小，上影线很短或者没有，但下影线很长（通常是实体长度的2～3倍）。二是在上涨行情末端出现。吊颈线的出现，预示着股价已涨到尽头，接下来很有可能转升为跌。一般来说，该K线在股价已有较大涨幅的情况下出现，其显示的转跌信号比较可靠。如果此时吊颈线是以阴线报收，则下跌的概率更大。投资者在上涨行情中，尤其是在股价已有大幅上涨情况下看到此种K线，必须高度警惕，不管后市如何，可先做些减仓，日后一旦股价掉头向下，应及时抛空出局。图2-51为实战图。

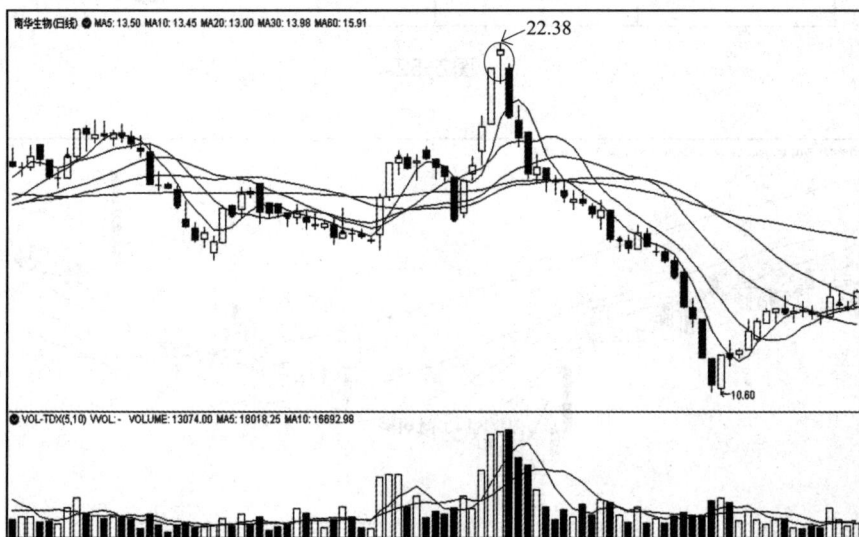

图2-51

八、倒锤头线与射击之星

1. 倒锤头线

在经过一段大跌行情之后，股价继续下跌，并且由于恐慌性的抛盘，某日出现了一根大阴线或者中阴线。第二日，股价继续跳空向下，当天收出一根实体很小或者下影线很短、上影线大于或者等于实体两倍的K线，即倒锤头线。第三日，如果出现一根中阳线或者大阳线，股价收复前两天的失地，则反弹信号越强，如图2-52所示。

倒锤头线的出现，如果是伴随着股价下跌，成交量逐步萎缩后再放大，则预示着行情即将反转。放量越明显，反弹信号越强烈。图2-53为实战图。

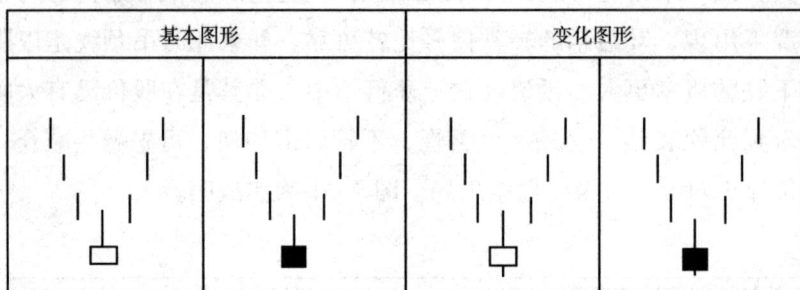

图2-52

图2-53

确认倒锤头线时要注意以下几点：

（1）倒锤头线出现在下降趋势中才具有看涨的意义。

（2）如果倒锤头线出现后，次日股价向上跳空开盘或是在较高的价位上拉出一根放量阳线，则其转势向上的信号越强烈。

（3）倒锤头线是次要的底部反转信号，因此其出现后，等待次日的验证信号就显得十分重要。应当把出现倒锤头线形态那一天的最低价设定为止损位，一旦股价跌破该价位，则说明下跌抵抗失败，投资者应及时止损出局。

2. 射击之星

"射击之星"是一根出现在上升趋势末端的 K 线，上影线较长，实体部分较小，近似于"⊥"形。"射箭"一完成，多头能量就衰竭了，发出见顶信号，但其可靠性低于黄昏之星。其特征为：阳线或阴线构成都可以；实体部分较小；实体上方出现"一枝箭"即长上影线，构成射箭形态，如图 2-54 所示。

射击之星与倒锤头线在形态上如出一辙，区别在于出现的位置高低不同。射击之星在上升趋势的顶部出现，倒锤头线则在下跌趋势的底部出现。图 2-55 为射击之星实战图。

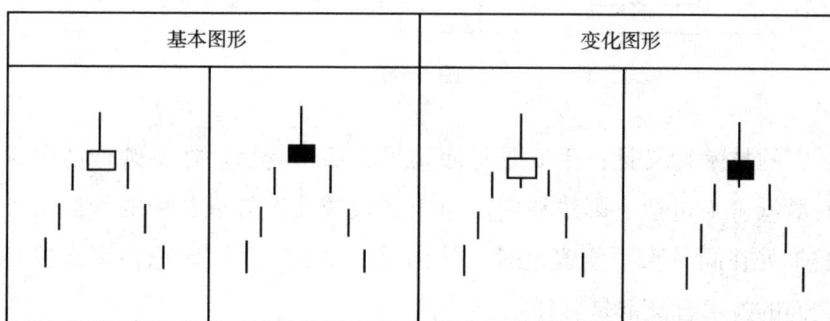

图2-54

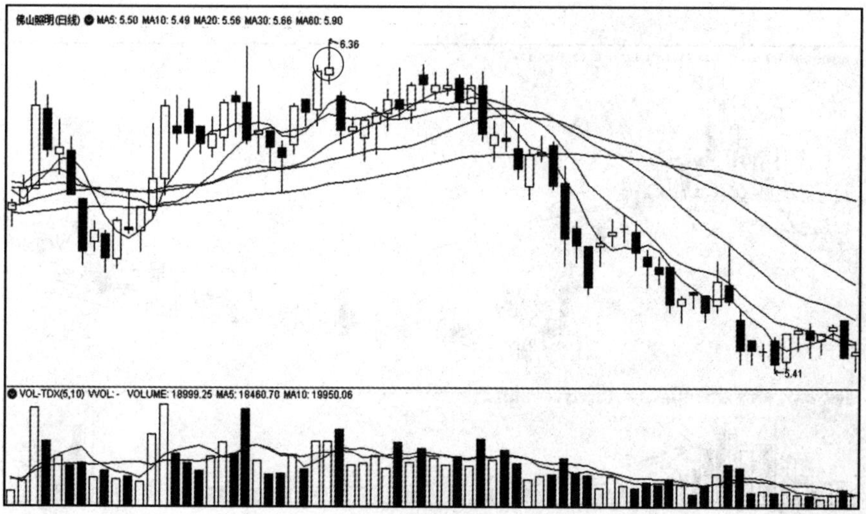

图2-55

九、平底与平顶

1.平底

平底，在 K 线图中又称"钳子底"，平底的特征是：出现在下跌趋势中，由两根或两根以上 K 线组成，最低价处在同一水平位置上，如图 2-56 所示。

基本图形	变化图形

图2-56

平底的技术含义是：平底是见底信号，后市看涨。在下跌行情中，某根 K 线的最低价（包括下影线在内）与第二根或几根邻近 K 线的最低价（包括下影线）处在同一水平位置上时，就构成了平底。平底无论由多少根 K 线组成，它们的技术含义都是一样的。

平底是见底回升信号，如果它出现在较大跌势之后，其提示股价反转的可能性更大，投资者见到此种 K 线组合后，可考虑适量买进。图 2-57 为实战图。

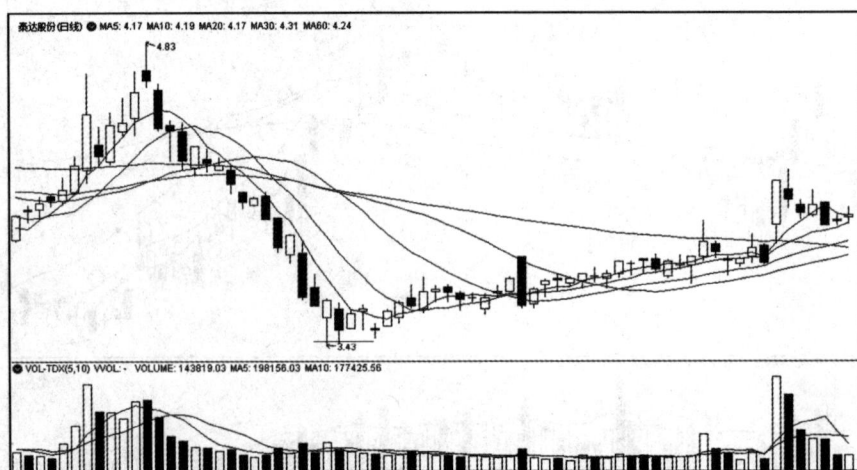

图2-57

2. 平顶

平顶又称"钳子顶"，其特征是：出现在上涨趋势中，由两根或两根以上
K线组成，最高价处在同一水平位置上，如图2-58所示。

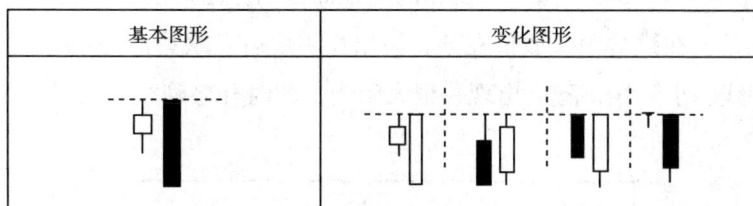

基本图形	变化图形

图2-58

平顶的技术含义是：平顶是见顶信号，后市看跌。平顶形成于上涨行情
中，当某根K线的最高价（包括上影线）与第二根或几根邻近K线的最高价
（包括上影线）处在同一水平位置上时，就构成了平顶。平顶无论由多少根K
线组成，它们的技术含义都是一样的。

平顶是市场逆转的信号，它预示股价见顶回落的可能性很大。平顶有
时也可能和穿头破脚、吊颈线、射击之星等其他形态同时出现，这样股价
下跌的可能性就更大，此时，投资者还是"三十六计走为上"，及早离场。
图2-59所示为实战图。

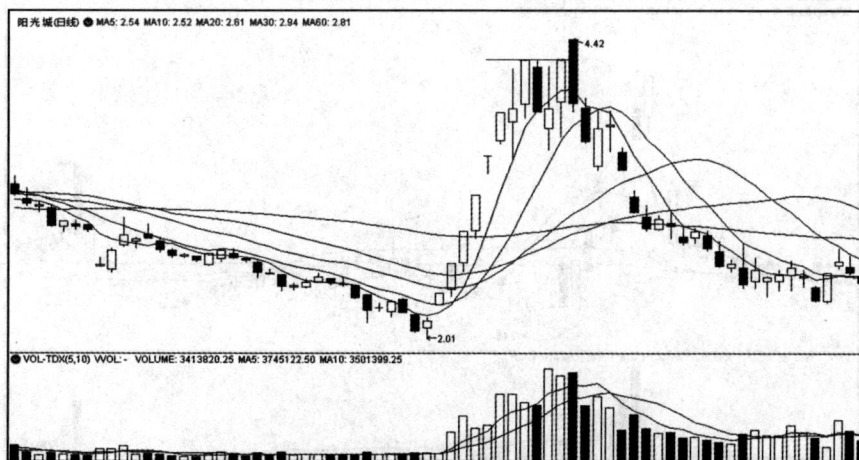

图2-59

十、塔形底与塔形顶

1. 塔形底

"塔形底"因其形状像一个倒扣的塔顶而得名。塔形底是见底回升的信号，它的特征是：在跌势中，股价在某日拉出长阴线后，跌势开始趋缓，出现一连串的小阳线、小阴线，随后出现一根大阳线，此时升势确立，如图2-60所示。

图2-60

一般来说，股价在低位形成塔形底后，如若有成交量配合，往往后市会有一段较大的涨势，因此，投资者见此种图形应抓准机会，跟进做多。图2-61为实战图。

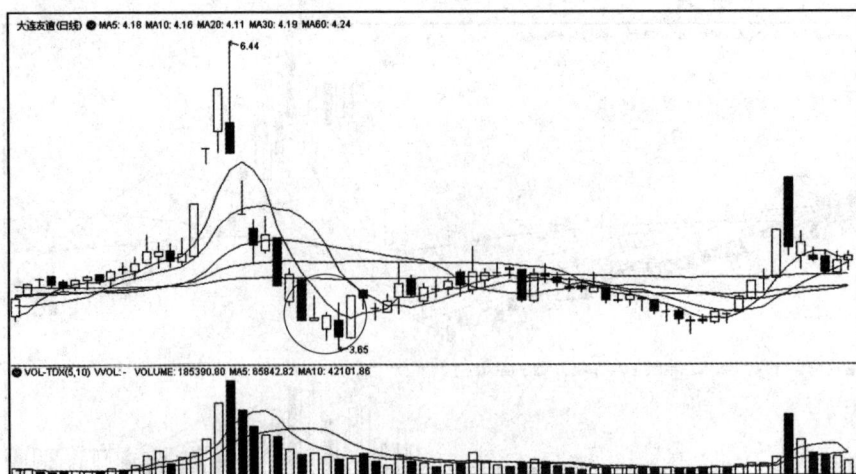

图2-61

2. 塔形顶

塔形顶是由若干根K线组成，第一根K线是大阳线，中间是几根小阴线或小阳线，最后一根是大阴线，这些K线组合成的形态犹如一个塔形。塔形顶的特征是：在上升时首先拉出一根较有力度的大阳线或中阳线，然后出现一连串向上攀升的小阳线（偶尔夹有1～2根小阴线），之后上升速度减缓，接着出现一连串向下倾斜的小阴线（偶尔夹有1～2根小阳线），最后出现一根较有力度的大阴线或中阴线，如图2-62所示。

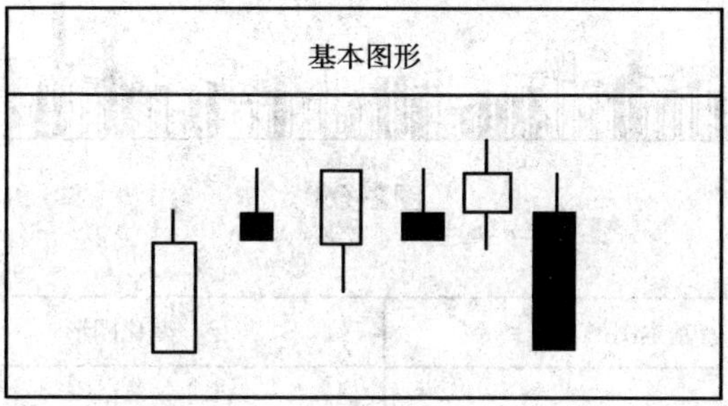

图2-62

塔形顶的出现，表明行情开始转向，投资者如遇此种K线图形应及时离场，避免股价继续下跌带来的风险。

如图2-63所示的走势图，该股自拉出一根上涨中阳线后，股价开始逐级上升，阳线明显多于阴线；随后股价重心向下倾斜，阴线明显多于阳线。随着一根大阴线的出现，下跌趋势加速，这意味着后市仍将大幅回落。

十一、红三兵与黑三兵

1. 红三兵

"红三兵"K线组合是指股票在上涨趋势中，连续出现三根小阳线。红三兵是推动股价上涨的信号。一般来说，股价见底回升或横盘后出现红三兵，表明多方正在积蓄能量，准备发力上攻。如果红三兵出现后股价连续拉升，且成交量同步放大，说明该股已有新主力加入，往后继续上涨的可能性极大。此时，投资者可考虑适量买入，如图2-64所示。

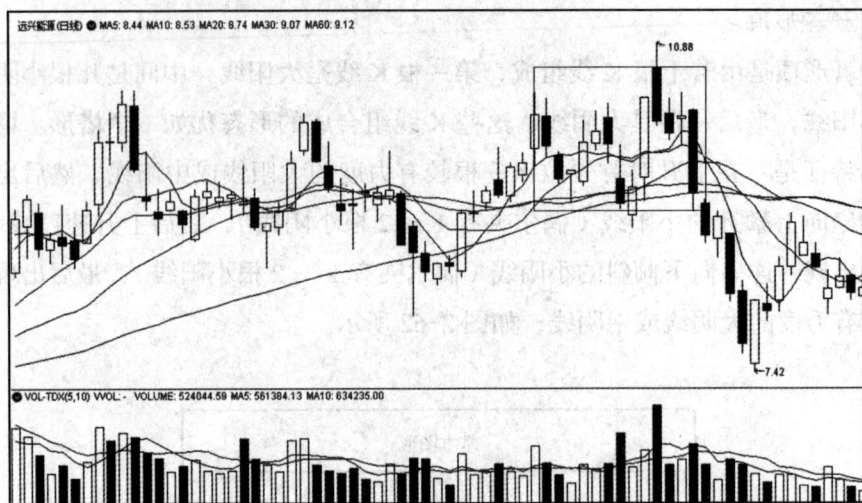

图2-63

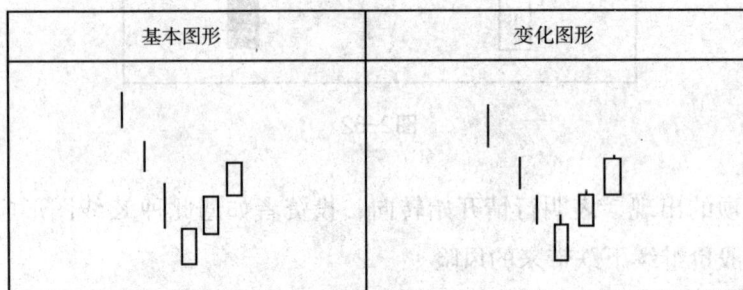

图2-64

　　红三兵如果出现在已经下降了很长时间后，是市场将要反转的强烈标志。市场经过长时间的下跌，做空动能已经释放，价格在底部震荡；此时市场多方认为股价经过一番下跌，已处在超卖状态，开始尝试做多；市场中观望者认为后市对多方有利，开始进场建仓。市场受三方合力的影响，形成三天连续上涨局面。红三兵意味着多方力量刚起步，随着力量的不断释放，将会形成真正的上涨。

　　投资者在确认红三兵K线形态时要注意以下几点：

　　（1）红三兵出现在下降趋势末期或上涨初期才具有看涨的意义。

　　（2）辨别红三兵形态可靠性的一个重要依据就是成交量。通常而言，红三兵形态确立的同时，伴随着成交量的放大，投资者对股价在第一次探底中出现的红三兵形态要保持警惕（可能会是骗线），而在二次探底中出现的红三兵形态，其可靠性相对较高；以阳线的最低点作为止损点，防止主力骗线。

图 2-65 为实战图。

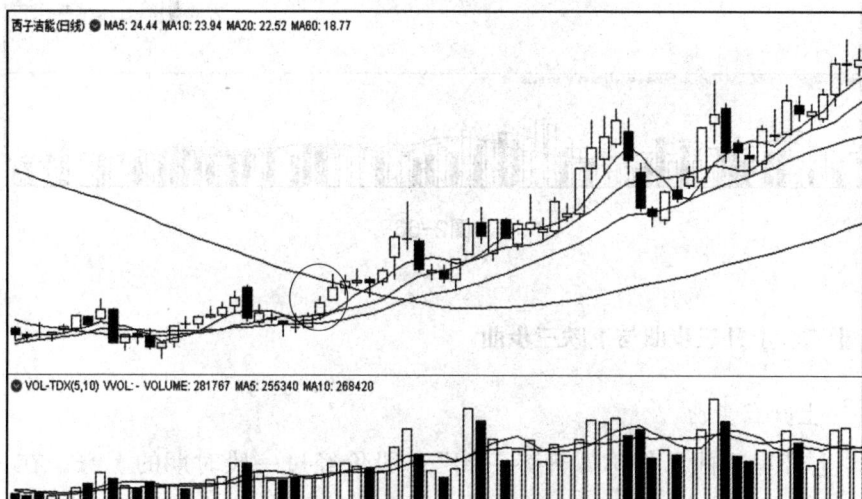

图2-65

2. 黑三兵

"黑三兵" K线组合也叫"绿三兵"，由三根小阴线组成，且最低价一根比一根低，图形上如同三个穿着黑色服装的卫兵在列队，故称为"黑三兵"。它既可以出现在上涨趋势中，也可以出现在下跌趋势中。

黑三兵出现的位置不同，所代表的市场含义也不同。如果黑三兵出现在股价有了较大涨幅后，预示着股价会转升为跌，投资者应考虑做空；如果黑三兵出现在股价已有一段较大跌幅或连续急跌之后，则预示着股价已经接近底部，短期内股价有望止跌，并有可能转为升势，投资者可考虑做多。

如图 2-66 所示的走势图，该股在高位区域收出一根中阴线后，随后两个交易日连续收小阴线，且最低价一个比一个低，由于其位置处于阶段性上涨顶峰，因此可以认定为黑三兵形态，后市股价在此形态影响下将延续下跌的趋势。

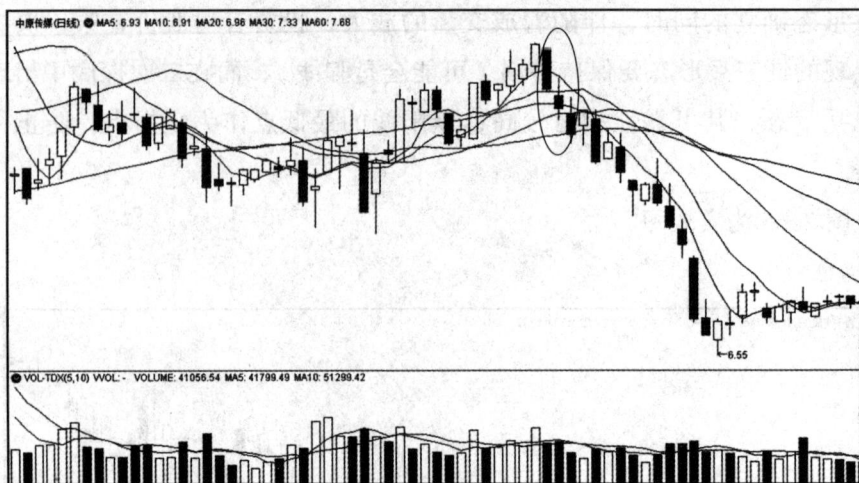

图2-66

十二、上升三步曲与下跌三步曲

1. 上升三步曲

"上升三步曲"俗称"升势三鸦"，股价经过一段时期的上涨，在一根大阳线或中阳线之后，接连出现了三根小阴线，但三根小阴线都没有跌破前一根阳线的开盘价，并且成交量也开始减少，随后又出现了一根大阳线，如图 2-67 所示。

基本图形	变化图形			

图2-67

该图形说明多方在积蓄力量，伺机上攻。因此，投资者遇到这种情况，不要以为三连阴后股价就会转弱，便开始做空，这往往会使投资者判断失误。如

图 2-68 所示的走势图，当该股出现上升三步曲后，股价继续在上涨。显然，如果投资者把上升三步曲中的三连阴看成是卖出信号，若抛股离场，势必会错失一大段行情。

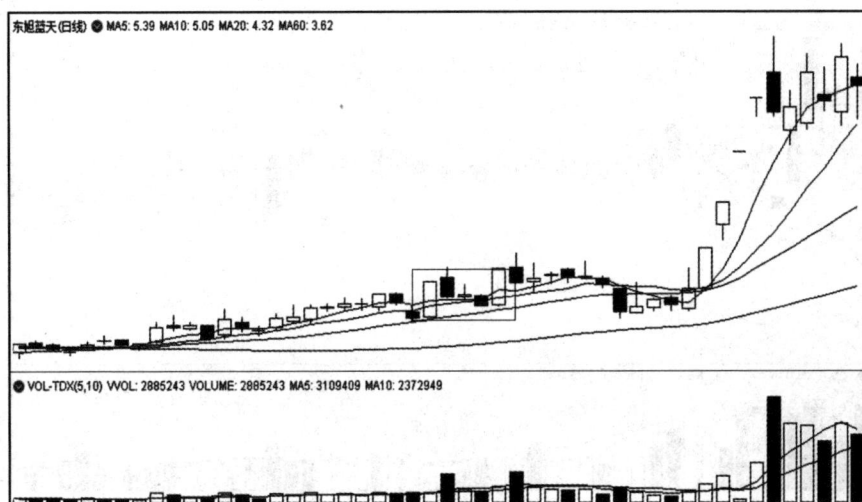

图2-68

2. 下跌三步曲

"下跌三步曲"又叫"降势三鹤"，股价在下跌时出现了一根实体较长的阴线，随后连续拉出三根向上攀升实体较为短小的阳线，紧接着又出现了一根长阴线，把前面三根小阳线全部或大部分吞吃掉，如图 2-69 所示。

图2-69

下跌三步曲的出现，表明多方虽然想做反抗，但最终在空方的打击下退败，这表明股价还会进一步向下回落。因此，投资者见此K线图形后应顺势而为，减持手中的股票，如图2-70所示的走势图。

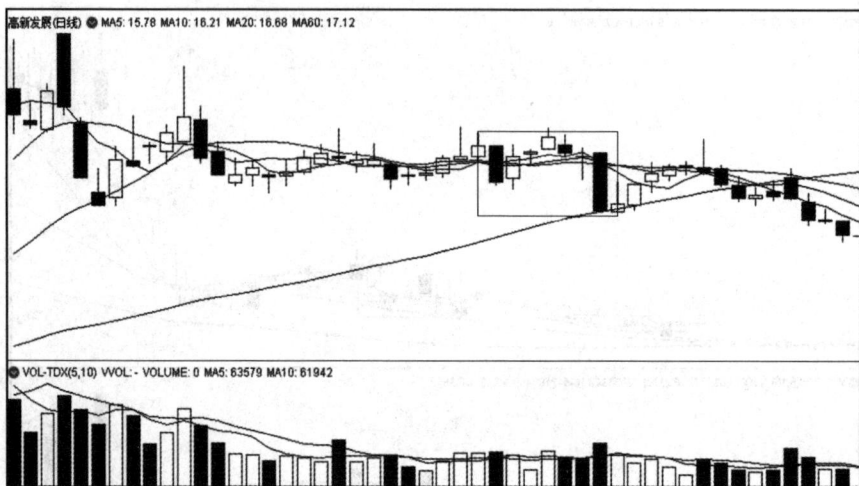

图2-70

十三、多方炮与空方炮

1.多方炮

"多方炮"也叫"两阳夹一阴"，是由两根较长的阳线和一根较短的阴线组成，阴线被夹在两根较长的阳线中间。多方炮既可以出现在涨势中，也可以出现在跌势中，它的出现表明后市看多，如图2-71所示。

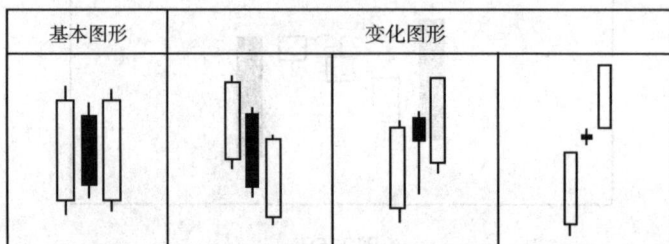

图2-71

通常，多方炮出现在下跌趋势中，暗示着股价会暂时止跌，甚至有可能见底回升，投资者可以考虑做多；多方炮出现在上涨趋势中，尤其是出现在上升趋势的初期，是多方为了向上继续发展行情而进行的中途盘整，使升势的基础更牢靠，此时投资者可以大胆地介入，如图 2-72 所示。

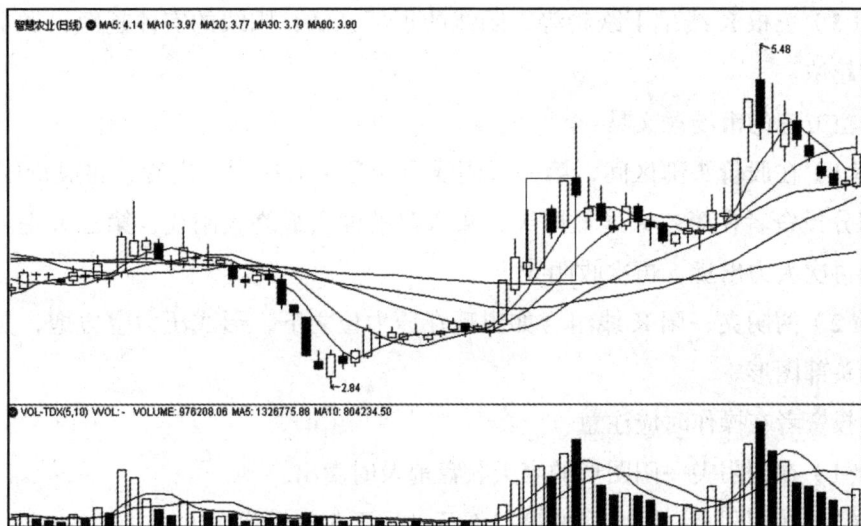

图2-72

2. 空方炮

"空方炮"也叫"两阴夹一阳"，由两根较长的阴线和一根较短的阳线组成，阳线夹在阴线中间。空方炮既可以出现在涨势中，也可以出现在跌势中，是一种看空的信号，如图 2-73 所示。

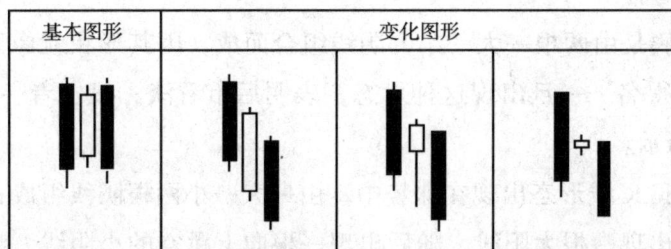

图2-73

空方炮的图形特征是：

（1）第一天股价下跌收阴线，第二天上升收阳线，第三天再度下跌收阴线，这是股价横向震荡的走势。

（2）标准的两阴夹一阳，其三根K线的三个顶端基本是水平的，三个底端也是水平的。

（3）三根K线呈下跌趋势，阴线的顶部越低，阳线的实体越短，做空的意味越浓。

空方炮的市场意义是：

（1）在股价头部区间，第一天阴线可能是主力在大肆出货，将股价压低；一部分投资者在第二天逢低即买，买入盘的涌入最终收阳线；第三天主力见高价再次大力出货，再次收阴线。

（2）两阴夹一阳K线组合如出现在压力位之下，形成压力空方炮，是典型的头部图形。

投资者在操作时应注意：

（1）在两阴夹一阳图形的当天收盘前及时卖出。

（2）在两阴夹一阳图形的第二天开盘后不久趁反弹卖出。

通常情况下，在升势中出现空方炮，暗示上升行情就要发生反转，股价有可能见顶回落，投资者应考虑卖出；在下跌趋势中，尤其是下跌初期出现空方炮，说明股价经过暂时的整理后仍会继续下跌，投资者应注意继续减仓。图2-74所示为实战图。

十四、两只乌鸦与三只乌鸦

1. 两只乌鸦

两只乌鸦是由两根一大一小的阴线组合而成，因其形状就像天空飞过的两只乌鸦而得名。一旦出现这种形态，表明后市看淡，投资者一定要谨慎，如图2-75所示。

两只乌鸦K线形态出现在涨势中，由一大一小两根阴线组成；股价上升到高位后，出现一根大阳线，随后出现一根向上跳空的小阴线，且阴线收盘价高于前一根阳线的收盘价，第三天出现一根顺势下跌的大阴线或中阴线。

股价在经过数浪上涨进入高位区域后，如果出现了两只乌鸦的K线形态，则意味着上升趋势已到尽头，后市由升转跌的可能性极大。投资者遇此种形态时应抓紧时间减仓操作，控制风险。

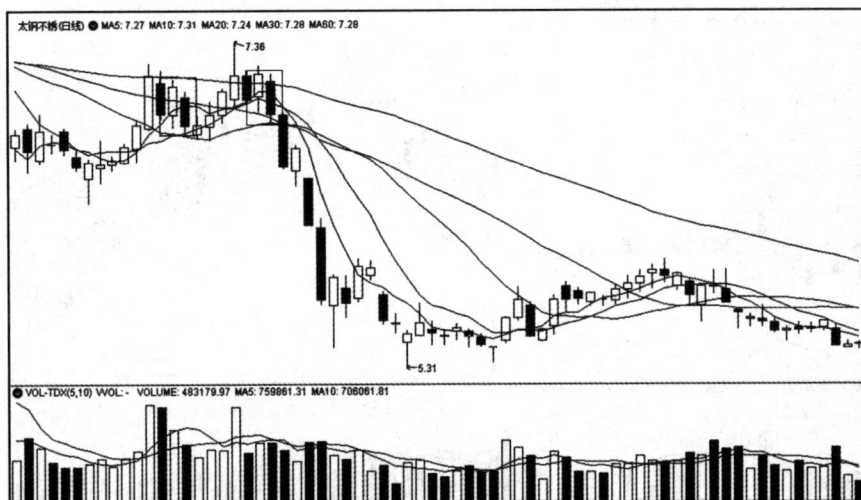

图2-74

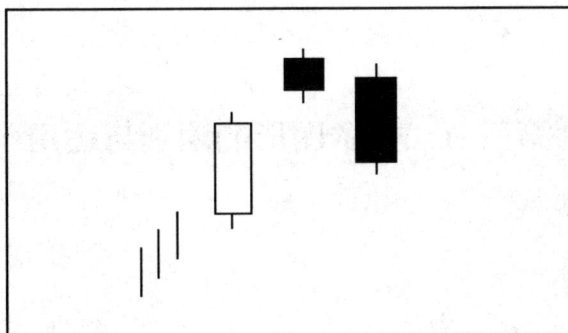

图2-75

2.三只乌鸦

三只乌鸦是由三根连续的阴线组成，且每天的收盘价均低于上一日的收盘价，每天的开盘价都在前一日K线的实体部分，但收盘价接近每日的最低价。它通常出现在涨势的末期，是一种表示后市看跌的K线组合，且下跌的节奏较为平和。图 2-76 为实战图。

在上升行情中，尤其是股指有了较大升幅后出现的三只乌鸦，是一种强烈的转势形态，投资者应在它初见雏形时离场观望。

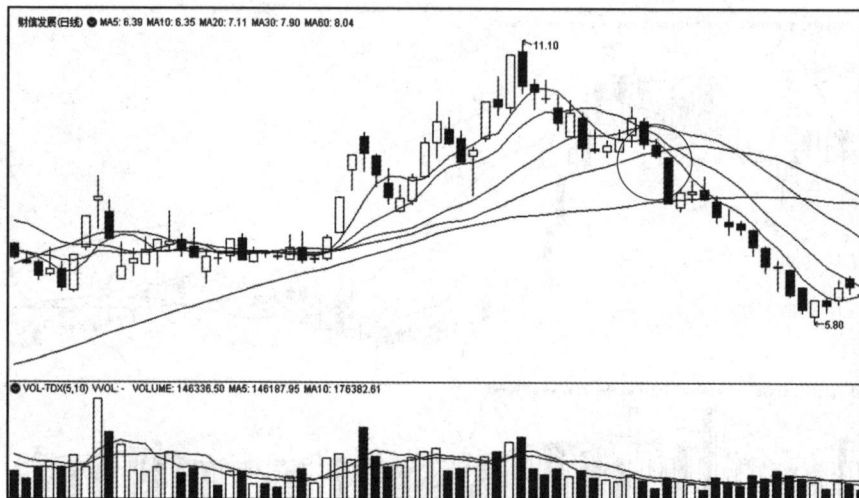

图2-76

第三节　技术图形的识别与运用

一、上升三角形与下降三角形

1.上升三角形

股价在某水平呈现强大的卖压，价格从低点回升到这一水平便告回落，但市场的购买意愿仍十分强烈，使价格未回落至上次低点 B 处便即时反弹，价格持续随着阻力线的波动而日渐收窄。我们若把每一个短期波动高点连接起来，便可画出一条阻力线（AC），将每一个短期波动低点相连则可画出另一条向上倾斜的线（BD），从而形成一个上升三角形，如图 2-77 所示。

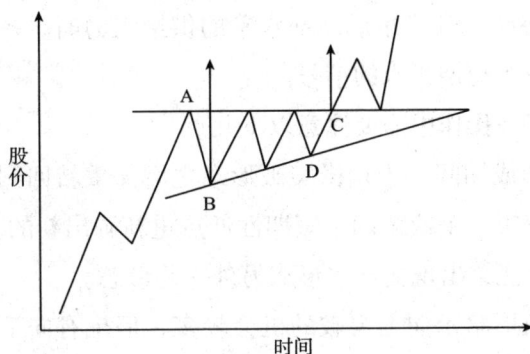

图2-77

　　上升三角形的形成反映出看淡的一方在其特定的价格水平不断沽售，他们并不急于出货，但又不看好未来市势，于是价格每上升到他们心中认为理想的沽售水平便沽出。这可能是一部分投资者在预先决定的价位做有计划的沽售。他们在同一价格的沽售便形成了一条水平的供给线。图 2-78 为实战图。

　　上升三角形所显示的信号特征是：

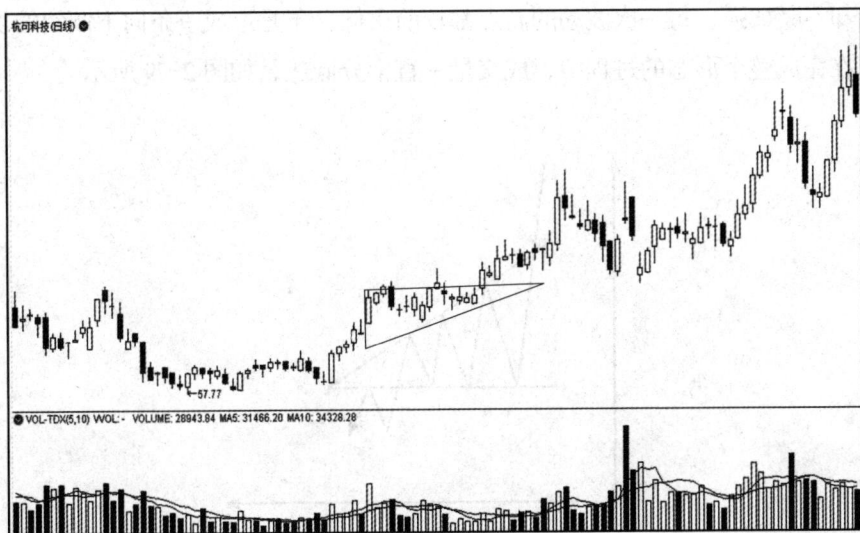

图2-78

（1）属于整理形态，大部分上升三角形都是在上升过程中出现，且暗示有向上突破的倾向。

（2）在向上突破上升三角形顶部水平的供给阻力时，一旦伴有成交量激增的情况，就是一个短期买入的信号。

此外，投资者在操作中需要注意以下几点：

（1）在形态形成期间，当稍微突破形态之后又重新回到形态之内时，技术性分析者须根据第三个或第四个短期性低点重新画出新的上升三角形形态。有时候这一形态可能会出现变异，形成另外一些形态。

（2）上升三角形暗示向上突破的机会较多，但也有向下跌的可能性，所以投资者应在明确形态突破后再采取相应的买卖决策。

（3）上升三角形向上突破阻力线，如果没有成交量激增的支持，信号可信度不高，投资者应继续观望市场进一步的走势。

（4）上升三角形越早突破，则上升趋势越明确。假如价格反复走到形态的顶端后跌出形态之外，这样的信号为突破信号。

2. 下降三角形

下降三角形的形态和上升三角形恰好相反，股价在某特定的水平出现稳定的购买力，因此股价每次回落至该水平便回升，形成一条水平的需求线。可是沽售力量却不断加强，每一次波动的高点都较前次低，于是形成一条向下倾斜的供给线，在完成整个形态的过程中，成交量一直十分低迷，如图2-79所示。

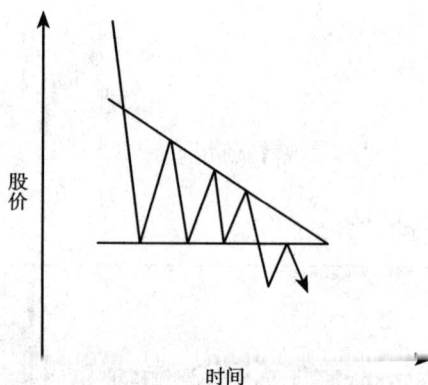

图2-79

　　虽然下降三角形的形成同样是多空双方在某价格区域内的角力表现，然而多空双方力量的分布却与上升三角形所显示的情形完全相反。空方不断地增加沽售压力，价格还没回升到上次高点便再沽售，而多方则坚守着某一价格的防线，令行情每回落到该水平便获得支撑。

　　此外，该形态的形成可能是有人在托价出货，直到沽清为止。图2-80为实战图。

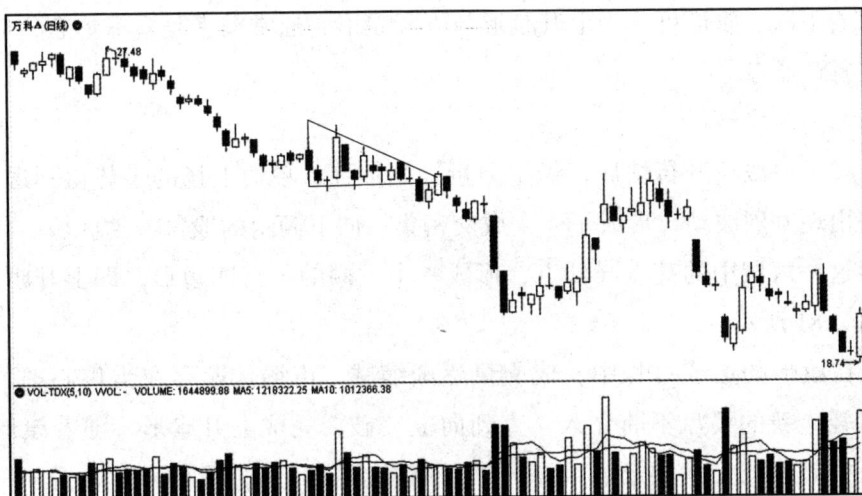

图2-80

　　下降三角形所显示的信号特征是：

　　（1）这是一个整理形态，通常出现在下跌过程中，而且具有向下跌破的倾向。

　　（2）当买方实力将耗尽时，沽售力量就会击破水平的需求支撑线，这是一个短期沽出的信号。

　　此外，投资者在操作中需要注意以下事项：

　　（1）虽然该形态反映出卖方的力量占优势（供给线向下倾斜），形态向下跌破的可能性较大，但也有向上突破的可能性。因此，投资者宜在形态明显突破后再采取行动。

　　（2）如果下降三角形向下跌破，一般在跌破后几日，成交量会呈现增加的趋势。但如果形态向上冲破阻力线，就必须要有成交量的配合。

（3）在向下跌破后，有时可能会出现假性回升，回升将会受阻于下降三角形的下底。

（4）下降三角形突破越早，则下跌的趋势越明确。

二、上升旗形与下降旗形

旗形是上涨或下跌的中继形态，经过调整后的股价继续沿着原来的趋势上涨或下跌。旗形可分为上升旗形与下降旗形，通常前者是看涨形态，后者则是看跌形态。

1. 上升旗形

经过一段拉升行情后，做空力量开始加强，单边上扬的走势得到遏制，价格出现剧烈波动，形成了一个成交密集、向下倾斜的股价波动区域。分别连接这一区域中的高点与低点，形成一个下倾的平行四边形，即上升旗形，如图 2-81 所示。

在旗形的形成过程中，成交量逐渐缩减。市场普遍存在惜售心理，抛压减轻，新的买盘不断介入，直到向上突破，完成上升旗形。随着旗形的向上突破，成交量逐渐放大，开始了新的多头行情，形成了"上升——整理——再上升"的规律。因此，上升旗形是强势特征，投资者在调整的末期可以大胆介入，享受新的上涨行情。

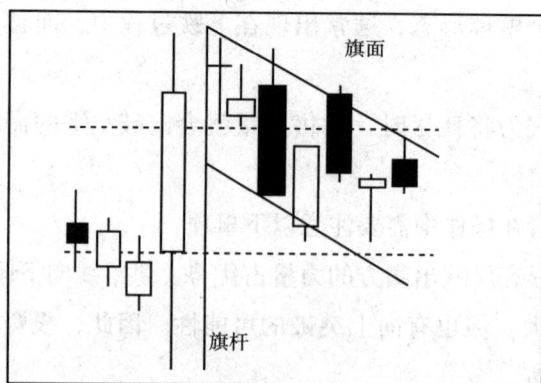

图2-81

如图 2-82 所示的走势图，该股企稳后开始攀升，随后加速上行并拉出旗杆，紧接着展开回调形成了上升旗面，从而构筑了上升旗形。从图中可以看出，旗形构成期间成交量虽然显著减少，但仍然维持相当活跃的水平。随着成交量的再次放大，该股在拉出一根大阳线后便结束了上升旗形的整理，开始走出了一波上升行情。

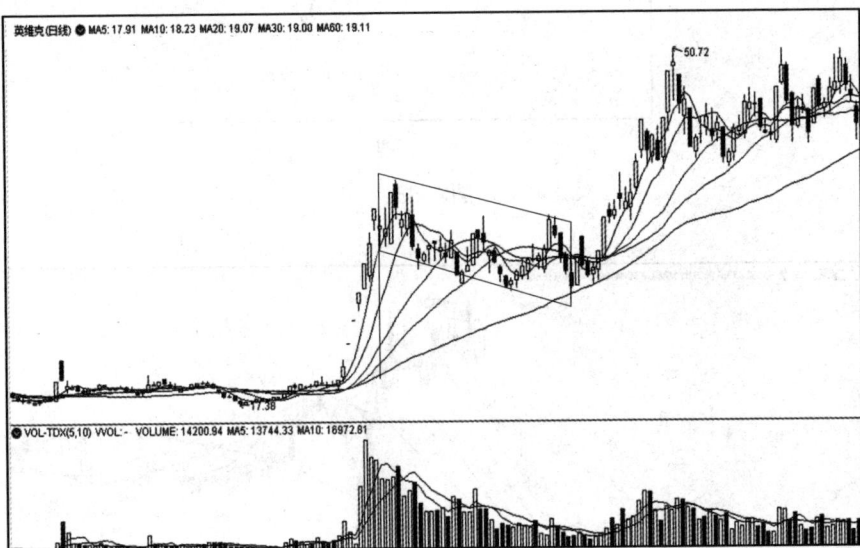

图2-82

2. 下降旗形

经过一段急速下跌行情后，由于低位的承接买盘逐渐增加，股价出现大幅波动，接着形成一个波动频繁、稍向上倾的区域，把这一区域中的高点、低点各自相连，即形成一个向上倾斜的平行四边形，这就是下降旗形，如图 2-83 所示。

在下跌过程中，随着抛售力量逐渐减少，股价在一定的位置有较强的支撑，于是形成了第一次比较强劲的反弹。短期反弹后再次下跌，然后又再次反弹，经过数次反弹后，形成了一个类似于上升通道的图形，这个倒置旗形往往会被误认为是一个看涨形态。当股价跌破旗形的下边沿，新的跌势形成，形成了"下跌——整理——再下跌"的规律。图 2-84 为实战图。

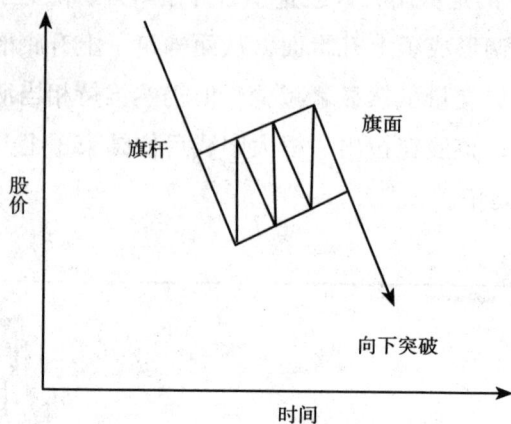

图2-83

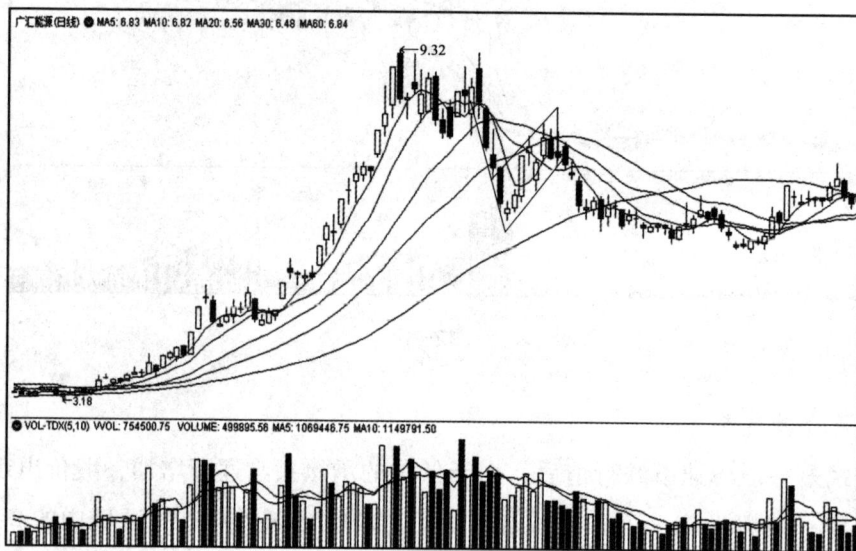

图2-84

旗形在实战中的运用技巧有以下两点：

（1）旗形必须在急升或急跌之后出现，并且成交量在形态构成期间显著减少。由于旗形是一种强势整理的形态，成交量仍能维持在一定的水平，不至于过于萎缩。

（2）形态完成后成交量也随着放大，即不论是向上或向下突破，成交量均有激增。向下破位时放量是由于旗形整理的周期短，卖压来不及消化，因此股价再度向下破位时会出现恐慌性抛盘。

三、楔形

楔形特征表现为股价在两条收敛的直线中波动，两条线同时上倾或下斜，成交量沿楔形递减。楔形又分为上升楔形和下降楔形，如图 2-85 所示。

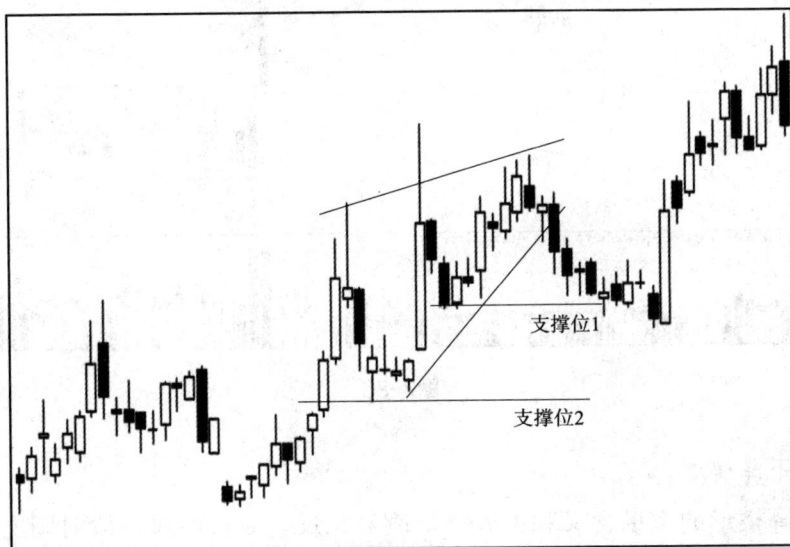

图2-85

1. 上升楔形

上升楔形指股价经过一次下跌后在强烈的技术性反弹要求下，价格升至一定水平，随后又回落，回落点较前次高，随后又反弹至新高点，且新高点比上次反弹点高，这样形成一浪高过一浪之势，把短期高点相连和短期低点相连，就形成了两条向上倾斜的直线，下面一条较为陡峭。

上升楔形两边上倾，表面上看来，多头趋势较强，但实际上并非如此。在上升楔形中，股价上升，卖出压力亦不大，但投资者的兴趣却逐渐减弱。股价虽然上扬，但每一次新的上升波动都比前一次弱，最后当需求完全消失时，股价便反转回跌。因此，上升楔形表示一个渐次减弱的技术性意义。上升楔形是一个整理形态，常在跌势中的回升阶段出现，显示尚未见底，只是跌势的一次技术性反弹而已，当其跌破下线后，就是沽出信号。上升楔形的成交量越接近顶部越少。图 2-86 为实战图。

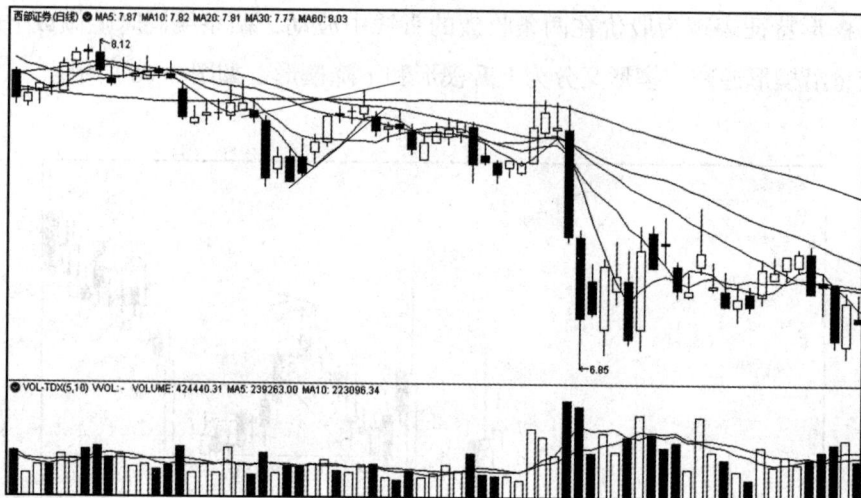

图2-86

2. 下降楔形

下降楔形的市场含义和上升楔形刚好相反。股价经过一段时间上升后，出现了获利回吐，虽然下降楔形的底线往下倾斜，似乎说明市场的承接力量不强，但新的回落浪较上一个回落浪波幅小，说明沽售力量正在减弱，加上成交量在这阶段中的减少，可证明市场卖压减弱。下降楔形也是一个整理形态，通常在中长期的上升途中的回调阶段中出现。下降楔形的形成是高点一个比一个低，低点亦一个比一个低，把所有的高点和低点分别相连，就形成了两条同时向下倾斜的直线。下降楔形越接近顶部，成交量越少。

下降楔形的出现告诉我们升势尚未见顶，这仅是上升途中的一种正常调整。一般来说，该形态大多是向上突破，当突破上线阻力时，就是一个买入信号，投资者可积极介入。

3. 识别楔形时应注意以下几点

（1）无论是上升楔形还是下降楔形，上下两条线必须明显地收敛于一点，如果形态太过宽松，形态的可能性就应该怀疑。一般来说，楔形的形成需要两个星期以上的时间。

（2）虽然跌市中出现的上升楔形向下跌破居多，但也可能向上突破，而且成交量也有明显增加，这时形态可能出现变异，发展成一个上升通道。此时应该改变原来偏淡的看法，因为股价可能会沿着新的上升通道开始一次新的升势。同样，倘若下降楔形不升反跌，跌破下线支撑，形态可能变为一个下降通道，这时对后市的看法就应该随着市势的变化而做出修正了。

（3）上升楔形上下两条线收敛于一点，股价在形态内移动只可以做有限的上升。若股价向下突破，理想的跌破点是由第一个低点开始，直到上升楔形顶端之间距离的2/3处。有时候，股价可能会一直移动到楔形的顶端，出了顶端后还稍做上升，然后才大幅下跌。

（4）下降楔形和上升楔形有一个明显不同之处，即上升楔形在跌破下线支撑后经常会出现急跌；但下降楔形向上突破阻力位后可能会横向发展，形成徘徊状态，成交量仍然十分低迷，然后才开始慢慢上升，成交量也会随之增加。当这种情形出现时，可以等待股价打破徘徊闷局后再考虑跟进，如图2-87所示。

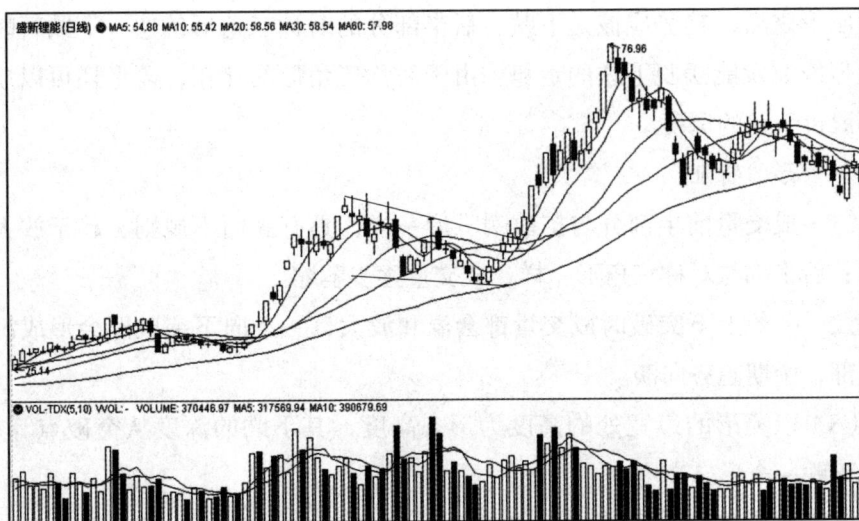

图2-87

四、菱形

菱形是一个比较特殊且少见的反转形态，菱形又称为钻石形，是喇叭形、对称三角形、头肩顶形态的综合体，是出现在顶部的一种看跌的形态，如图2-88所示。

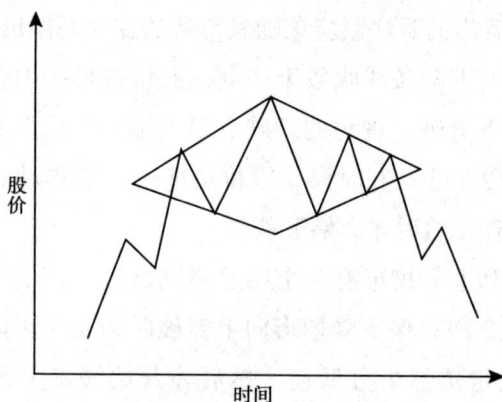

图2-88

菱形的前半部分类似于喇叭形，后半部分类似于对称三角形。前半部分的喇叭形之后，趋势应该是下跌，后半部分的对称三角形使这一下跌暂时推迟，但终究没能摆脱下跌的走势。由于对称三角形的存在，菱形还可以用于测算股价下跌的深度。

1. 菱形的特征

（1）成交量前半部分与扩散喇叭形一样，具有高而不规则、趋于放大的态势；后半部与对称三角形一样，成交量逐步萎缩。

（2）一般上下突破时成交量都会温和放大，一旦向下突破即会形成沉重的头部，中期趋势向淡。

（3）以菱形的最宽处的高度为形态高度，其下跌的深度从突破点算起，至少下跌一个形态高度。

2. 菱形的形成过程

菱形形态的左半部，其形成与扩散喇叭形态一样，投资者受到市场火热的投机情绪影响，当股价上升时便疯狂追涨，但当股价下跌时又盲目地加入抛售行列疯狂杀跌。这种市场极度冲动的行动使得股价狂起狂落，形成上升时高点较前次高，下跌时低点则较前次低，反映出投资者冲动的买卖情绪，这就形成了一个扩散三角形。

但由于看好后市的投资者持股做中长线的人增加，使得冲动的短线浮筹日渐减少，看好后市的力量逐步成为市场主流，这时股价的波动逐步缩小趋于平缓，成交量也急剧萎缩，后半段与对称三角形一样，经过充分换手整理后股价突破上行。当然，菱形不一定会向上突破，向下突破转化成顶部形态的概率也不小。

3. 识别菱形形态应该注意的几点

（1）菱形有时也作为持续形态，不出现在顶部，而出现在下降趋势的中途，菱形之后的走向仍是下跌。

（2）技术分析中，形态理论上的菱形不是严格的几何意义上的菱形，这一点同别的形态是一样的。

（3）最佳的买卖点为股价带量突破菱形形态后半部的对称三角形之时，如图 2-89 所示。

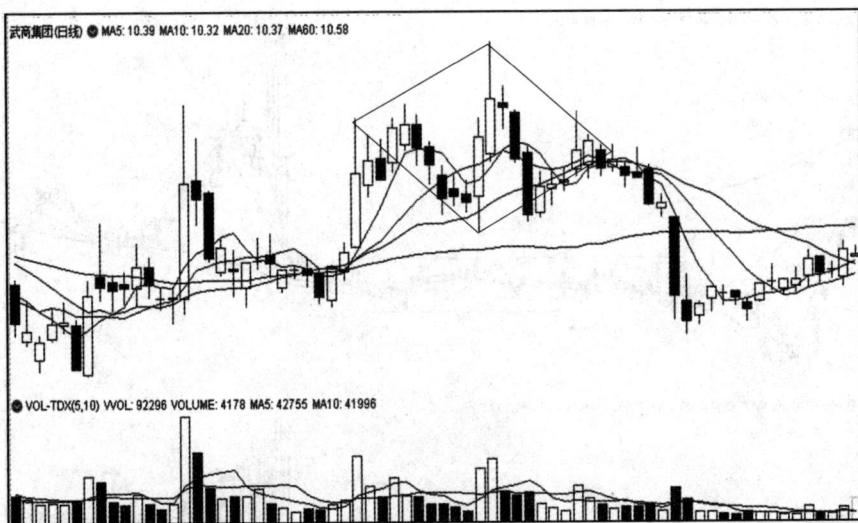

图2-89

五、矩形

矩形是股价在两条水平的上下界线之间波动而呈现的形态。股价在其范围之内出现波动，价格上升到某一水平时遇到阻力逐渐回落，但很快又获得支撑而出现上升，回升到上次同一高点时再一次受阻，同样，回落到上次低点时再一次得到支撑。这些短期高点和低点分别以直线连接起来，便可以绘出一条通道，这条通道既非上倾，也非下降，而是平行发展，这就是矩形形态，如图 2-90 所示。

矩形为冲突形，描述实力相当的多空双方的竞争。这种形态明显地告诉我们：多空双方的力量在该范围内大致均衡。看好的一方认为其价位是理想的买入点，于是股价每回落到该水平即买入，形成了一条水平的需求线。与此同时，另一批看淡的投资者对其没有信心，认为股价难以突破其水平，于是股价回升至该价位即沽售，形成了一条平行的供给线。从另一个角度分析，矩形也可能是投资者因后市发展不明朗，投资态度变得迷茫造成的。所以，当股价回升时，一批对后市缺乏信心的投资者退出；而当股价回落时，一批憧憬着未来的投资者进入，由于双方实力相当，股价就在这一区域内来回波动。

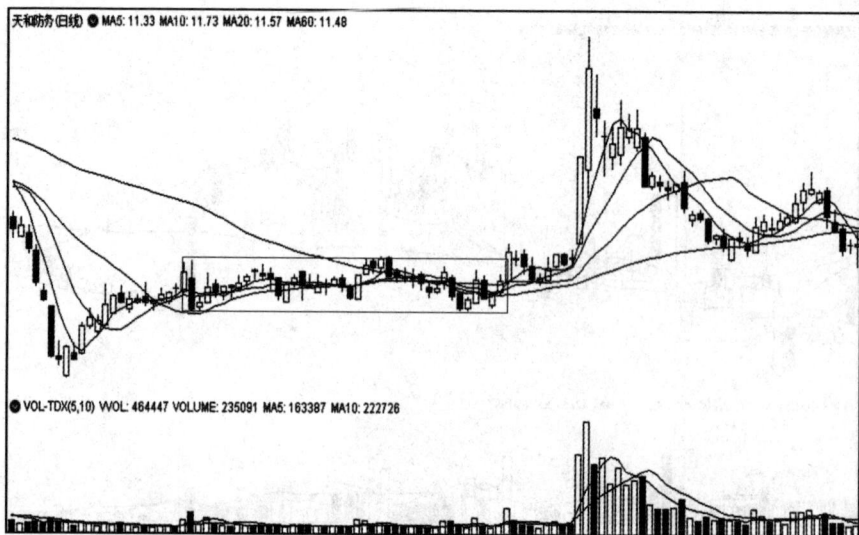

图2-90

矩形研判有以下要点：

（1）通常，矩形是一种整理形态。这种形态与对称三角形一样，出现反转形态的次数并不多，其中发生在底部时反转次数又比顶部要多。

（2）矩形形态一旦形成，短线投资者便会大展身手，不断进行高抛低吸。由于在形态结束前很难预计将向什么方向发展，故矩形初步形成时，投资者就应调整投资策略。

（3）在矩形形成过程中，除非有突发消息干扰，其成交量也是逐步缩减的。向上突破上线时须有较大的成交量配合，向下突破下线时不要求有成交量的增加。

（4）矩形突破后，股价常会出现反抽。向上突破的反抽回落应在顶线之上，往下突破的反抽回升应受阻于底线。

（5）向上或向下突破后的涨跌幅度等于矩形自身的宽度。

六、碟形

1. 碟形的市场含义

标准的碟形是由一个以上的圆形底构成。后一个圆形底的平均价格要比前一个高，每一个圆形底的尾部价格，要比开始时高出一些，如图 2-91 所示。

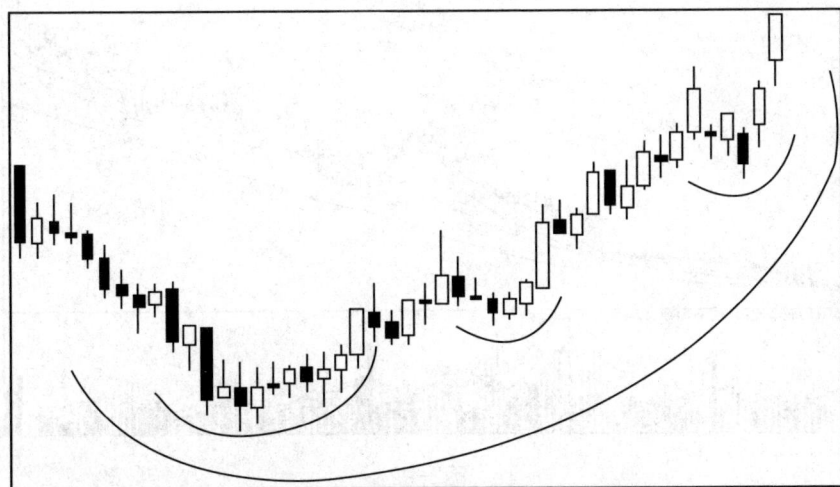

图2-91

与圆形底形态一样，碟形有上升的意义，上升的步伐稳健而缓慢，并非大幅拉升，每当股价升势转急时，便马上遭受回吐的压力，但回吐的压力不强，当成交量减少到一个低点时，另一次上升又开始了，股价就这样渐渐移升上去。这种形态说明了两点：

（1）这是一个表示上升的形态，每一个圆形的底部都是一个理想的买入点。

（2）当碟形走势可以确定时，股价波动的形势将会一直持续，直到图上出现其他形态为止。

2. 投资者在识别碟形时的要点

（1）碟形整理形态形成所需的时间往往在5～7周，因此整个上升过程显得稳健而缓慢。

（2）从形态的成交量上看，大部分投资者都在股价上升时入场，因此成交量大增；但当股价回落时，他们却畏缩不前，因此在圆形底时成交量减少。其实，当投资者发现这种形态时，应该在成交量最低迷时跟进，因为碟形总是在升势开始转急时回落，如图2-92所示。

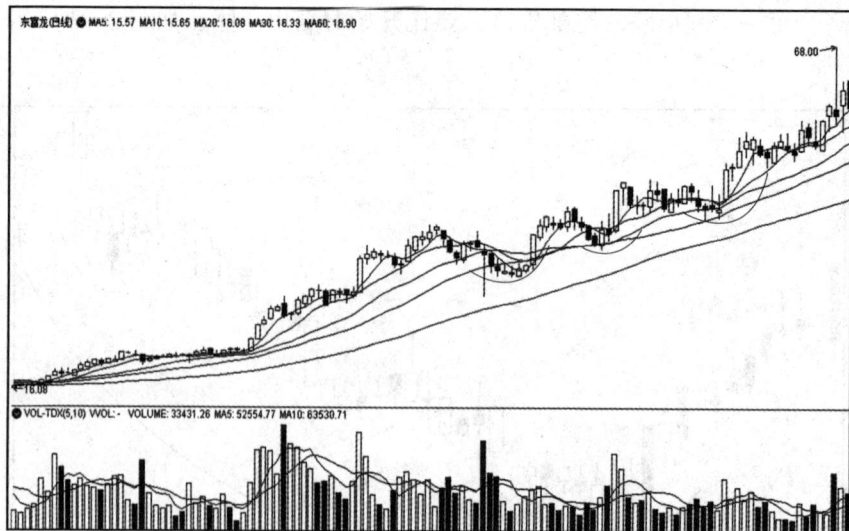

图2-92

七、杯柄形

杯柄形是一种持续上升的形态。杯柄形态可分为两部分：杯及杯柄。股价经过下跌、整理、上涨、横盘整理，一个杯形随之形成，它的外观好像一个水杯，呈现出字母 U 的形态。因为与 V 形相比，U 形底部比较平坦，故此杯形可以确定是一种在底部具有强烈支撑的整理形态。

当杯形形成后，短期的横盘整理便是杯柄的形成期。随后向上突破，并提供一个较强烈的上升趋势信号。一般情况下，杯柄回调的幅度越小，形成的上升趋势越可靠。当向上突破杯柄整理时，成交量明显放大，如图 2-93 所示。

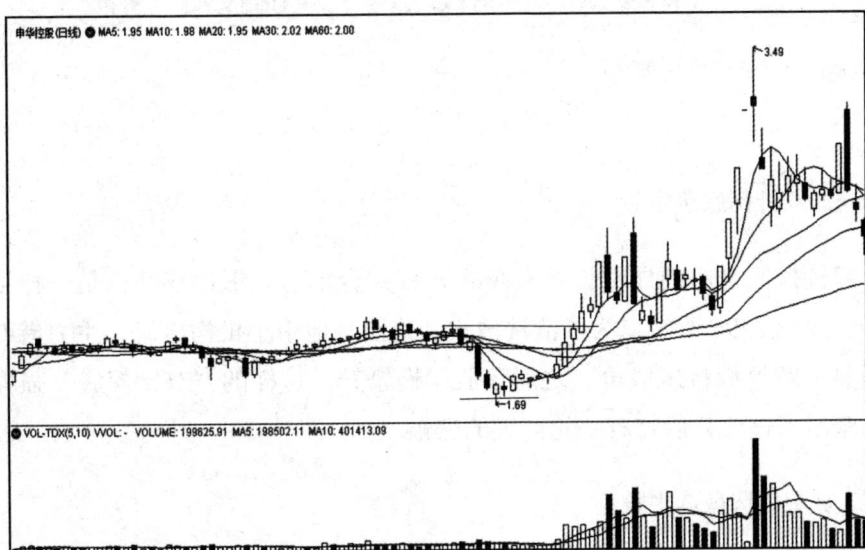

图2-93

投资者在识别杯柄形时应该注意以下几点：

（1）原趋势要处于发展期，不能处于成熟期。如果处于成熟期，那么趋势继续发展的可能性减小，持续形态也就不可能了。

（2）U 形是重要的形态标志，因为只有柔和的 U 形才能证明底部有效的支撑能力。两边杯沿如果相等将是一个完美的形态，但这并不多见。

（3）遵从道氏理论，杯的深度应该小于前期涨幅的1/3。如果处于一个活跃的、过度反应的市场，那么杯的深度会深达前期涨幅的1/2。只有在极端的情况下，杯的深度才会触及前期涨幅2/3的位置。

（4）右杯沿形成后的杯柄，有时是向下倾斜的旗形或者是三角形，有时只是一个短暂的回调。杯柄代表了形态最后的确认，震荡的范围不会超过杯高的1/3。确认的规模越小，之后突破的能量就越大。有时杯柄的形成是出于谨慎的需要，是为突破阻力而做的准备。

（5）突破杯柄的阻力位时需要成交量放大的配合。

第四节　运用K线选牛股的技巧

一、双针探底选牛股

双针探底是由两根带长下影线的K线组合形态，形似双针，是一种见底信号。如图2-94所示，为了清洗散户和迫使其他中小机构出局，主力借助利空消息以跌停板打压股价，之后该股缓慢攀升。这样的"双针探底"强悍洗盘，暗示了该股日后将有一轮巨大的涨幅。

二、炮坑洗盘选牛股

如图2-95所示，该股在经过平台整理后，主力进行了拉升前的洗盘，甚至以跌停板的形式打压股价，手法凶狠，在形态上好似炮坑，利用这样的"炮坑"，投资者可以寻找到理想的中线黑马股。选股时结合个股的基本面情况去识别牛股，有比较高的成功率。

三、尖头画图选牛股

如图2-96所示，该股出现多次放量冲顶的技术特征，之后股价并没有出现疯狂破位下跌，而是在一定价格区间内横向波动，慢慢地修复 K 线形态之后，走出了一轮上涨行情。

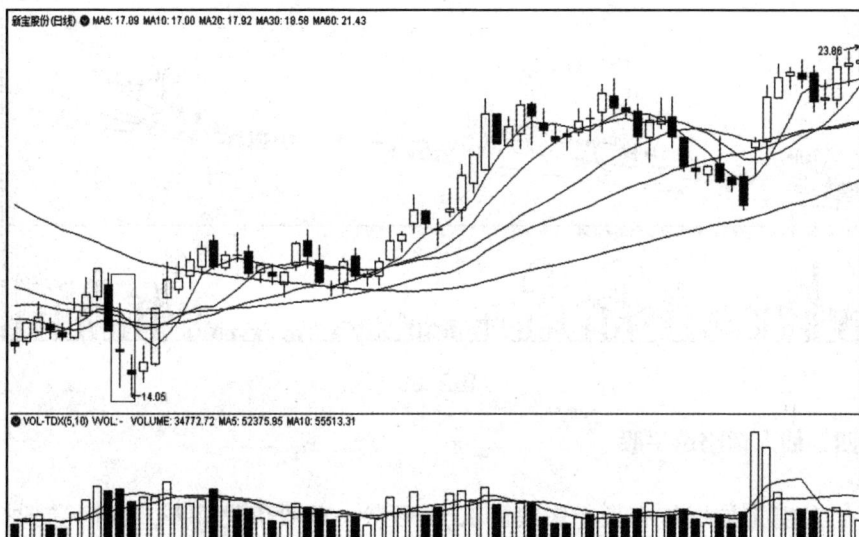

图2-94

图2-95

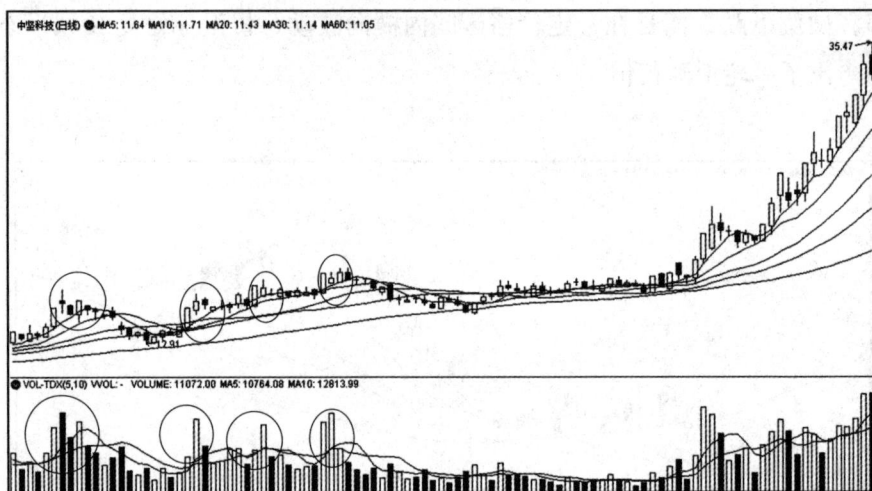

图2-96

四、仙人指路选牛股

仙人指路是指带有长上影线的K线形态，即股价先高开，而后受到打压出现回落。如图2-97所示，长长的上影线突破前期高点，带有试盘的实战含义。出现这种"仙人指路"的试盘，后市一旦突破这根K线，必然会再创新高。其后的中阳线吞并前面的小阴线时，是一个介入的良机。

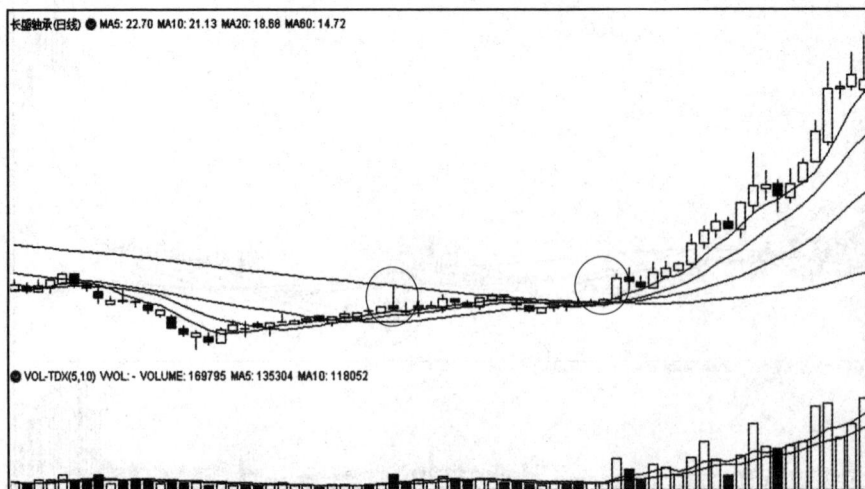

图2-97

五、跳空缺口选牛股

如图 2-98 所示，该股跳空启动向上进攻，这个缺口是启动行情的信号，可趁次日回调时大胆介入。最好结合该股基本面，确定是否是中线牛股，如果能确定则成功概率更高。

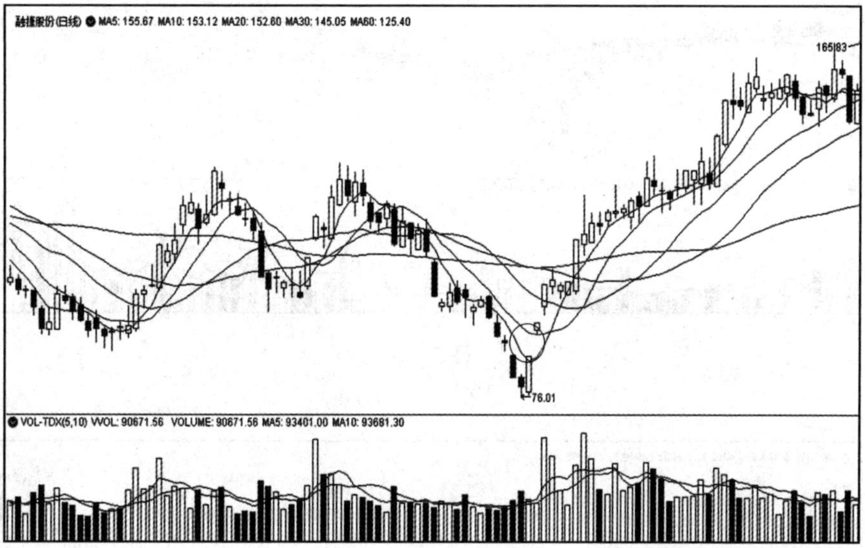

图2-98

六、均线多头排列选牛股

如图 2-99 所示，中阳线、大阳线是加速上涨的信号，可以在第一根中阳线或者大阳线后调整时介入。均线多头排列，代表的是强烈的多头进攻，是股票的最强进攻状态。

七、底部长期横盘选牛股

如图 2-100 所示，该股长期处于底部横盘，再加上基本面不错，结合其他技术指标，可以看出该股在长期横盘中一直有主力在吸货，因此建议中线持有该股。

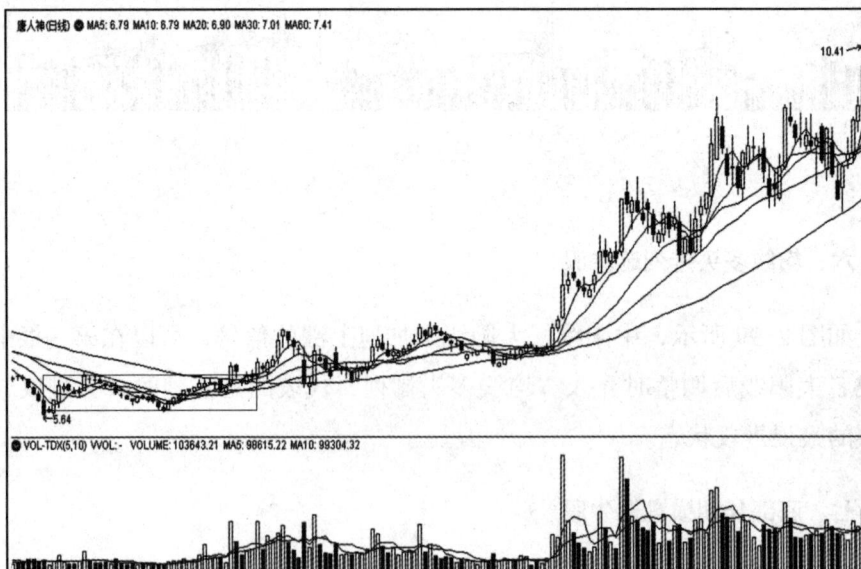

图2-99

图2-100

八、头肩底选牛股

如图 2-101 所示，该股构筑了头肩底技术形态后，随着成交量的逐步放大，走出了一轮上升行情。

图2-101

九、长期一字线横盘选牛股

如图 2-102 所示，该股长期横盘，每天的波动幅度非常小，像这样的横盘股，一旦爆发，涨幅惊人。正如股市中的一句俗语——横有多长，竖有多高。

十、牛熊分界线选牛股

半年线（120 日均线）、年线（250 日均线）在技术分析中被称为"牛熊分界线"，意思是说，股价跨越了半年线或者年线，该股就走向牛市或者熊市。我们可以利用个股从低位向上突破半年线或者年线这个转折点来选股。K线有效站上半年线或者年线，个股就有可能走牛。利用牛熊分界线，同时结合该股的基本面去选股，成功率会更高。

如图 2-103 所示，该股稳稳地站上了半年线和年线，此后该股便开始走出了一波上涨行情。

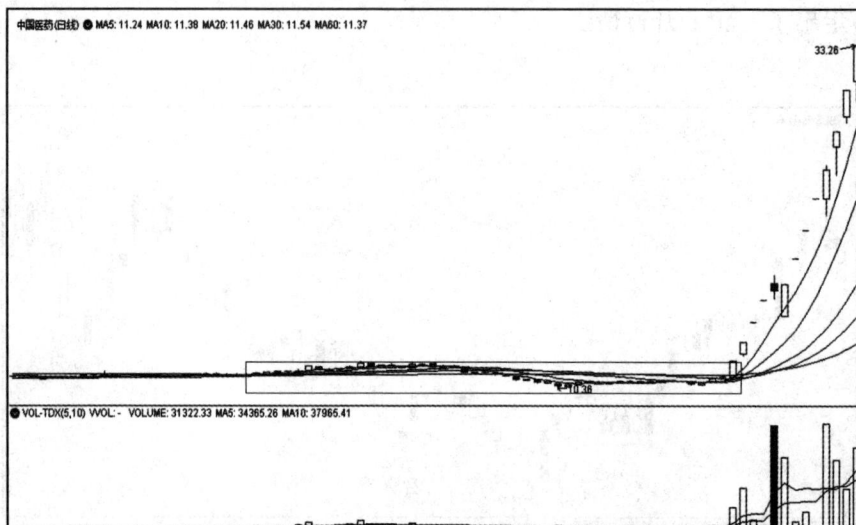

图2-102

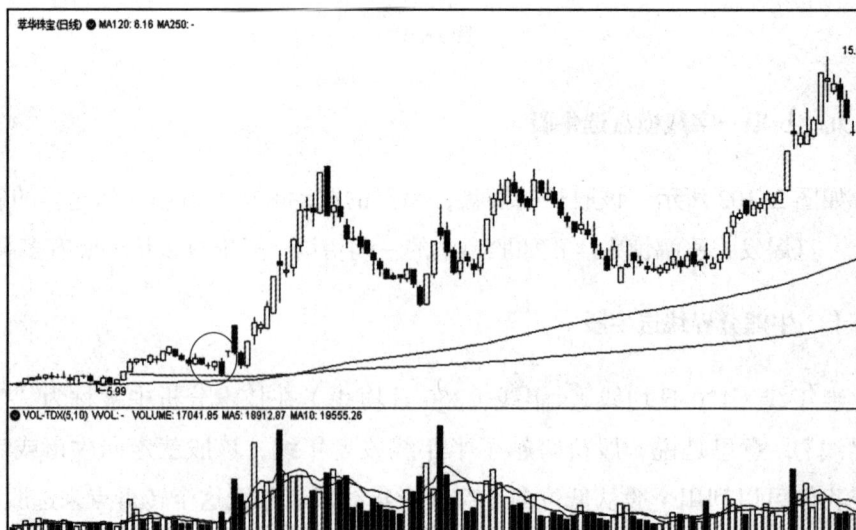

图2-103

本 章 操 作 提 示

　　K线是一座蕴藏着金钱与荣耀的宝藏。但是，如何打开这座宝藏，如何读懂这幅用金钱与财富绘成的图画，投资者只有用较高的悟性和勤学苦练才能真正领会K线的各种含义。

　　第一，K线概述。K线是一组特殊的语言，是一组密码，将市场的综合信息通过一种特殊形式表达出来，一旦投资者破译了这组密码，读懂了这组语言，将对投资活动有不可估量的作用！

　　第二，K线图形的识别和运用。K线是用开盘价、收盘价、最高价、最低价绘制而成的，上涨为阳，下跌为阴。通过一组K线的连续排列，反映买卖双方的供求关系、多空力量的对比和股价波动的情况，进而反映股价波动是处于上涨还是下跌、头部还是底部等。

　　第三，技术图形的识别与运用。技术图形部分主要讲解了上升三角形与下降三角形、上升旗形与下降旗形、楔形、菱形、矩形、碟形以及杯柄形。针对每一种技术图形都有不同的操作策略，投资者务必仔细研读。

　　第四，K线选股技巧。对于K线的走势，投资者要通过自己的分析和判断，结合实战操作不断地学习、验证，在长期实践中形成自己的炒股风格。

第三章

主要技术指标分析及运用

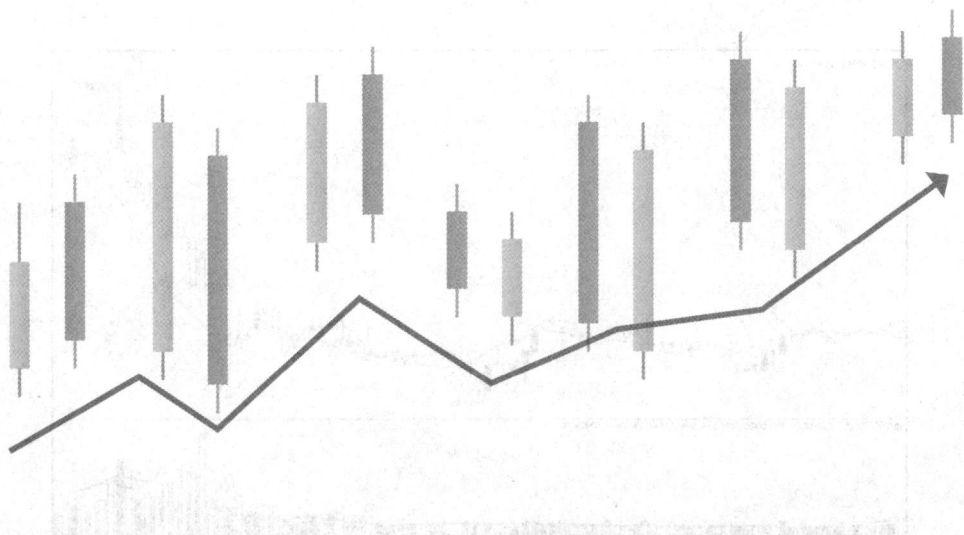

第一节　移动平均线

一、移动平均线概述

　　移动平均线是用统计处理的方式，将若干天的股票价格加以平均，然后连接成一条线，用以观察股价走势。移动平均线的理论基础是道·琼斯的"平均成本"概念。移动平均线通常取其某一期间的平均成本，以此平均成本的移动曲线配合每日收盘价的变化分析某一期间多空的优劣形势，以研判股价的走势。一般来说，现行价格在平均价之上，意味着市场购买力（需求）较强，行情看好；反之，现行价格在平均价之下，则意味着供过于求，卖压较重，行情看淡。

　　以10日移动平均线为例（图3-1）。

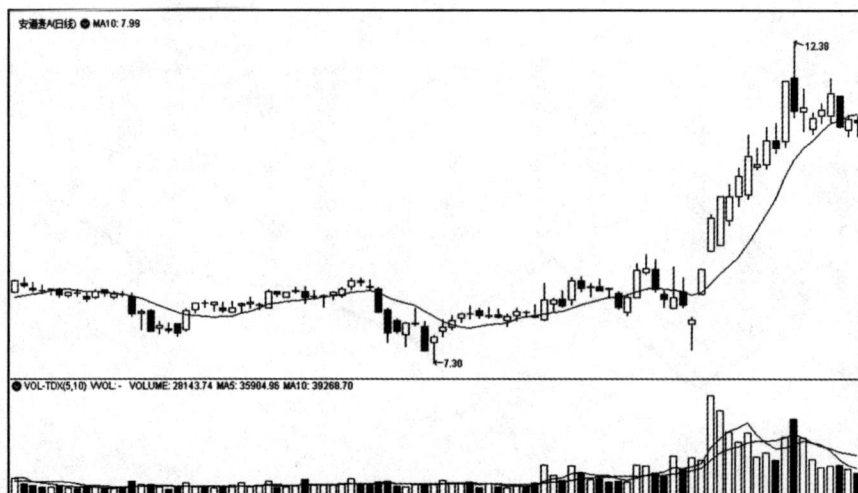

图3-1

将第 1 日至第 10 日的 10 个收盘价累加起来后除以 10，得到第一个 10 日平均价；再用第 2 日至第 11 日收盘价的和除以 10，则为第二个 10 日平均价，依此类推这些平均价的连线即为 10 日移动平均线。移动平均线期间的长短与其敏感度的关系表现为期间越短，敏感度越高。股价分析者通常以 5 日、10 日移动平均线观察股价短期走势；以 10 日、20 日移动平均线观察中短期走势；以 30 日、72 日移动平均线观察中期走势；以 13 周、26 周移动平均线研判长期趋势。西方投资机构非常看重 200 天长期移动平均线，以此作为长期投资的依据，股价若在长期移动平均线下，属空头市场；反之，则为多头市场。

二、移动平均线的种类及作用

1. 移动平均线的种类

移动平均线的种类很多，按照时间的长短可以分为短期、中期、长期三种。

（1）短期移动平均线。短期移动平均线主要是 5 日线和 10 日线。5 日线是将 5 天收盘价之和除以 5，求出一个平均数，然后以此类推，再将平均数逐日连接起来，得到的便是 5 日平均线。由于我国的证券交易所通常每周 5 个交易日，因而 5 日线也称周线。由于 5 日平均线起伏较大，震荡行情时该均线极不规则，无轨迹可寻，因而增加了 10 日平均线，此线取 10 日为样本，简单易算，是大众投资参考使用最广泛的移动平均线。它能反映出短期内股价平均成本的变动情形与趋势，可作为短线进出的依据。

（2）中期移动平均线。首先是月线，采样为 24 日、25 日或 26 日，该线能让使用者了解股价一个月内的平均变动成本，对于中期投资而言，有效性较高，尤其在股市尚未十分明朗时，能显示股价未来变动方向。其次是 30 日移动平均线，仍以月为基础，不过由于以 30 日为样，计算较前者简便。最后是季线，采样为 72 日、73 日或 75 日。由于其波动幅度较短期移动平均线平滑且有轨迹可寻，较长期移动平均线又敏感度高，因而优点明显。

（3）长期移动平均线。包括半年线，采样 146 日或 150 日，年线取样

255 日左右，通常是主力们操作股票时参考的依据。

2. 移动平均线的作用

（1）揭示股价趋势。这是移动平均线的主要功能，移动平均线向上，表明趋势向上；移动平均线向下，表明趋势向下。投资者通过分析短、中、长期移动平均线，就可知道股价的主要趋势、次级运动和日常波动的情况。

（2）揭示平均成本。移动平均线反映了市场在一定期间内的平均持股成本，将其与当日股价做比较，则可知道平均成本的增减及获利盘与套牢盘的多寡。

（3）助涨助跌。当移动平均线处于上升阶段时，其对股价有助涨功能，即当股价从移动平均线上方回落至移动平均线附近时，移动平均线对股价有支撑作用，促使股价回升。因为移动平均线代表着平均成本，当股价在移动平均线之上时，表明大多数筹码为获利盘，当股价回落至移动平均线附近时，获利盘减少，抛压自然就减轻了。同样，当移动平均线处于下降阶段时，它对股价有助跌的作用，当股价从移动平均线下方反弹到移动平均线附近时，大量套牢盘要求解套，因此形成的抛压就很重，移动平均线会对股价形成阻力，迫使股价回落。

（4）揭示买卖时机。除了葛兰碧八大法则之外，短期、中期、长期移动平均线在趋势改变时产生交叉，发出买卖信号。交叉分黄金交叉和死亡交叉两种。当短期平均线从下方向上突破中长期平均线时，是黄金交叉，此为买入信号；当短期平均线从上方向下跌破中长期平均线时，是死亡交叉，此为卖出信号。

（5）揭示多头市场与空头市场。股价和短期、中期、长期移动平均线的排列次序是辨别多头市场和空头市场的一个依据。当股价和短期、中期、长期移动平均线自上而下排列时，称为"多头排列"，意即处于多头市场；反之则称为"空头排列"，意即处于空头市场。

（6）吸附功能。当股价上升远离平均线，或中长期平均线向上移动、短期平均线向下移动时，说明上升趋势并未改变，由于获利盘的打压，股价将会出现回档；当股价下跌远离平均线，或中长期平均线向下移动、短期平均线向上移动时，说明下跌趋势并未改变，由于抢反弹买盘的介入，股价将会出现反弹。

应该注意的是，移动平均线只注重价格的突破，而没有考虑成交量的配合，因而有时会出现假突破的陷阱，诱使投资者上当，故应配合成交量来进行分析。同时，移动平均线分析并未指出在股价偏离移动平均线达到多大程度时会回档或反弹，此时可结合乖离率进行分析。此外，在股价波幅不大的牛皮市，移动平均线系统频繁发出的买卖信号应视为无效信号。

第二节　移动平均线的识别和运用

一、多头排列与空头排列

1. 多头排列

多头排列由三根移动平均线组成，其排列顺序按短期、中期、长期均线呈自上而下的顺序排列。它出现在涨势中，是一种做多的信号，表明后市继续看涨，如图3-2所示。投资者在多头排列初期和中期可积极介入，后期应谨慎看多。

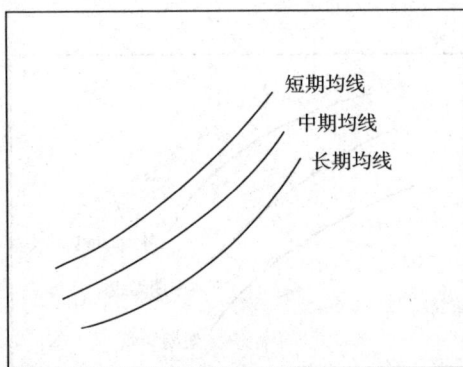

图3-2

如图 3-3 所示的新华制药（000756），该股呈现均线多头走势，股价从 8.07 元涨至 40.70 元。

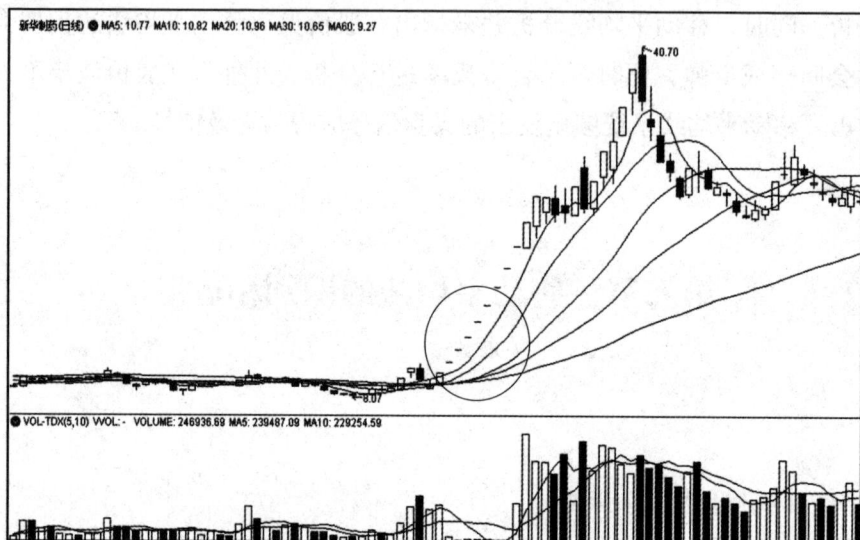

图3-3

2. 空头排列

空头排列由三根移动平均线组成，其排列顺序按短期、中期、长期均线呈自下而上顺序排列。它出现在跌势中，是一种做空信号，后市看跌，如图 3-4 所示。

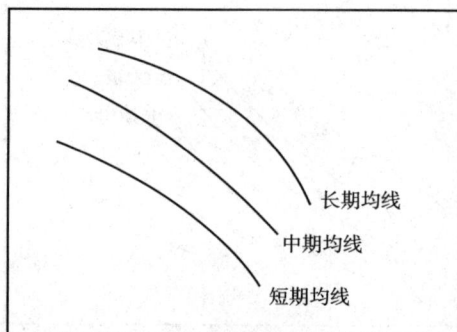

图3-4

投资者在操作时应注意：在空头排列的初期和中期应坚决看空，后期应谨慎看空。如图 3-5 所示的波导股份（600130），该股均线呈空头走势，股价一路下跌。

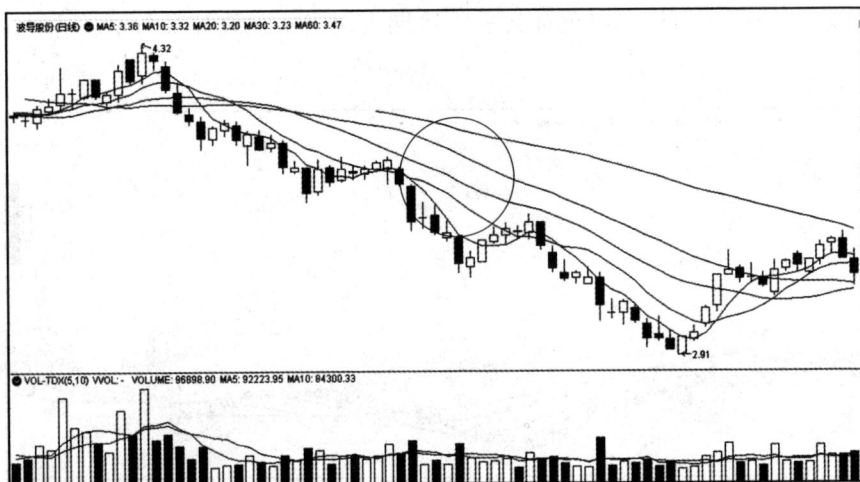

图3-5

二、黄金交叉与死亡交叉

1. 黄金交叉

黄金交叉由两根移动平均线组成，一根时间短的均线由下向上穿越一根时间长的均线，且时间长的均线同时向上移动。它出现在上涨初期，是一种见底信号，表明后市看涨，如图 3-6 所示。

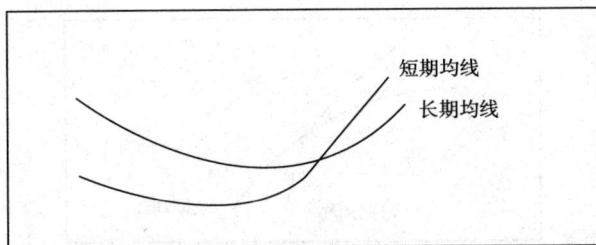

图3-6

投资者在操作时应注意：

（1）股价大幅下跌后出现该信号，可积极做多。

（2）中长线投资者可在周K线或月K线中出现该信号时买进。

两根均线交叉的角度越大，上升信号越强烈。如图3-7所示，恒立实业（000622）的均线走势中出现金叉后，短期内走出了一波拉升行情。

图3-7

2. 死亡交叉

死亡交叉由两根移动平均线组成，一根时间短的均线由上向下穿过一根时间长的均线，且时间长的均线同时向下移动。它出现在下跌初期，是一种见顶信号，表明后市看跌，如图3-8所示。

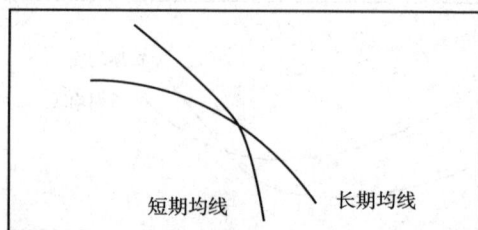

图3-8

投资者在操作时应注意：

（1）股价大幅上涨后出现该信号，可积极做空。

（2）中长线投资者在周K线中出现该信号时应卖出股票。两根均线交叉的角度越大，下跌的信号越强烈。如图3-9所示的滨海能源（000695）的均线走势，该股均线形成死亡交叉后，股价出现加速下跌。

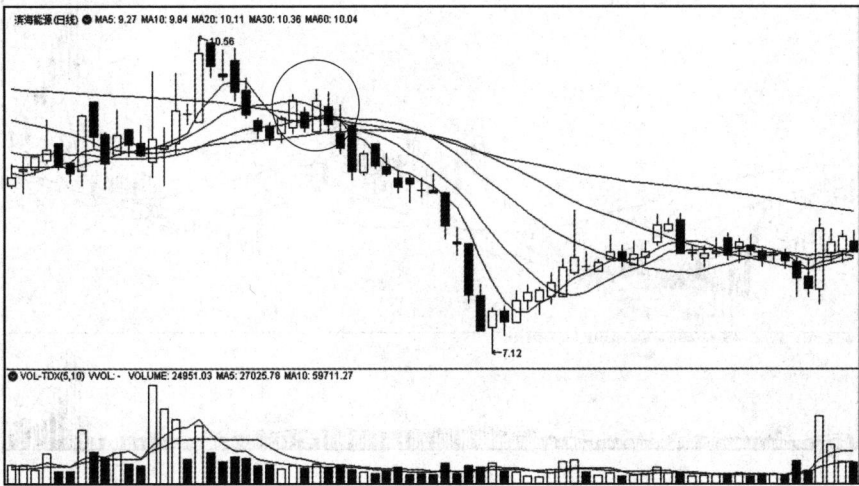

图3-9

三、银山谷、金山谷与死亡谷

1. 银山谷

银山谷由三根移动平均线交叉组成，形成一个尖头向上的不规则三角形。它出现在涨势初期，是一种见底信号，表明后市看涨，如图3-10所示。

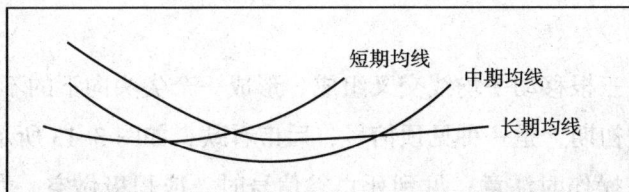

图3-10

投资者在操作时应注意：银山谷一般作为激进型投资者的买进点，同时应以时间最长的均线作为止损点，一旦跌破，应立即止损出局。

如图 3-11 所示，华润双鹤（600062）走出银山谷形态后，股价开始快速上扬。

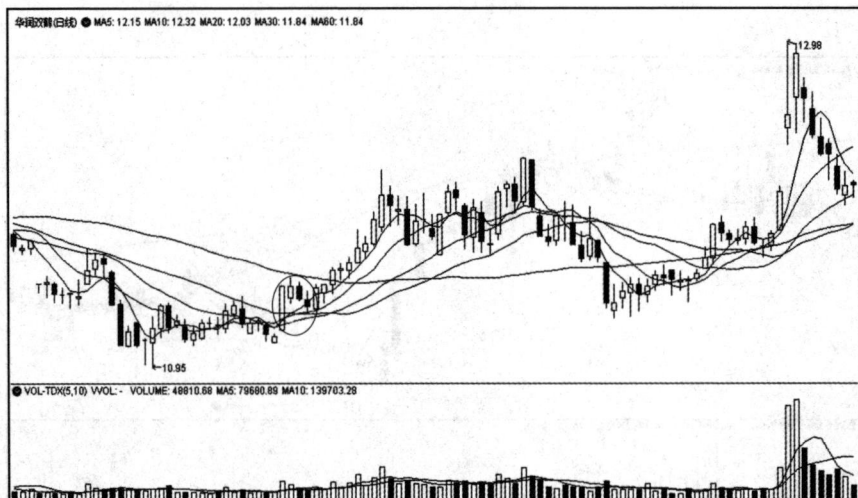

图3-11

2. 金山谷

金山谷出现在银山谷之后，它的不规则三角形的构成方式和银山谷不规则三角形的构成方式相同（图 3-10），既可以处于银山谷相近的位置，也可以高于银山谷，但不能低于银山谷。金山谷是一种买进信号，表明后市看涨。如图 3-12 所示。

金山谷和银山谷出现相隔的时间越长，所处的位置越高，股价的上升潜力越大。

3. 死亡谷

死亡谷由三根移动平均线交叉组成，形成一个尖头向下的不规则三角形。它出现在下跌初期，是一种见顶信号，后市看跌，如图 3-13 所示。

投资者在操作时注意：见到死亡谷信号时，应积极做空。尤其在股价大幅上扬后出现该图形，更要及时止损离场。

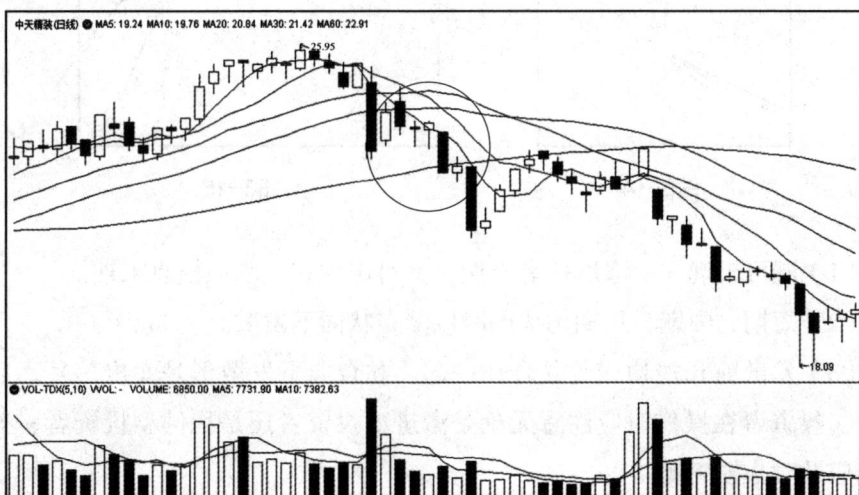

图3-12

图3-13

四、黏合发散形

1. 黏合向上发散形

如图 3-14 所示，黏合向上发散形的特征是：

（1）既可出现在下跌后横盘末期，又可出现在上涨后横盘末期。

（2）短期、中期、长期均线同时以喷射状向上发散。

（3）几根均线发散前曾黏合在一起。黏合向上发散形是买进信号，后市看涨。投资者在操作时应注意激进型投资者可在向上发散的初始点买进。黏合时间越长，向上发散的力度就越大；向上发散时，如果成交量同步放大，上涨的可靠性更强。

2. 黏合向下发散形

如图 3-15 所示，黏合向下发散形的特征是：

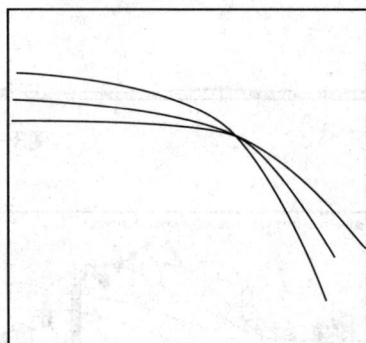

图3-14   图3-15

（1）既可出现在上涨后横盘末期，又可出现在下跌后横盘末期。

（2）短期、中期、长期均线同时以瀑布状向下发散。

（3）发散前几根均线曾黏合在一起。黏合向下发散形是卖出信号，后市看跌。投资者在操作时应注意无论是激进型投资者还是稳健型投资者，见此信号应及时止损离场。

黏合时间越长，向下发散力度越大；向下发散时如成交量同步放大，则后市更加不妙。

五、首次交叉发散形

1. 首次交叉向上发散形

如图 3-16 所示，首次交叉向上发散形的特征是：

（1）出现在下跌后期。

（2）短期、中期、长期均线从向下发散状逐渐收敛后再向上发散。首次交叉向上发散形是买进信号，后市看涨。激进型投资者在操作时可在向上发散的初始点买进。向上发散的角度越大，后市上涨的潜力就越大；向上发散时得到成交量配合，则信号可靠性越强。

2. 首次交叉向下发散形

如图 3-17 所示，首次交叉向下发散形的特征是：

（1）出现在涨势后期。

（2）短期、中期、长期均线从向上发散状逐渐收敛后再向下发散。首次交叉向下发散形是卖出信号，后市看跌。投资者在操作时见此信号应及时做空，退出观望。投资者须注意的是一旦形成向下发散，常会出现较大跌幅。

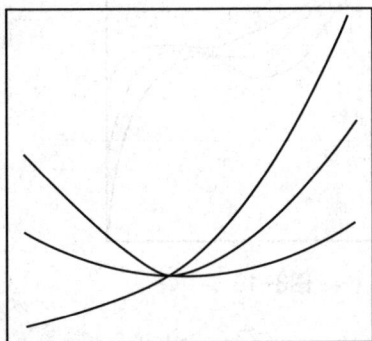 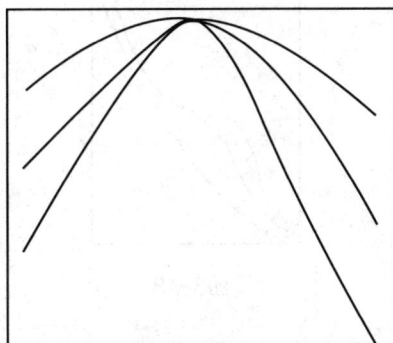

图3-16   图3-17

六、再次黏合发散形

1. 再次黏合向上发散形

如图 3-18 所示，再次黏合向上发散形的特征是：

（1）出现在涨势中。

（2）几根均线在这次向上发散前曾有过一次向上发散（可以是黏合向上发散，也可以是交叉向上发散），但不久向上发散的均线又重新黏合在一起。

（3）短期、中期、长期均线再次以喷射状向上发散。再次黏合向上发散形是买进信号，继续看涨。均线再次向上发散的最佳买入点是在第二次向上发散处，如均线出现第三次、第四次向上发散，力度不如第二次向上发散时，买入时要谨慎。

黏合时间越长，继续上涨的潜力就越大；再次黏合向上发散所指的"再次"，一般是指第二次，少数是指第三次或者第四次，它们的特征和技术含义是一样的。

2. 再次黏合向下发散形

如图3-19所示，再次黏合向下发散形的特征是：

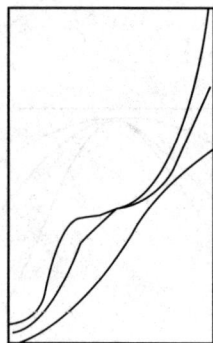
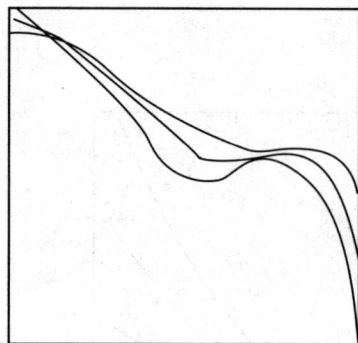

图3-18　　　　　　　　　　图3-19

（1）出现在跌势中。

（2）几根均线在这次向下发散前曾有过一次向下发散（可以是黏合向下发散，也可以是交叉向下发散），但不久向下发散的均线又重新黏合在一起。

（3）短期、中期、长期均线再次以瀑布状向下发散。再次黏合向下发散形是卖出信号，继续看跌。

股价在大幅下跌后，均线出现再次黏合向下发散，投资者可适度做空，以防空头陷阱。

再次黏合向下发散所指的"再次"，一般是指第二次，少数是指第三次或者第四次，它们的特征和技术含义是一样的。

七、再次交叉发散形

1. 再次交叉向上发散形

如图 3-20 所示，再次交叉向上发散形的特征是：

（1）出现在涨势中。

（2）几根均线在这一次交叉向上发散前曾出现过一次向上发散（可以是黏合向上发散或交叉向上发散），但不久向上发散的均线又逐渐开始收敛。

（3）短期、中期、长期均线在收敛后再次向上发散。再次交叉向上发散形是买进信号，后市看涨。均线再向上发散，无论是对激进型投资者还是稳健型投资者，都是一个较好的买点。投资者可在向上发散的第一时间买进，风险较小。此次发散离上一次向上发散时间越长，继续上涨的潜力就越大。

2. 再次交叉向下发散形

如图 3-21 所示，再次交叉向下发散形的特征是：

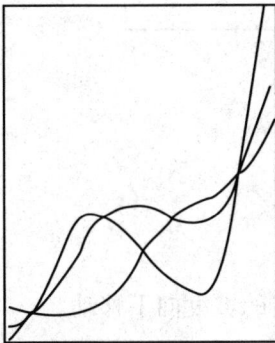

图3-20

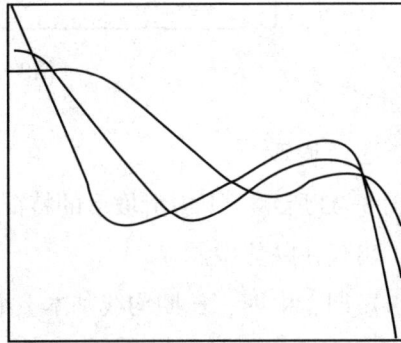

图3-21

（1）出现在跌势中。

（2）几根均线在这之前曾有过一次向下发散（可以是黏合向下发散，也可以是交叉向下发散），但不久发散的均线又逐渐开始收敛。

（3）短期、中期、长期均线在收敛后再次向下发散。再次交叉向下发散形是卖出信号，继续看跌。股价在大幅下跌后，均线出现再次交叉向下发散，投资者可适度做空，以防空头陷阱。通常，第一次向下发散时成功卖出的概率最大，越到后面成功概率越小。

八、上山爬坡形与下山滑坡形

1. 上山爬坡形

如图 3-22 所示，上山爬坡形的特征是：

（1）出现在涨势中。

（2）短期、中期、长期均线基本上沿着一定的坡度向上移动。

上山爬坡形是做多信号，后市看涨。投资者在操作时应积极做多，只要股价没有出现较大幅度的上涨，投资者就可持股待涨，持币者可逢低吸纳。坡度越小，上升越持久。

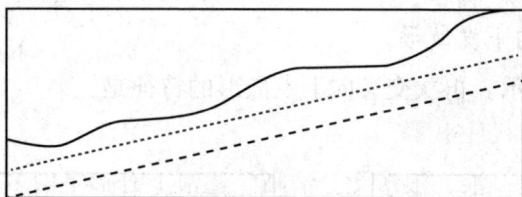

图3-22

2. 下山滑坡形

如图 3-23 所示，下山滑坡形的特征是：

（1）出现在跌势中。

（2）短期、中期、长期均线基本上沿着一定的坡度向下移动。

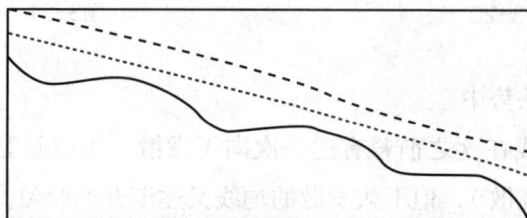

图3-23

下山滑坡形是做空信号，后市看跌。投资者在操作时应及时做空，退出观望。

九、逐浪上升形与逐浪下降形

1.逐浪上升形

如图 3-24 所示，逐浪上升形的特征是：

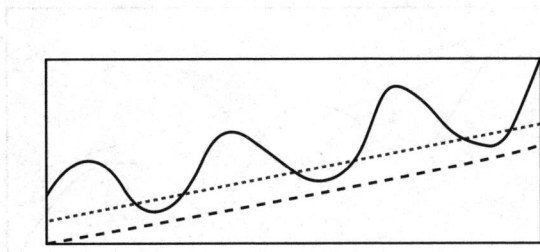

图3-24

（1）出现在涨势中。

（2）短期、中期均线向上移动时多次出现交叉现象，长期均线以斜线状托着短期、中期均线往上攀升。

（3）一浪高过一浪，浪形十分清晰。逐浪上升形是做多信号，后市看涨。只要股价没有出现大幅上涨，投资者可持股待涨，持币者可在股价回落于长期均线处买进，如图 3-25 所示。

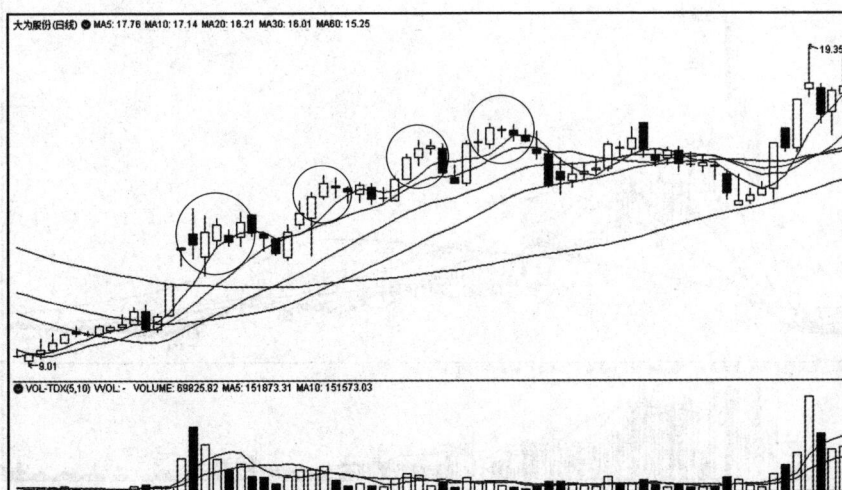

图3-25

上升时浪形越有规则，做多信号越可靠。

2. 逐浪下降形

如图 3-26 所示，逐浪下降形的特征是：

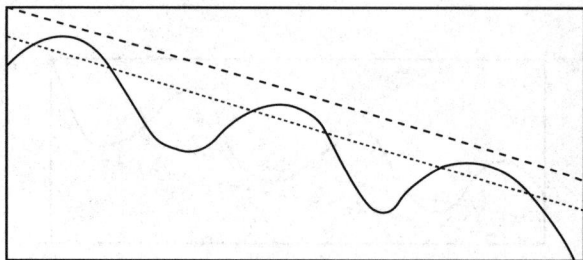

图3-26

（1）出现在跌势中。

（2）短期、中期均线向下时，多次出现交叉现象，长期均线压着它们向下走。

（3）一浪低于一浪，浪形十分清晰。逐浪下降形是做空信号，后市看跌。只要股价不过分下跌，投资者可在股价触及长期均线处卖出，如图 3-27 所示。

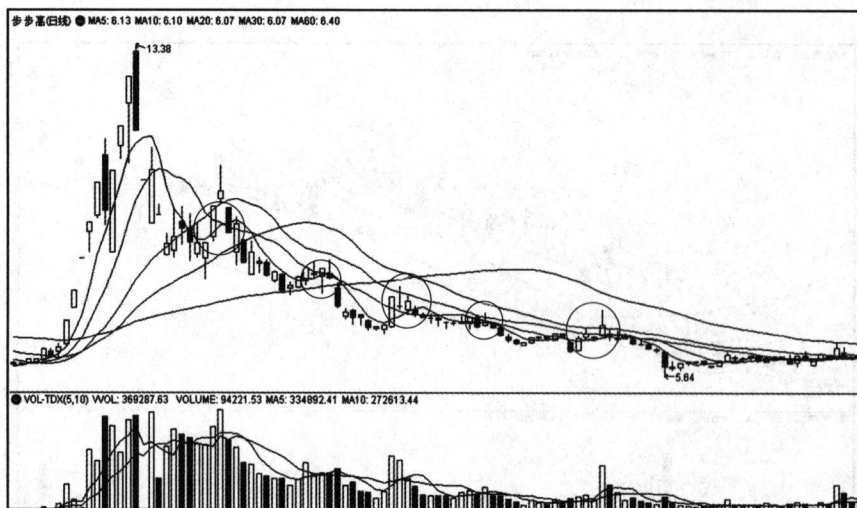

图3-27

十、加速上涨形与加速下跌形

1. 加速上涨形

如图 3-28 所示，加速上涨形的特征是：

（1）出现在上涨后期。

（2）加速上扬前，均线系统呈缓慢或匀速上升状态。

（3）在加速上升时，短期均线与中期、长期均线距离越拉越大。

加速上涨形是见顶信号，后市看跌。投资者在操作时可分批逢高卖出，如发现短期、中期均线勾头，应及时抛空出局。持币者不要盲目追涨。出现加速上涨之前，股价或指数上涨幅度越大，信号越可靠。

2. 加速下跌形

如图 3-29 所示，加速下跌形的特征是：

（1）出现在下跌后期。

（2）加速下跌前，均线系统呈缓慢或匀速下跌状态。

（3）在加速下跌时，短期均线与中期、长期均线距离越拉越大。加速下跌形是见底信号。投资者在操作时应注意：持筹者不宜卖出股票；持币者先趁股价加速下跌时买进一些股票，待日后股价见底回升时再加码跟进。出现加速下跌形态之前，股价或指数下跌幅度越大，信号越可靠。

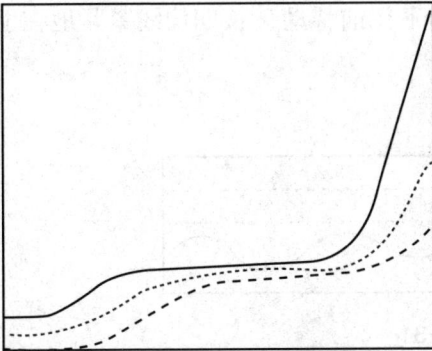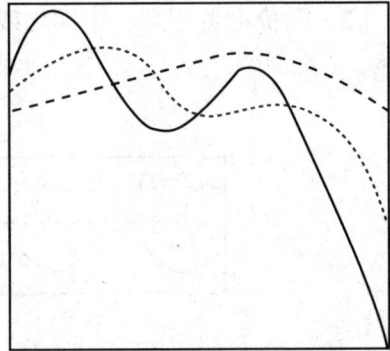

图3-28   图3-29

十一、烘云托月形与乌云密布形

1. 烘云托月形

如图 3-30 所示，烘云托月形的特征是：

（1）出现在盘整期。

（2）股价沿着短期、中期均线向上往前移动，长期均线在下面与短期、中期均线保持着一定的均衡距离。

烘云托月形是看涨信号，后市看好。投资者在操作时可分批买进，待股价日后拉升时加码追进。若周 K 线、月 K 线出现这种信号，日后股价上涨潜力更大。

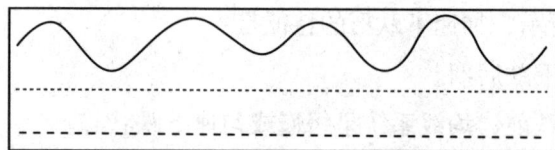

图3-30

2. 乌云密布形

如图 3-31 所示，乌云密布形的特征是：

（1）出现在盘整期。

（2）股价沿着短期、中期均线略向下往前移动，长期均线紧紧地在上面压着。

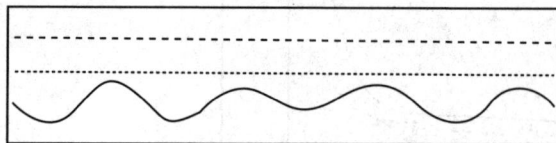

图3-31

乌云密布形是看跌信号，后市看淡。投资者在操作时见此图形应该尽早退出。若周 K 线、月 K 线出现这种信号，日后股价下跌空间更大。

十二、蛟龙出海形与断头铡刀形

1. 蛟龙出海形

如图 3-32 所示，蛟龙出海形的特征是：

（1）出现在下跌后期或盘整期。

（2）一根阳线拔地而起，一下子把短期、中期、长期均线吞吃干净，即收盘价在这几根均线之上。图 3-33 为实战图。

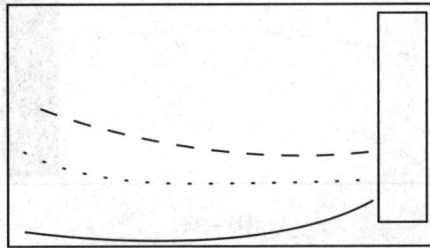

图3-32

蛟龙出海形是反转信号，后市看好。

操作时，激进型投资者可大胆跟进；稳健型投资者可观察一段时间，等日后股价站稳后再买进。

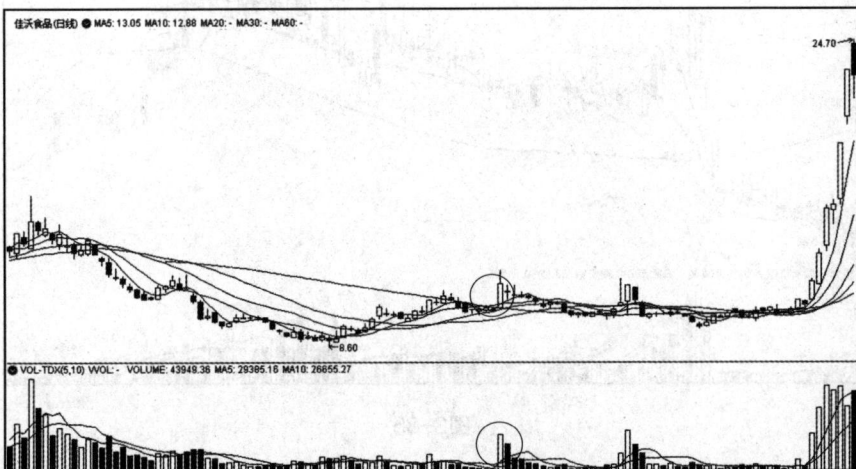

图3-33

阳线的实体越长，信号越可靠；一般需得到大成交量的支持，如成交量没有同步放大，其可信度就较低。

2. 断头铡刀形

如图 3-34 所示，断头铡刀形的特征是：

（1）出现在上涨后期或高位盘整期。

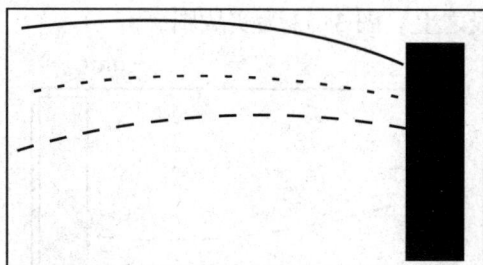

图3-34

（2）一根阴线如一把刀，几乎切断了短期、中期和长期均线，收盘价在这几根均线之下。图 3-35 为实战图。

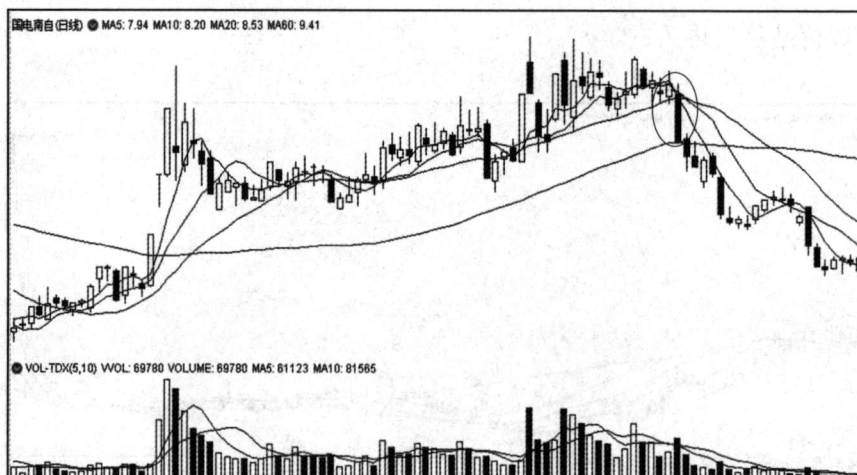

图3-35

断头铡刀形是反转信号，后市看跌。无论是激进型投资者还是稳健型投资者，见此图形都不能继续做多，要设法尽快退出。如下跌时成交量放大，日后下跌空间较大。

第三节　趋势线

一、趋势线的概念

工欲善其事，必先利其器。在买卖股票时，利用图表做参考，有助于感性地了解过去的走势，从而理性地预测后市的走势。趋势线是被投资者广泛使用的一种图表分析工具。虽然简单，但有其实用价值。在一个上升走势中，把两个或两个以上升浪的"底"连成一线，加以延长，这就是一条上升趋势线；在一个下跌走势中，把两个或两个以上的下跌浪的"顶"连成一线，加以延长，这就是一条下降趋势线。

若股票走势轨迹在上升趋势线之上运行，投资者仍然可以持有；若跌破上升趋势线，则视为转势，要卖出股票。反过来，若大势轨迹仍在下跌趋势线之下游离，就应该继续持币观望；若上升突破下降趋势线，即是买入信号。

股票市场的价格趋势由买卖双方力量较量所决定，K线图其实是一份"战况"记录。买家力量占上风，K线图就一浪高过一浪；卖家势力强劲，K线图就一浪低于一浪。上升趋势线以上的"走廊"，恰恰是"一浪高过一浪"的运行路径；下降趋势线以下的"通道"，正好是"一浪低于一浪"的运行路径。

假若走势跌破了上升趋势线，说明买气已由盛转衰，"一浪高过一浪"的走势已被扭转，所以视为出货信号；相反，如果走势冲破了下降趋势线，证明卖出已由强变弱，"一浪低于一浪"的轨迹发生逆转，因此视为买入信号。

依据趋势线的信号进行买或卖比较简单，因为把几个浪的"底"或"顶"拉出一条上升趋势线或下降趋势线，是很浅显的事，但不会有太高的回报率。

通常，参考趋势线买卖的多数是初入股市者，因此，主力往往喜欢利用趋势线设置陷阱。所以，就算K线图冲破了下降趋势线或跌破了上升趋势线，投资者也要综合当时的供求、经济、政治等因素，看看基本面分析是否真的利多或利空，这样才不容易被主力的"假动作"所骗。

如果基本面因素和其他技术指标（如强弱指数、量价分析、波段理论等）都和趋势线吻合，投资者就可以强力出击。

二、趋势线的分类

1. 从方向上分

根据这一标准，趋势线可分为上升趋势线和下降趋势线两种。

上升趋势线是将最先形成或最具有代表意义的两个低点连接成一条向上的斜线。上升趋势线揭示股价或指数运行的趋势是向上的，如图3-36所示。

下降趋势线是将最先形成或最具有代表意义的两个高点连接成一条向下的斜线，以此揭示股价或指数运行趋势是向下的，如图3-37所示。

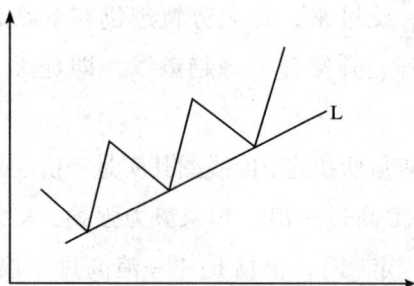

图3-36

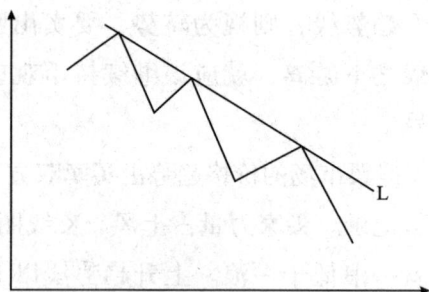

图3-37

2. 从速度上分

根据这一标准，趋势线可分为快速趋势线和慢速趋势线两种。

快速趋势线运行速度比慢速趋势线快，维持时间比慢速趋势线短。一般来说，快速趋势线揭示了股价或指数的短期趋势，是激进型投资者做多、做空的一个重要依据；而慢速趋势线揭示了股价或指数的长期趋势，是稳健型投资者做多、做空的一个重要依据。正因为它们有着各自不同的特点，因而人们常把它们合在一起，组成"快慢趋势线组合"进行对照分析，这样比单纯用一根趋势线分析股价走势的效果要好得多。

3. 从时间上分

根据这一标准，趋势线可分为长期趋势线、中期趋势线和短期趋势线三种。

长期趋势线是连接两个大浪的谷底或峰顶的斜线，通常跨度时间为一年以上，它对股市的长期走势将产生很大的影响；中期趋势线是连接两个中浪的谷底或峰顶的斜线，跨度时间为几个月以上，它对股市的中期走势将产生很大的影响；短期趋势线是连接两个小浪的谷底或峰顶的斜线，跨度时间不超过两个月，通常只有几个星期甚至几天时间，它对股市的走势有短暂的影响。

长期趋势的时间跨度较长，通常在一年以上；中期趋势的时间跨度短于长期趋势，而大于短期趋势，通常为 4～13 周；短期趋势时间较短，一般在 4 周以内。一个长期趋势由若干个中期趋势组成，而一个中期趋势由若干个短期趋势组成。投资者在分析趋势的过程中，应按照从长到短的原则，先分析长期趋势，再分析中期趋势，然后分析短期趋势。中期趋势至关重要，投资者较容易把握，实战性也最强。因此学习分析趋势时最好从中期趋势入手。

趋势线还可以分成支撑线和压力线。将股价波段运行的低点和低点连接成一条直线，就是支撑线；将股价波段运行的高点和高点连接成一条直线，就是压力线。趋势线连接的点数越多，其可靠性就越强。趋势线的长短与其重要性成正比，长期趋势线和中期趋势线第一点和第二点的距离不应太近，如距离过近，所形成的趋势线的重要性将降低。

趋势线的角度至关重要，过于平缓的角度显示出力度不够，不容易快速出现大行情；过于陡峭的趋势线则不能持久，往往容易很快转变趋势。

三、趋势线图形

趋势线图形如表3-1所示。

表3-1　趋势线图形一览表

名称	图形示例	图形特征	意义	操作建议	备注
上升趋势线		出现在涨势中，将最先形成的或最具有代表意义的两个低点连接而成的一条向上的斜线	揭示股价（指数）运行的方向或趋势是向上的，具有支撑股价（指数）上升的作用。股价（指数）在上升趋势线的上方运行	投资者应看多，并以做多为主	上升趋势线被触及的次数越多，其可靠性越高，也越具有实用价值；上升趋势线越往上倾斜，其支撑作用越弱，越容易被击破
下降趋势线		出现在下跌趋势中，将最先形成的最具有代表意义的两个高点连接而成的一条向下的斜线	揭示了股价（指数）运行的方向或趋势是向下的。具有压制股价（指数）上升的作用	股价（指数）在下降趋势线的下方运行，投资者应看空并做空	下降趋势线被触及的次数越多，其可靠性越高，也就越具有实用价值；下降趋势线越往下倾斜，压制作用也就越弱，越容易被突破
慢速上升趋势线		出现在以慢速趋势线为主的快慢趋势线组合中，维持时间比快速趋势线长	揭示股价（股指）运行的中长期趋势是向上的，具有中长期支撑股价（指数）上升的作用	投资者在股价（指数）处于慢速上升趋势线上方时应看多，稳健型投资者在股价（指数）处于慢速上升趋势线上方时可坚持做多	慢速上升趋势线是投资者看多的重要依据。在慢速趋势线向上时，激进型投资者可在看多、做多的大前提下，遇短期趋势势淡，及时做空；稳健型投资者则不必理会短期趋势如何，继续持股做多
慢速下降趋势线		出现在慢速下降趋势线为主的快慢速趋势线组合中，维持时间比快速趋势线长	揭示股价（指数）运行的中长期趋势是向下的，具有长期压制股价（指数）上升的作用	投资者在股价（指数）处于慢速下降趋势线的下方时，应坚决看空，并以做空为主	慢速下降趋势线是投资者看空的重要依据。在慢速下降趋势线向下时，激进型投资者可在看空、做空的大前提下，遇短期趋势向好，适时做多；稳健型的投资者则不必理会短期趋势如何，继续持币观望

续表

名称	图形示例	图形特征	意义	操作建议	备注
快速上升趋势线		既可出现在以慢速上升为主的快慢趋势线组合中，也可出现在以慢速下降为主的快慢趋势线组合中。维持时间比慢速趋势线短	揭示股价（指数）运行的短期趋势向上，具有短期支撑股价（指数）上升的作用	在 a 图中，股价（股指）处于趋势线上方时，可看多、做多。在 b 图中，激进型投资者可在股价（股指）处于趋势线上方、设好止损位的前提下，适宜做多，稳健型投资者则可观望	
快速下降趋势线		既可出现在以慢速上升趋势线为主的快慢趋势线组合中，也可出现在以慢速下降趋势线为主的快慢趋势线组合中。维持时间比慢速趋势线短	揭示股价（股指）运行的短期趋势向下，具有短期压制股价（股指）上升的作用	在 a 图中，激进型投资者在股价（股指）处于趋势线下方时可暂时做空，稳健型投资者仍应以继续看多、做多为主。在 b 图中，投资者在股价（股指）处于趋势线下方时，应坚决看空	
上升趋势线被有效突破		出现在涨势中，股价或指数的收盘与上升趋势线破位处的下跌差幅至少有3%，指数或股价在上升趋势线下方收盘的时间在3天以上	失去了上升趋势对股价（指数）的支撑作用，上升趋势线由支撑作用转为压力线，压制股价（股指）再度上升	持股的投资者及时止损出局，持币者应观望	上升趋势线被有效击破后，形势对多方非常不利，所以无论激进型还是稳健型投资者，都应先退出观望
下降趋势线被有效突破		出现在跌势中，股价或指数的收盘与下降趋势线破位处的上涨差幅至少有3%，指数或股价在下降趋势线上方收盘的时间在3天以上	失去了下降趋势线对股价（股指）的压制作用，下降趋势线由压制作用转为对股价（股指）起支撑作用，阻止股价（股指）再度下跌	持股者可继续持有，持币者在上升趋势线形成之前应谨慎看多，但不宜马上买进	下降趋势线被有效突破后，形势开始对多方有利，所以投资者应做好随时进场的准备

续表

名称	图形示例	图形特征	意义	操作建议	备注
新的上升趋势线		出现在涨势中，上升趋势线向下破位后不是反转向下，而是继续上升且收盘创出新高	表示多方经过休整后，发动了一轮新的攻势，反映市场正处于强势的多头氛围中	持筹者可继续持有，持币者可适量跟进	新的上升趋势线形成后，原有的上升趋势线就失去了价值，此时投资者应根据新的上升趋势线进行操作
新的下降趋势线		出现在跌势中，下降趋势线被有效突破后，不是反转向上，而是继续下跌，且收盘创出了新低	表示空方经过休整后，发动了新的一轮反击，反映市场正处于浓厚的空头氛围中	持股者可暂时撤退，以免更大的损失；持币者应坚决看空	新的下降趋势线形成后，原有的下降趋势线就失去了参考价值，此时投资者应依据新的下降趋势线进行操作

第四节　指数平滑异同移动平均线

一、指数平滑异同移动平均线的概念

指数平滑异同移动平均线（MACD）是以快速移动平均线（短期线）与慢速移动平均线（长期线）相对距离的变化提示买卖时机的指标。它以指数平滑求算法求算出快速移动平均线（一般为12日指数平滑移动平均线）和慢速移动平均线（一般为26日指数平滑移动平均线），再以快速线数值减慢速线数值，即得快慢线相对距离的差值。为使趋势信号更明显，并且不受股价过分波动的影响，对离差也进行平滑求算（一般为9日指数平滑移动平均线），得到离差的平均值（简称离差平均值），把离差平均值和离差画在以时间为横轴、以MACD为纵轴的坐标上。通过观察离差和平均离差值的方向、绝对位置和相对位置关系判断股价走势。为了使买卖信号更直观，还可以从离差减离差平均值之差向时间轴引垂线，得到MACD柱状线。

二、求算步骤及公式

第一步：选择移动平均线的初值，一般以起始日的收盘价作为指数平滑异同移动平均线 EMA 的初值。

第二步：求算从起始日到第 n 日 EMA12 和 EMA26 。设 12 日指数平滑异同移动平均线 EMA12，26 日指数平滑异同移动平均线 EMA26 ，当日收盘价为 Cn ，则：

$$EMA12=前一日EMA12 \times 11/13+Cn \times 2/13$$

$$EMA26=前一日EMA26 \times 25/27+Cn \times 2/27$$

第三步：求算离差 DIF 。即：

$$DIF=EMA12-EMA26$$

第四步：求算从起始日至第 n 天离差平均值 DEA ，即 DIF 的 9 日指数平滑异同移动平均线：

$$DEA =（n\text{-}1）DIF \times 8/10+DIF \times 2/10$$

其中，可用第一个 DIF 作为 DEA 的初值。

第五步：画 MACD 柱状图。计算得出的 DIF 与 DEA 为正值或负值，因而形成在 0 轴线上下移动的快速线与慢速线，常依据 DIF 减去 DEA 的值绘出柱状图。

三、MACD 评估要点

1. 把握 MACD 的特点

（1）在 MACD 图形上有三条线：DIF 、DEA 线和 MACD 柱状线。买卖信号就是 DIF 和 DEA 的正负位置和交叉，以及 MACD 柱状线的正负和长短，当 DIF 和 DEA 为负值，表明目前处于空头市场即熊市；当 DIF 和 DEA 为正值，表明目前处于多头市场即牛市。

（2）MACD 没有固定的数值界限，其数值围绕零值上下摆动，属摆动指标。一定时期的 MACD 值有一个常态分布范围，其常态数值区间随时期不同会有改变。

2. 领会 MACD 的含义

移动平均线中有两种重要位置关系：一种是股价与移动平均线的位置关系，乖离率把这种关系予以量化；另一种是短期移动平均线与长期移动平均线的位置关系，MACD 把这种位置关系予以量化。指数平滑异同移动平均线中的"异同"就是指快速线与慢速线方向的关系。MACD 中的离差 DIF 是快速线与慢速线之间的平均距离，表示快慢线之间距离远近。离差平均值 DEA 则表示一定时期内快慢线之间的平均距离。MACD 柱状线表示短期内快慢线距离与一定时期内平均距离的对比，MACD 的买卖信号由其代表意义决定。

3. 依据 MACD 买卖信号评估买卖时机

（1）依据 MACD 的位置信号评估买卖时机。当 DIF 和 DEA 同处正值，短期线在长期线之上，呈多头排列，说明市场是多头市场，属中期强势，应该买进。当 DIF 和 DEA 同处负值，短期线在长期线之下，呈空头排列，说明市场处于空头市场，属中期弱势，应该卖出。

（2）依据 MACD 的背离信号及交叉信号评估买卖时机。当股价经过较长时间的多头市场后，股价又创出新的高点，而 DIF 和 DEA 却不随之创新高点，反而有转头向下的迹象，出现背离的走势，MACD 柱状线正值缩小，DIF 从高点向下与 DEA 发生死亡交叉，快速移动平均线开始由上向下接近慢速移动平均线，此时应该卖出。当股价经过较长时间的空头市场后，股价又创新低，而 DIF 和 DEA 却不随之创新低点，反而有转头向上的迹象，出现背离走势，MACD 柱状线负值缩小，DIF 从低点向上与 DEA 发生黄金交叉，快速移动平均线开始由下向上接近慢速移动平均线，此时可以买入。

4. 关注 MACD 的要点，克服 MACD 的不足

MACD 的最大优点是：它在快速 EMA 开始接近慢速 EMA 时即发出买卖信号，比移动平均线提前发出买卖信号，改进了移动平均线的滞后反应。同时，MACD 的趋势和买卖信号明显、稳定，较为可靠。但有时它也会发出无效的或错误的买卖信号，此时可以采取"再证实"的手段弥补不足。

四、指数平滑异同移动平均线图形

指数平滑异同移动平均线图形如表 3-2 所示。

表3-2 指数平滑异同移动平均线图形一览表

名称	图示	特征	操作建议	备注
MACD 上穿0轴		MACD 由负值变为正值，表示股价或指数的走势开始进入强势	MACD 上穿 0 轴是看多的依据，投资者可跟进做多	
MACD 下穿0轴		MACD 由正值变为负值，表示股价或指数开始进入弱势	MACD 下穿 0 轴是投资者看空的依据，投资者应及时退出观望	
MACD 掉头向上		既可以出现在正值区域，又可以出现在负值区域。MACD 向下移动转为向上移动，DIF 与 DEA 产生"黄金交叉"，在 0 轴上方出现，表示后市看好，为做多信号；在 0 轴下方出现，表示反弹开始，为短线买进信号	在正值区域出现该图形，激进型投资者可跟进做多，而稳健型的投资者可继续持股；在负值区域出现该图形，激进型投资者如要博取短期差价，可在设好止损的前提下用少量资金抢反弹，而稳健型投资者应坚持看空、做空	DIF和DEA 发生的金叉在 0 轴上方出现还是下方出现，性质是不一样的。前者通常表示回档结束，新一轮升势开始；后者通常表示反弹行情出现，但并不说明空头行情已经结束，反弹随时可能夭折
MACD 掉头向下		既可出现在正值区域，又可出现在负值区域。向上移动的 MACD 转为向下移动，DIF 与 DEA 产生"死亡交叉"	该图形在 0 轴之上出现，表示短期回调开始，后市谨慎看多，激进型投资者可暂时退出观望，而稳健型投资者仍可继续持股观望。在负值区出现该图形，表示要继续下跌，后市看淡，投资者应看空、做空，持币观望	死叉在 0 轴上方还是下方出现性质不一样。在上方出现表示短期回调开始，但中长期走势仍可看多；在下方出现，表示反弹结束，中长期走势继续看淡

续表

名称	图示	特征	操作建议	备注
MACD 与股价（指数）底背离		出现在跌势中，股价逐浪下行，而DIF与DEA逐浪上行。预示股价跌势将尽，短期内可能止跌回升	持筹者不宜再看空做空，持币者应积极做好进场准备	如果此时DIF由下往上穿过DEA，形成金叉次数越多，则股价见底回升的可能性就越大
MACD 与股价（指数）顶背离		出现在涨势中，股价逐浪走高，DIF和DEA逐浪下行，预示股价升势将尽，短期内可能见顶回落	持筹者逐步减磅，直到退出观望；持币者应耐心观望	如果DIF由上往下穿过DEA，形成死叉次数越多，则股价下跌的可能性就越大

第五节　乖离率

一、乖离率的概念

乖离率（BIAS）简称Y值，是移动平均原理派生的一项技术指标。其功能主要是通过测算股价在波动过程中与移动平均线出现偏离的程度，从而得出股价出现回档或反弹以及是否继续原有趋势的可信度。

乖离率有正负之分，当股价位于平均线之上，为正乖离率；当股价位于平均线之下，则为负乖离率；当股价与平均线相交时，乖离率为零。正的乖离率越大，表明短期内多头获利越多，那么获利回吐的可能性也就越大；负的乖离率的绝对值越大，则空头回补的可能性也就越大。因而随着股价走势的变动，乖离率的高低有一定的预测功能。

二、乖离率的判断原则

这里的乖离，具体是指收盘价格（或指数，下略）与某一移动平均价格的差距，而乖离率则用以表征这种差距的程度。将各 BIAS 值连成线，则得到一条以零值为中轴波动延伸的乖离率曲线。n 日 BIAS 通常取 6 日、10 日、30 日、72 日等，分别用以研判短期、中期、中长期以及长期的市势。一般而言，当 BIAS 过高或由高位向下时为卖出信号，当 BIAS 过低或由低位向上时为买入信号。在中长期多方市场里，BIAS 在 0 轴上方波动，0 轴是多方市场调整回档的支持线，BIAS 在 0 轴附近掉头向上为买入信号。在中长期空方市场里，BIAS 在 0 轴下方波动，0 轴是空方市场调整、反弹的压力线，BIAS 在 0 轴附近掉头向下为卖出信号。BIAS 若有效上穿或下穿 0 轴，则是中长线投资者入场或离场的信号。采用 n 值小的快速线与 n 值大的慢速线做比较观察，若两线同向上，则升势较强；若两线同向下，则跌势较强；若快速线上穿慢速线为买入信号；若快速线下穿慢速线为卖出信号。

乖离率指标是根据葛兰碧移动平均线八原则推演而来的：当股价突然暴跌或暴涨，距离移动平均线很远，即乖离过大时，就是买进或卖出的时机。BIAS 是移动平均线的使用功能的具体量化表现，同时也可对移动平均线的不足之处起到弥补的作用。股市大致始终是在两个区域中循环的。这两个区域，一个是大多数人赚钱的时期，另一个是大多数人赔钱的时期。所以，股市投资中最简明的策略就是在大多数人赔钱的时候买入，在大多数人赚钱的时候卖出。而 BIAS 的设计正是建立在这种战略思想基础上的，假设某一周期的移动平均线是该段时间内多空双方的盈亏平衡点，再以现价距离平衡点的远近判定目前处于哪个区域，然后根据偏离程度做出买卖决定。

三、乖离率的计算公式

由于选用的计算周期不同，乖离率指标包括 n 日乖离率指标、n 周乖离率、n 月乖离率、n 年乖离率等。经常被用于股市研判的是日乖离率和周乖离率。虽然它们计算时取值有所不同，但基本的计算方法是一样的。

以日乖离率为例，其计算公式为：

$$n日BIAS=（当日收盘价-n日内移动平均收市价）/n日内$$
$$移动平均收市价\times100\%$$

n 的采用数值有很多种，常见的有两大类：一类是 5 日、10 日、30 日和 60 日等 5 的倍数数值；另一类是 6 日、12 日、18 日、24 日和 72 日等 6 的倍数数值。尽管数值不同，但分析方法和研判功能相差不大。

四、乖离率的基本运用法则

（1）乖离率可分为正乖离率与负乖离率，若股价大于平均线，则为正乖离率；股价小于平均线，则为负乖离率；当股价与平均线相等时，则乖离率为零。正的乖离率越大，表示短期超买越大，越有可能见到阶段性顶部；负的乖离率越大，表示短期超卖越大，越有可能见到阶段性底部。

（2）股价与 6 日平均线乖离率达 ±5% 以上为超买现象，是卖出时机；达 ±5% 以下时为超卖现象，为买入时机。

（3）股价与 12 日平均线乖离率达 ±7% 以上为超买现象，是卖出时机；达 ±7% 以下时为超卖现象，为买入时机。

（4）股价与 24 日平均线乖离率达 ±11% 以上为超买现象，是卖出时机；达 ±11% 以下为超卖现象，为买入时机。

（5）指数和股价因受重大突发事件的影响产生瞬间暴涨与暴跌，股价与各种平均线的乖离率有时会出现过高或过低，但发生概率极小，仅能视为特例，不能作为日常研判标准。

（6）每当股价与平均线之间的乖离率达到最大百分比时，就会向零值靠拢，这是葛兰碧八大法则中第四条和第五条法则所揭示的股价运行规律。

（7）在趋势上升阶段股价如出现负乖离率，正是逢低买入的时机。

（8）在趋势下降阶段股价如出现正乖离率，正是反弹出货的时机。

五、使用乖离率指标时的注意要点

乖离率的缺陷是买卖信号过于频繁。如果使用普通的指标和应用原则，必须做出适当改进，优化方案如下：

在原来三条线的基础上再增加设置第四条线，即 BIAS4。计算公式相同，参数设置为 60 日，其应用原则如下：

（1）当 BIAS4 小于 -12 时，可以轻仓试探性买入，做反弹行情。

（2）当 BIAS4 小于 -18 时，可以半仓买入做波段行情。

（3）当 BIAS4 小于 -24 时，可以重仓坚决买入，做牛市行情。

（4）BIAS4 非常适合作买入决策时的参考，但在卖出信号的研判上存在一定的滞后性。所以，在做卖出决策时要更多地参考上面三种常用的乖离率指标。

（5）对于上市不足半年的新股，BIAS4 的研判失误率偏高。若 BIAS4 的参数是 60 日，此时新股上市三个月内是无法显示 BIAS4 数据的。

（6）当股市处于较大的熊市下跌初期时，不能使用 BIAS4 作为买入信号。在熊市初期，使用任何成熟的技术指标作为买入依据都是极其危险的。

（7）BIAS4 非常适合于在弱市中使用，是弱市抄底的利器，但在强市中信号出现频率相对较少。

六、运用乖离率选股

移动平均线可以代表平均持仓成本，利好、利空的刺激，造成股价暴涨、暴跌。股价离移动平均线太远，就随时会有短期反转的可能，乖离率的绝对值越大，股价向移动平均线靠近的可能性就越大，这就是乖离率提供的买卖依据形成的原因。从市场经验看，10 日平均移动线作为基期效果较好。以下跌为例，10 日乖离率通常在 -8% ～ -7% 时开始反弹。考虑到这个数值的安全系数不高，一般情况下，更为安全的进场时机应选择在 -11% ～ -10%。同样，出于稳健投资考虑，短线上涨时可以在 +8% 附近卖出。

投资者在应用乖离率时通常要注意以下几点：

（1）对于风险不同的股票应区别对待。有业绩保证且估值水平合理的个股下跌时，通常乖离率较低时就开始反弹。这是由于持有人心态稳定不愿低价抛售，同时空仓投资者担心错过时机而及时买入的结果。反之，对绩差股而言，其乖离率通常在跌至绝对值较大时才开始出现反弹。

（2）要考虑流通市值的影响。流通市值较大的股票不容易被操纵，走势符合一般的市场规律，适宜用乖离率进行分析。而流通市值较小的个股由于容易被主力控盘，因此在使用该指标时应谨慎对待。

（3）要注意股票所处的价格区域。在股价的低位密集成交区，由于筹码分散，运用乖离率指导操作时成功率较高；而在股价经过大幅攀升后，在机构的操纵下容易暴涨暴跌，此时成功率相对较低。

（4）要注意均线系统发展趋势，均线（短线可取30日均线）明确向下时不应盲目持股。

本章操作提示

　　股票技术指标属于统计学范畴，可依据数据来论证股市趋向、股票买卖等。

　　（1）移动平均线。移动平均线是根据统计学中移动平均的原理，将一定时期内的股价做移动平均处理后形成的一根MA线，可以此与股价线的关系来判断买卖时机。一般来说，MA依据选取时间的不同，可分为短期、中期和长期移动平均线。

　　（2）趋势线。投资者在画线分析时，可画出不同的试验性趋势线。不但较小的波动可用直线画出，较长的波动也可用直尺画线。用一把直尺放在不同股价趋势图上，你便会惊奇地发现：股价上升是由一连串的波纹组成，这些波纹的底部形成一条上倾的直线；下跌也是由一连串的波纹组成，它们的顶部形成了一根下倾的直线。

　　（3）指数平滑异同移动平均线。该指标是利用长短期两条平滑平均线，计算两者之间的离差率。该指标可以去除移动平均线经常出现的假信号，又保留了移动平均线的优点。但由于该指标对价格变动的灵敏度不高，属于中长线指标，所以在盘整行情中不适用。

　　（4）乖离率。乖离率表现了个股当日收盘价与移动平均线之间的差距。正的乖离率越大，表示短期获利越大，则获利回吐的可能性越高；负的乖离率越大，则空头回补的可能性越高。按个股收盘价与不同天数的平均价之间的差距，可绘制不同的BIAS线。

第四章

量与价的分析及操作精要

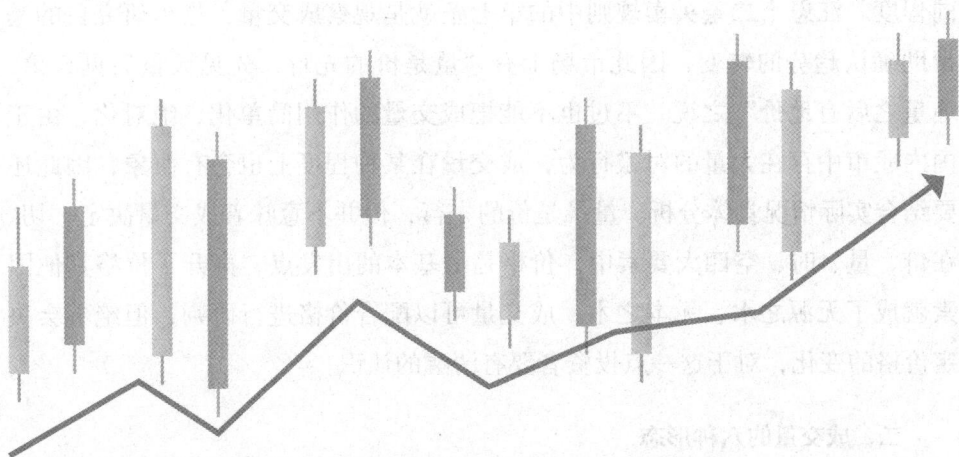

第一节　成交量的分析与运用

一、什么是成交量

成交量是指在一定时间内股票成交的数量。成交量是判断股票走势的重要依据，对分析主力行为具有重要意义。一般来说，成交量大且价格上涨的股票，后势向好。在熊市或股票整理阶段，市场交投不活跃时，成交量处于持续低迷状态。投资者对成交量异常波动的股票应当密切关注。

成交量可以在分时图中绘制，也可以在日K线图、周K线图甚至月K线图中绘制。市场成交量的变化反映了资金进出市场的情况，因此成交量是判断市场走势的重要指标。

成交量的大小直接表明了多空双方对市场某一时刻的技术形态最终的认同程度。江恩十二条买卖规则中的第七条就是观察成交量，指出研究目的是帮助确认趋势的转变，因此市场上有"量是价的先行，先见天量后见天价，地量之后有地价"之说。不过也不能把成交量的作用简单化、绝对化，由于国内股市中存在大量的对敲行为，成交量在某种程度上也会有假象，因此还要结合实际情况具体分析。量虽是价的先行，但并不意味着成交量决定一切。在价、量、时、空四大要素中，价格是最基本的出发点，离开了价格其他因素就成了无源之水、无本之木。成交量可以配合价格进行研判，但绝不会决定价格的变化，对于这一点投资者要有清醒的认识。

二、成交量的六种形态

1. 放量

放量一般出现在市场趋势发生转变的转折点处，市场各方力量对后市分歧逐渐加大，在一部分人坚决看空后市时，另一部分人却对后市坚决看好，一些人纷纷把家底甩出，另一部分人却在大手笔吸纳，使得成交量大幅增加。

放量相对于缩量来说，有很大的虚假成分，控盘主力利用手中的筹码大手笔对敲放出天量。因此只要分析透彻主力的用意，普通投资者就可以将计就计。

放量是支持一轮强势行情的基础，一般情况下，上涨过程中放量，并在上涨途中的暂时性调整中缩量，是一种良好的状态，可以推动股指持续走高。但是，也有例外的时候，如某些主力介入较深的个股，一般是在行情启动初期放量，而在以后的上涨过程中一直保持缩量，这类个股大多会产生长久的强势行情，如图 4-1 所示。

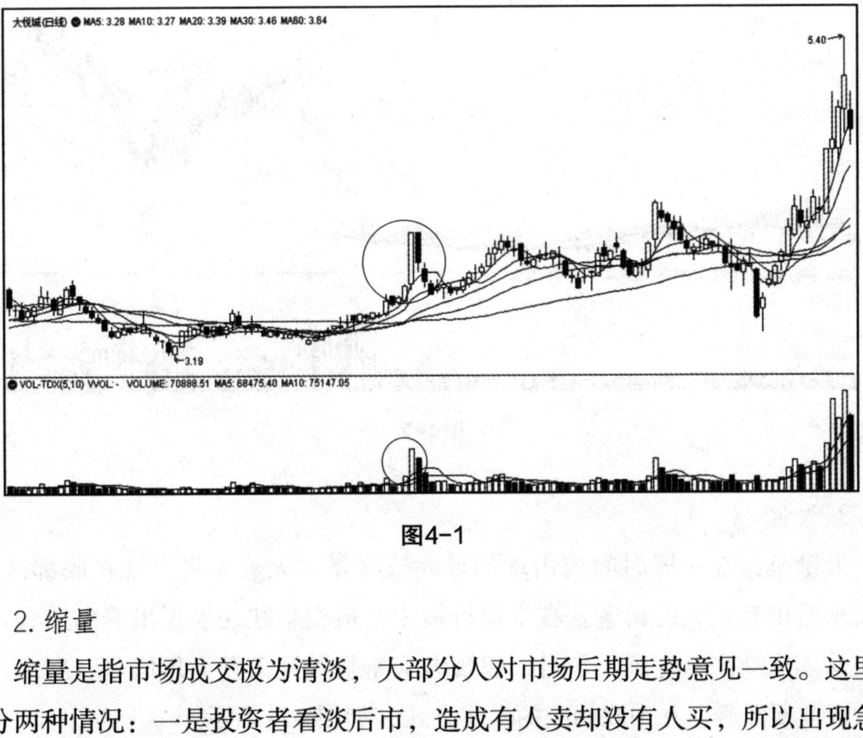

图4-1

2. 缩量

缩量是指市场成交极为清淡，大部分人对市场后期走势意见一致。这里面又分两种情况：一是投资者看淡后市，造成有人卖却没有人买，所以出现急剧缩量；二是投资者对后市十分看好，有人买却没有人卖，所以出现急剧缩量。

在牛市行情中，投资者大多数喜欢放量上涨，而不希望大盘出现缩量。事实上，缩量有时候有利于大盘积聚新的上升动能。因为成交量也是一种能量，过度的消耗必将导致能量衰竭，从而使行情过早地结束。而且，成交量的减少并不意味着股市一定就会下跌。在强势行情中，当增量资金充分建仓后，处于市场热点的上市公司流通筹码会被大面积锁定，这时即使成交量减少，也不会影响行情的发展。

通常，碰到下跌缩量这种情况，短线投资者就可以离场观望，等量缩到一定程度，开始放量上攻时再买入。同样，碰到上涨缩量这种情况，投资者就应坚决买进，坐等获利，等股价上冲乏力，有巨量放出的时候再卖出，如图4-2所示。

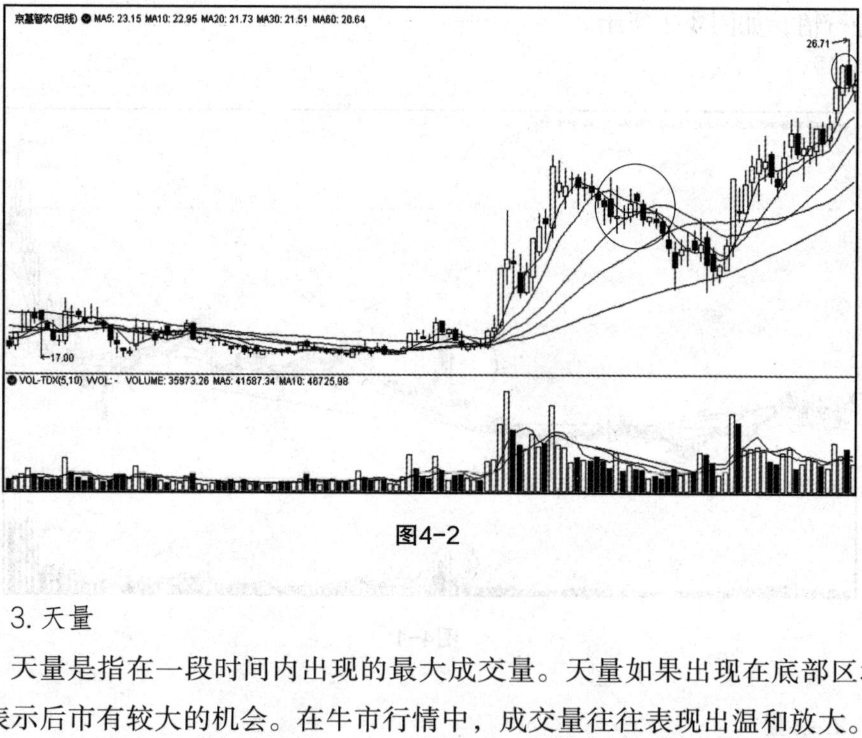

图4-2

3. 天量

天量是指在一段时间内出现的最大成交量。天量如果出现在底部区域，则表示后市有较大的机会。在牛市行情中，成交量往往表现出温和放大。当成交量创出新高、达到天量时，投资者应密切关注大盘见顶信号。出现天量时投资者要回避，并采取相应的操作方式，如图4-3所示。

4. 地量

地量一般是在牛市行情的启动初期出现，意味着大盘即将结束调整行情转入升市。值得注意的是，对地量的分析不能仅仅看成交量的多少，还必须结合市场趋势、技术分析、市场热点这三个方面进行综合分析，如图4-4所示。

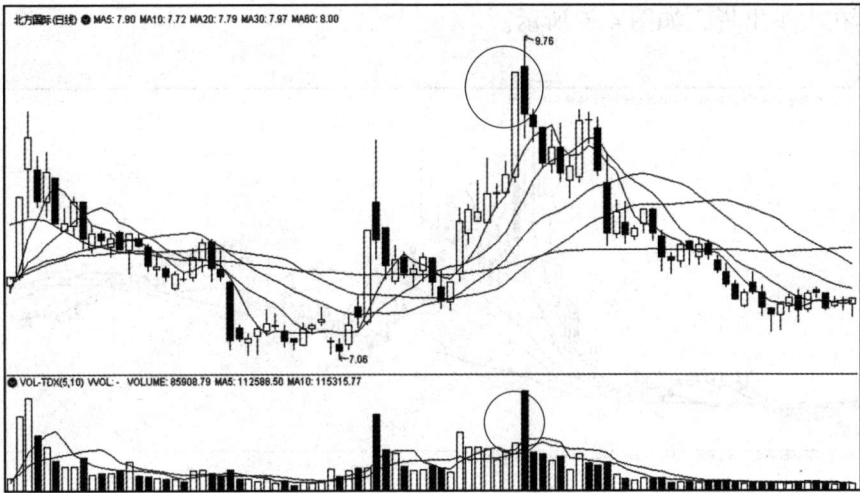

图4-3

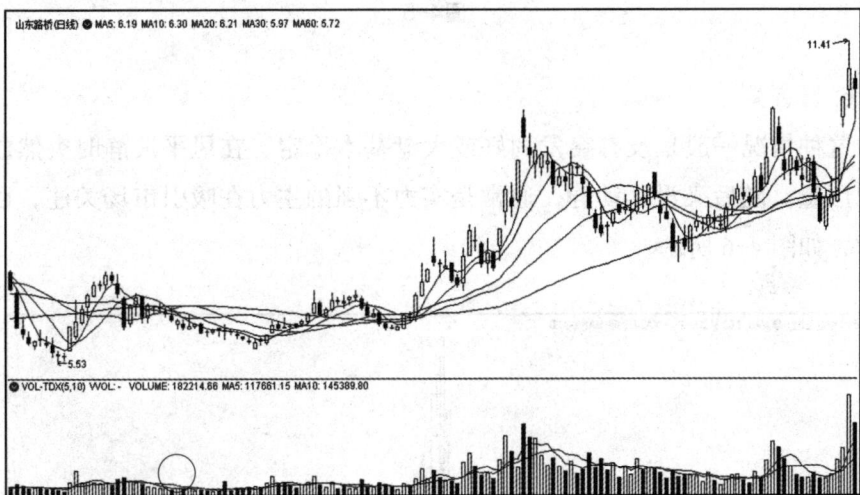

图4-4

5. 堆量

堆量其实也是放量的一种形式，只不过其量能的放大过程较为缓慢。当主力意欲拉升时，常把成交量做得非常漂亮，几日或几周以来，成交量缓慢放大，股价慢慢推高，成交量在近期的K线图上形成一个状似土堆的形态，量堆越漂亮，就越可能产生大行情。相反，在高位的堆量表明主力已不想玩了，在大举出货，如图4-5所示。

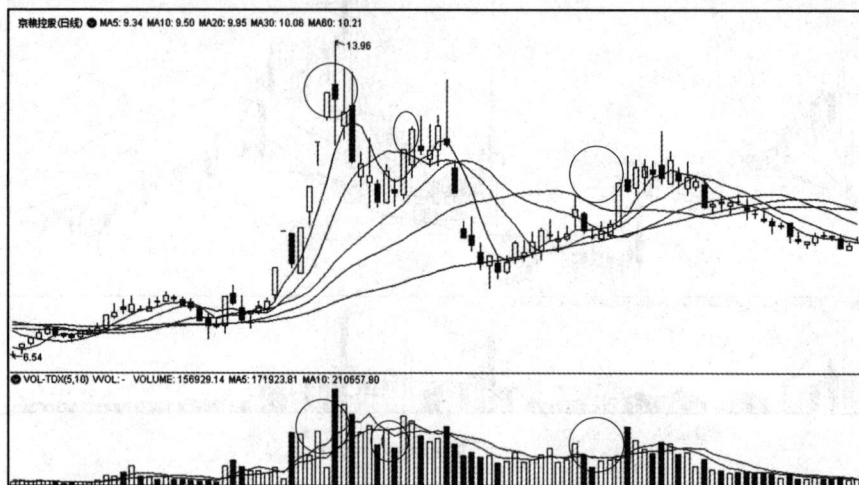

图4-5

6. 锯齿量

这种情况一般是没有突发利好或大盘基本稳定，在风平浪静时突然放出历史巨量，随后又没了动静，通常是实力不强的主力在吸引市场关注，以便出货，如图4-6所示。

图4-6

三、温和放量与突放巨量

1. 温和放量

温和放量是指一只个股的成交量在前期持续低迷之后，突然出现一个类似"山形"一样的连续温和放量形态。这种放量形态称作量堆。个股出现底部的量堆现象，一般是有实力资金在介入。但这并不意味着投资者就可以马上介入，一般个股在底部出现温和放量之后，股价会随量上升，量缩时股价会适量调整。此类调整没有固定的时间模式，少则十几天多则几个月，所以此时投资者一定要分批逢低买入，持股待涨，如图4-7所示。

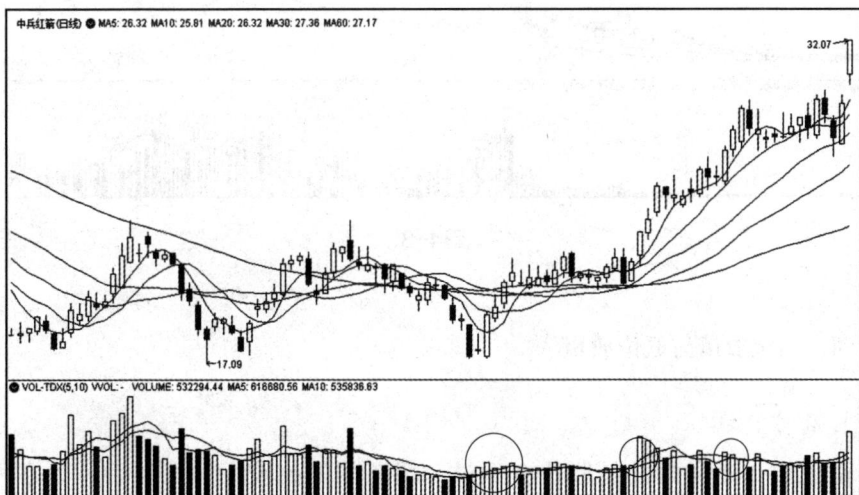

图4-7

需要注意的是，当温和放量股价上扬之后，其调整幅度不宜低于放量前期的低点，因为调整如果低过了主力建仓的成本区，至少说明市场的抛压还很大，后市调整的可能性较大。

2. 突放巨量

对此种走势的研判，应该区分几种不同的情况。一般来说，上涨过程中放巨量通常表明多方的力量使用殆尽，后市继续上涨将很困难；而下跌过程中出现巨量，一般多为空方力量的最后一次集中释放，后市继续深跌的可能性很小，短线的反弹可能就在眼前了。另一种情况是逆市放量，在市场一片喊空声之时放量上攻。这类个股往往只有一两天的行情，随后反而加速下跌，使许多在放量上攻那天跟进的投资者被套牢，如图4-8所示。

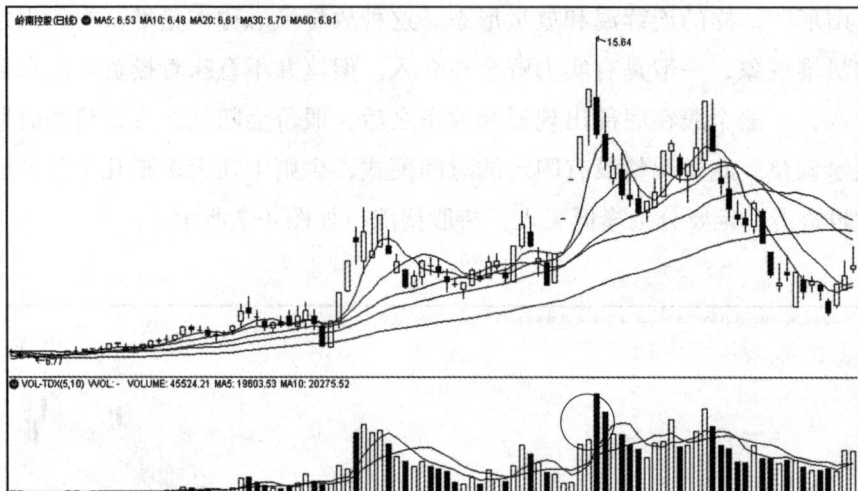

图4-8

四、高位放量与低位放量

1.高位放量

高位放量通常指的是股价在经过一段时间的比较大的涨幅后，处在相对高价位区时成交量仍在增加，而股价却没能继续上扬，呈现出高位量增价平的现象，这种股价高位放量滞涨的走势，表明市场主力在维持股价不变的情况下，可能在悄悄地出货。因此，股价高位的量增价平是一种顶部反转的征兆，接下来股价一旦掉头向下运行，则意味着股价顶部已经形成，投资者应注意股价的高位风险。

当然，并不是所有的高位放量都是顶部信号。首先要查看股价的涨幅大小，一般来说，涨幅超过同期指数涨幅30%以上，或者绝对涨幅达到50%～200%的高位放量，形成顶部的概率就很高。

那么，当个股在短线高位放巨量的时候，该如何判断呢？

（1）放量的程度。相对于个股正常的成交量而言，如果单日的成交量突然放大到正常水平的几倍，往往是个股极端的成交行为，意味着股价即将变盘。如果放量的同时显示主力资金流出，则下跌的可能性就很大，将出现大量的抛盘。

如图4-9所示的首创环保（600008）在高位3.63元附近成交量持续放大，说明短线资金已经完成高位出货，后市上涨的难度是可想而知的。

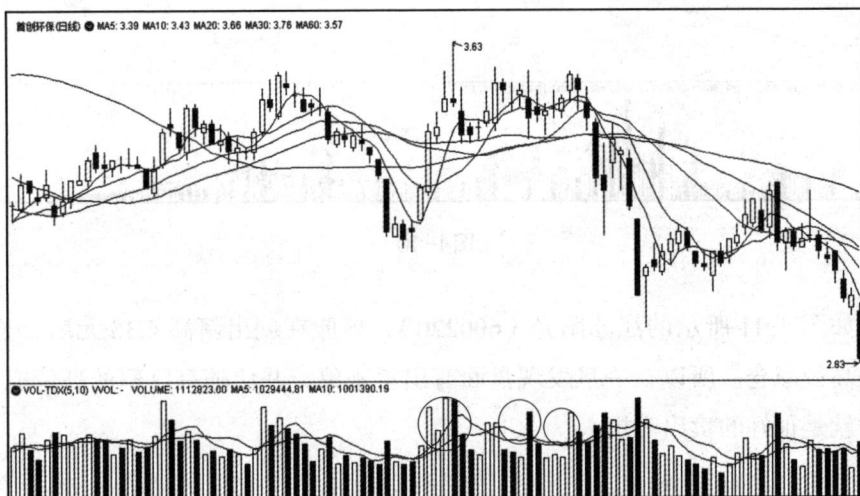

图4-9

（2）成交额的大小。相对于正常成交量放大倍数很大的个股，成交额越大后市越难以上涨，短线见顶信号越明显。

如图4-10所示，龙建股份（600853）在三次放量后都成为短线高点，后市连续下跌。所以在操作中，投资者一定要控制自己的亢奋情绪，当大部分人都热情高涨地买入时，离下跌已经不远了。

（3）主力资金流向。当出现巨量的时候，说明当天大资金买入的量较多，后市有继续走强的可能。

由于放量过大，拉升需要过多的资金，主力后市转手做空的可能性也很大。成交量明显大于之前强势上涨时的成交量且出现资金明显流出时，见顶概率极高。

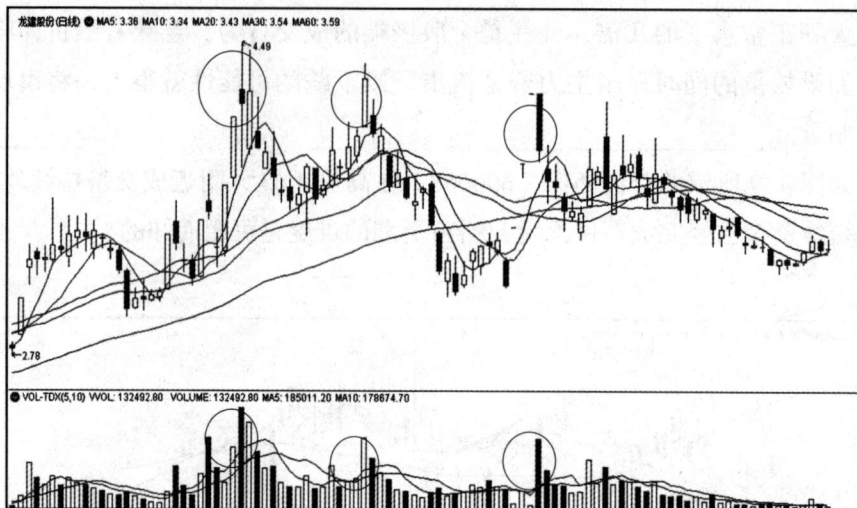

图4-10

如图 4-11 所示的江苏阳光（600220），该股在创出新高 4.38 元后，连续出现高位减仓。所以，一旦发现盘面有出货迹象，并伴随有巨额的高位成交，此时就是很好的卖出时机。

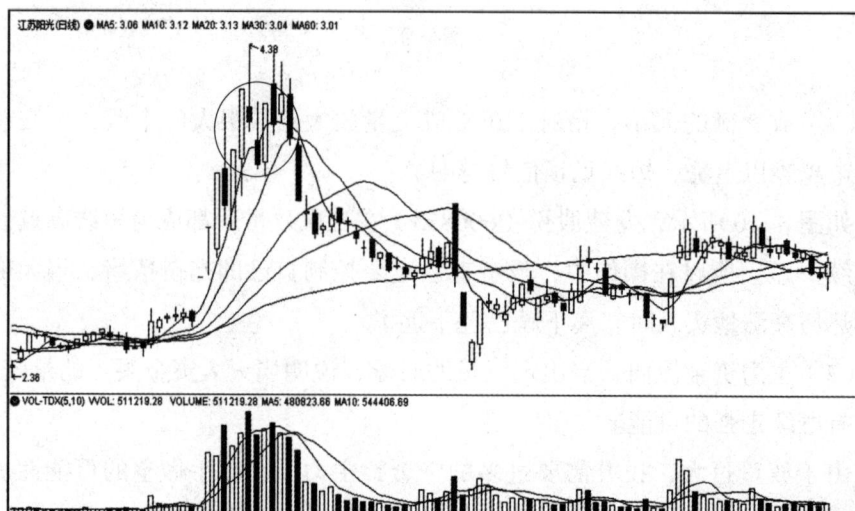

图4-11

2.低位放量

很多投资者认为低位放量的股票总是好股票，这多半表明有资金开始进入或场内资金回补。但需要警惕的是，不同市势中低位放量的意义不同。在熊市里的低位放量容易伴生陷阱，如果不细思量和把握的话，就容易出现投资失误。

如图 4-12 所示，太龙药业（600222）出现低位放量急升的行情，其逆市大涨的走势吸引了众多投资者。但是该股急升之后，进一步加剧了股价做空的能量，使下跌行情加剧。

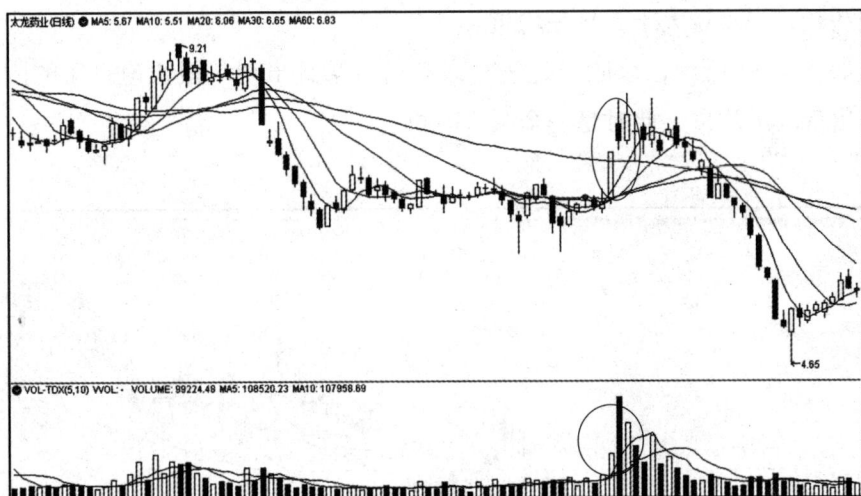

图4-12

从上述例子可以看出，弱市中个股的强势都非常短暂，且带有诱多性质。如果盲目跟进，只会加重亏损。对强势股的盲目追逐，是一些投资者在弱势中亏损加剧的重要原因之一。

因此在弱市中投资者不能仅仅看见放量就立即追涨，还要注意其他一些市场因素：

（1）在弱势中要减少操作次数，这是应对弱势陷阱最为有效的方法，不要过于积极追放量上涨的个股。

（2）要注意大盘的情况，在大盘向好时，市场情绪较高，利空因素也容易被消化，但在指数持续下滑时，利空因素往往也会被夸大。

（3）经过全面的分析后，对于比较看好的放量涨升股可以采用分批建仓的方法介入。在行情处于弱势时，市场本身带有很大的不确定性，如果不采取分批建仓的方式，很容易使资金处于被动的境地。

五、高开放量与低开放量

1. 高开放量

高开是指当日开盘价高于昨日收盘价，但在实际中平开或略微低开也可以，但要求其分时走势中上涨有量。放量是指开盘后不断有大手笔买单出现，成交活跃，当日量大于5日平均量。

如图4-13所示，该股经过短暂调整后，某日出现一根快速打压的阴线，随后出现高开放量，此时是一个买入时机。

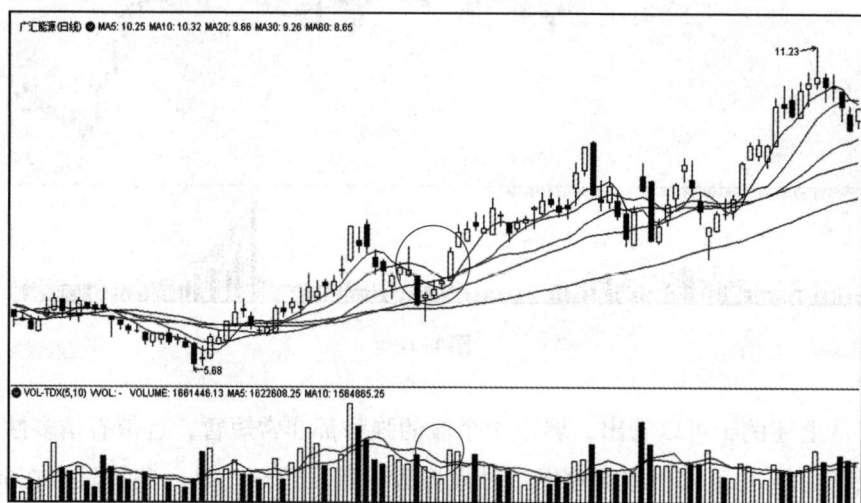

图4-13

2. 低开放量

高开放量和低开放量都是短线选股的信号，为防止出现信号失误，必须设立止损条件。两者的选股要求基本相似，但对低开放量的选股要求更高。要求该股低开后必须于当日盘中放量拉升，在K线上形成一根长阳线，否则要及时离场观望，如图4-14所示。

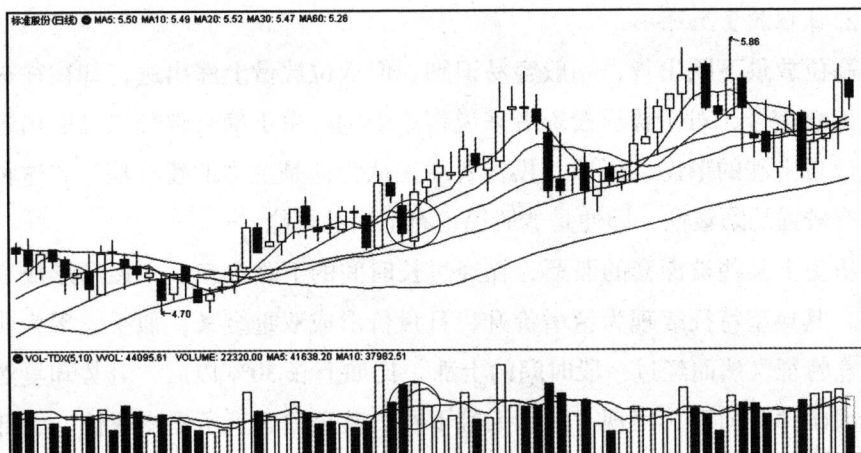

图4-14

六、低位放量下跌与低位放量上涨

1. 低位放量下跌

低位放量下跌是一种典型的出货形态，表明主力不计成本地出逃，意味着后市行情将进一步走弱。这种成交量的形态一般容易识别。

如图 4-15 所示的北方股份（600262），该股出现了低位放量下跌的走势。

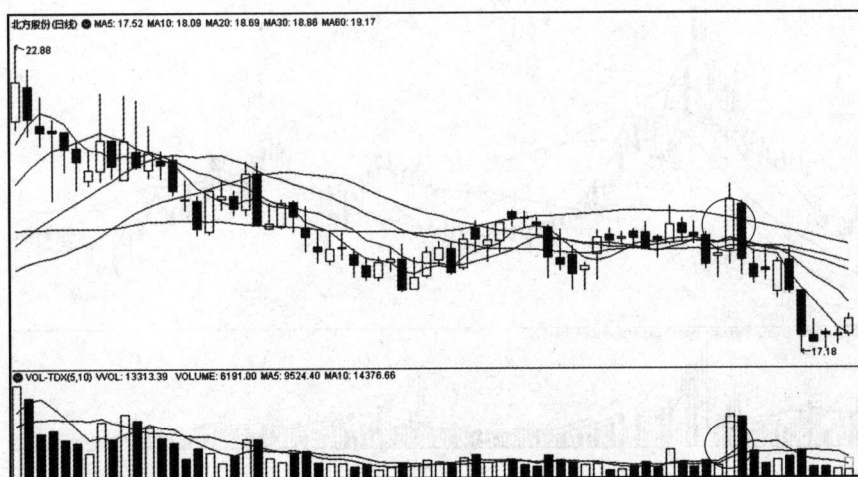

图4-15

2. 低位放量上涨

高位放量下跌出货，一般容易识别。但低位放量上涨出逃，却往往被认为是建仓信号，对于普通投资者来说很难识别。由于确有部分黑马股出现在低位放量上涨的形态，所以，投资者往往认为这是主力的建仓信号。这种形态具有较强的隐蔽性，即便是老股民也有上当的可能。

历史上某些被深套的股票，在经过长时间的下跌沉寂后，逐渐形成底部形态，其典型特征表现为量增价升，且量价形成双重金叉，似乎表现为明显的建仓特征。然而经过一段时间的上涨，比如上涨30%以后，升势却戛然而止，股价掉头向下，出现了放量大幅下跌，甚至跌破了历史支撑位，一部分跟进的投资者被牢牢套在下跌的途中。

如果仔细辨别，就会发现原来主力不是建仓，而是通过低位对敲出货。

如图4-16所示的北方股份（600262），该股曾经多次出现底部放量的现象。一开始成交量温和放大，随后价升量增似乎显示有新资金介入，但股价连续上涨一个星期后又展开新的一轮下跌。第二次该股放量拉升，看似是底部放量，似乎要形成向上突破，其实是制造平台走势，好景不长，不久即跌破平台。

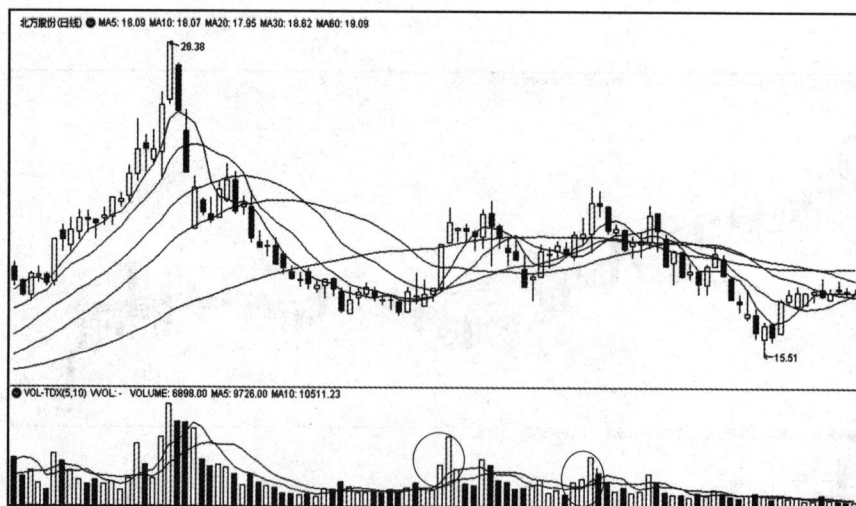

图4-16

识别低位放量出逃要注意以下几点：

（1）成交量在短期内急剧放大。低位建仓除非遇特大利好或者板块机遇，一般会缓慢进行。而低位放量出逃的特征是成交量在短期内迅速放大，日换手率连续保持在 5% 以上，在相对高位会出现 10% 以上的高换手率，放量过程是一气呵成的。股价在明显的低位如此放巨量，充分说明有资金在通过对敲出逃。

（2）上涨时放巨量。主要指分时走势图的异常放量，成交量大量堆积，给人一种不真实的感觉。日涨幅并不大，但是成交量却屡创新高。这是一种低位放量出逃的迹象。

（3）反复震荡。不管是上涨还是下跌，分时走势图上股价都是在反复震荡，暴露出主力清仓的意图。

（4）尾市拉升，连收小阳线。低位建仓的信号一般是尾市打压，日 K 线经常留下上影线，小阳线与小阴线交替出现。放量出逃的特征是经常在尾市拉升，盘中可能是下跌的，但日 K 线多以小阳线报收。由于短期内成交量连续放大，价格上升，形成量价金叉，形态上好看。

（5）不会突破前期重要阻力位。突破前期重要阻力位，意味着主力必须吃进更多的筹码，这显然与主力清仓的初衷相悖。在大势不好的情况下，主力通过这种方式出逃，成本相当高，而且出货量也不大。比如说资金链出现问题，或者公司的基本面出现大的利空，否则主力不会在被套几年、股价远离成本区的情况下强行出货。

七、天量只是个相对概念

股谚云：天量天价。其实，这种说法并不完全准确，因为所谓天量只是一个相对的概念，放量之后还会放量，而天价也不是绝对的，新高之后还有新高。绝对地说，天量指的是个股走势中前所未有的成交量水平；相对地说，天量指的是在近一轮行情周期中从没有出现过的成交水平，同时这个成交水平短期内也很少重复出现。所以相对的天量必须具备两个条件：一是近一个行情周期中未出现过的成交量，二是这个成交量很难在短期内再度出现。

如果股价走势中出现这样的天量，是需要投资者重点注意的，而与天量相对应的概念就是天价。绝对地说天价就是个股成交价格的最高值，也是今后一段行情走势中的压力位置，也就是说相对的天价不是和以前比，而是和以后的走势相比。所谓"天量天价"走势，指的就是股价放出了相对的天价之后，同时对应地形成了较长一段时间内的一个高点。

那么对投资者而言，怎样判断或者回避陷入这种走势的个股中呢？这就要注意个股形成相对天量时的走势。如果某只股在运行途中其成交量出现了上文所定义的那种相对天量的情况，而后市又缩量向下运行脱离了这个放量区域，此时有可能面临比较长时间的调整。也就是说，通过盘中观察，事后才知道一个相对天量的存在，而股价再度调整脱离这个区域则是中线走弱的信号。

不少投资者喜欢追捧底部放量的形态，但如果股价在低位放量形成了相对的天量时需要小心，有些情况下天量也会形成天价。这些天价不是和以前的成交价比，而是和以后的成交价比。放量的反弹可能形成今后一段时间的天价，关键要看放量的程度和放量之后个股的走势。

八、底部天量法则

投资者要密切注视股市中的资金，尤其是大资金的运行状况，因为股价的涨跌在短时期内是由介入该股的资金量所决定的。平时由于交易清淡，股价波动呈现随机的特征，无法确定短线运行方向，并且波动幅度太小，不具备操作价值。只有短期内有大资金介入的股票才具有短线操作的价值，这时成交量明显放大，股价出现反弹。

由于天量是相对于某一时间段来说的，确定短期天量是指在三个月的时间中出现的最大成交量。如果在股价有较大涨幅之后出现短期天量，投资者要谨防股价即将调整；如果是在底部区域出现短期天量，则表示后市有较大的上涨机会。

通过寻找底部的短期天量个股，可以有效把握行情启动阶段。具体操作如下：

（1）选出近期成交量突然连续放大，日换手率达到10%以上，大幅上涨（最好出现涨停）的个股来观察。其主要特征是一根长阳线伴随着巨大的成交量使股价迅速脱离了盘整区。这个成交量是三个月以来的最大成交量，称为天量，其换手率通常在 8% ～ 25%。成交量放大可能是受到利好消息的刺激，如较好的业绩和分配方案、重大合作项目的确定等。但是并不建议看到放量立即跟进，因为导致股票突然放量上攻的原因是多种多样的。一般投资者喜欢立即跟进，但是极易掉进主力拉高后出货的陷阱。

（2）发现目标后不急于介入，调出 60 分钟 MACD 跟踪观察。再强势的股票也会出现回档，为了避免套牢，宁可等到回档时再买入。

（3）该股放出天量，短线冲高之后必有缩量回调，盯住其调整的结束点作为短线买入点。这个点位能够保证一定的利润，充分发挥短线效应。

（4）时间一般为回落 5 ～ 9 天，60 分钟 MACD 绿柱逐渐缩短，红柱放出后 1 ～ 2 个小时逢低介入。通常，由于调整到此时的成交量已减少（买入点的日成交量为天量的 10% 左右），股价走平，MACD 红柱放出一两根 K 线为阴线，但短线抛压已穷尽，反弹一触即发。

九、地量应用法则

1. 阶段性底部

地量的出现，往往意味着大盘或股价接近阶段性底部。但地量本身是一个比较模糊的概念，不同的人有不同的理解，在大盘的不同位置也应有不同的含义。因此有必要进行定量研究，通过大量历史数据的分析归纳，建立一定的衡量标准，以此来判定未来大盘的趋势。

地量是相对于大盘处于高位的天量而言的。通过统计历史上股指处于高位、低位的成交量数据可以发现，地量的标准有迹可循。衡量中级下跌行情是否见底的标准是：底部成交量要缩至顶部最高成交量的 20% 以内。如果成交量大于这个比例，说明股指仍有下探空间；反之则有望见底，缩量越明显，则筑底的信号越明显，后面强势走势的时间也越长。但地量的出现仅仅是一个底部信号，地量出现后底部并不一定马上确立。

2. 指数运行方式

（1）连续地量运行。在一段时间内，连续缩量的运行状态不会发生明显变化，甚至在出现最大成交量 20% 以内的地量后，再次出现更小的地量。因此，只能把20%这一信号作为可能的信号，大资金可以进行试探性建仓。

（2）放量下跌。大盘震荡加剧，下跌过程中成交量放大。从历史上其他底部形成的规律来看，在长期下跌的末段，出现地量后再次放量下跌，基本上可以肯定是底部信号。

（3）放量上涨。地量之后出现放量上涨是典型的上涨信号。

3. 预测牛市中的调整

地量应用法则还可以用来预测牛市中的调整是否结束，以及当前的调整到底是中级调整还是小级别的调整。

如果成交量在下跌过程中能够迅速缩小到高峰期的30%以内，则调整可望结束，牛市继续的概率较大。反之，如果下跌过程中成交量没有出现萎缩，说明市场分歧较大，一部分主力在利用人们的惯性心理大幅减仓，调整的幅度会加大，时间也会延长。

十、地量选股技巧

在运用成交量选股时，千万不能忽略成交量的变化因素。只有成交量放出，确认前期是地量，才能确认地价的成立，成交量的改变将是趋势反转的前兆。

投资者应重视的是量缩之后的量增，只有量增才能反映出供求关系的改变，只有成交量放大才能使该股具有上升的动能。

在盘局的尾段，股价走势具有以下特征：

（1）波动幅度逐渐缩小。

（2）成交量缩到极点。

（3）量缩之后是量增，突然有一天成交量大增，突破股票盘局收出一根中阳线，且股价站在10日均线之上。

（4）成交量持续放大，且收出一根中阳线，时间一般在三天左右。

（5）突破之后，均线开始转为多头排列，而盘整期间均线黏合在一起。

如图4-17所示的钱江水利（600283）走势图，该股在出现地量时，就是一个很好的介入机会。

在实际行情中，投资者有时会遇见放量之后又重新缩量，股价重新调整的情况。如果均线系统能够转入多头排列，并且确认了前期的地量，股价本身就具备了一定的上涨动力。

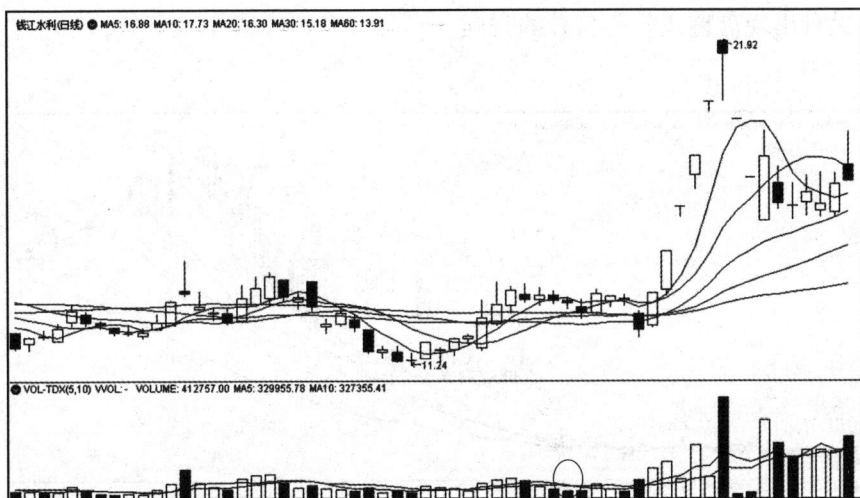

图4-17

十一、缩量回调与再次放量

在实战操作中，如果过早地买进底部的个股，由于主力在没有吸足货之前并不会拉升，有可能还要进行打压，就会有一定的风险。刚突破整理平台的个股，若属于主力制造假突破现象，走势会出现反复。因此，市场中的一些短线投资高手，如果在个股启动的第一波没有及时介入，就会耐心等待该股回调时再介入。他们宁可失去强势股连续上涨的机会，也不会一味地追涨，从而把风险控制在尽可能小的范围内。图4-18所示为缩量后出现放量的走势实战图。

一般来说，个股放量且有一定升幅后，主力就会清洗短线浮筹和获利盘，并让看好该股的普通投资者介入，以提高市场的平均持股成本，减少再次上涨时的阻力。由于主力看好后市，是在进行有计划的回落整理。因此，下跌时成交量无法连续放大，在重要的支撑点位会缩量企稳，盘面浮筹越来越少，表明筹码大部分已经被锁定，这时候再次拉升股价的条件就具备了。如果成交量再次放大，并推动股价上涨，此时就是介入的好时机。由于介入"缩量回调，再次放量上攻"的个股短线收益颇高，而且风险比追涨要小很多，因此很受短线操作者的喜爱。目前市场中已有一部分人专门做这类个股，尤其是在大盘出现盘整或震荡盘升的时候。

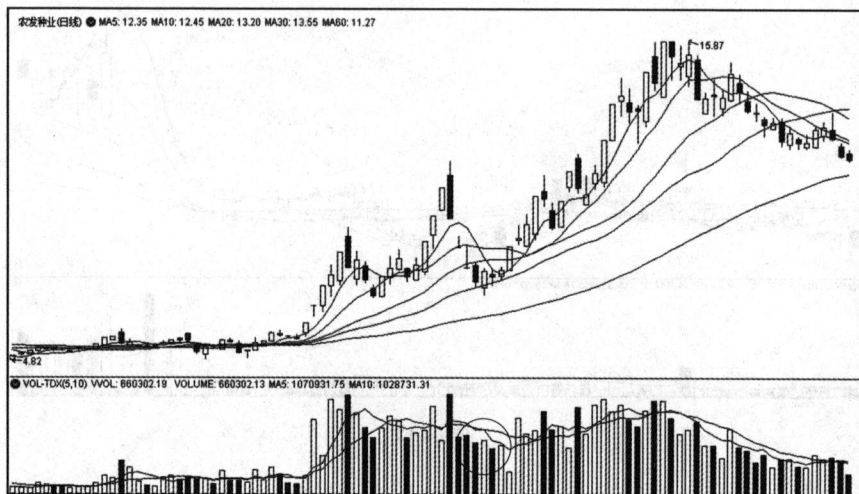

图4-18

那么，投资者应当如何把握此等良机呢？

（1）通过股票软件中的量比排行榜，找出近期量比小的个股，剔除冷门股和下降通道的个股。

（2）选择那些曾经连续放量上涨、近日缩量回调的个股进行跟踪，待股价企稳、重新放量，且5日均线翘头与10日均线形成金叉时，就可果断介入。

通常，主力在股价连续放量上涨后，若没有特殊情况，是不会放弃既定的战略方针去破坏良好的均线和个股走势的。若主力洗盘特别凶狠的话，投资者还可以以更低的价格买进筹码。需要注意的是，此类股票的30日平均线必须仍维持向上的趋势，否则就有可能碰上"瘟马"。

十二、从缩量中寻找黑马股

刚入股市时，很多普通投资者都认为，买股票一定要看它的成交量，因为成交量是不会骗人的，只有放量上涨才可以跟进，量价不配合时则只能观望。主力可以通过对敲来做出假的放量，却无论如何也没有办法做出假的缩量，只有缩量才是最真实的。

以下是一些通过观察是否缩量来进行操作的方法。

（1）缩量上涨。有些股票在底部出现明显放量后，开始在一个上升通道中震荡上行，随着股价运行到较高的位置，成交量却逐步减少。此类股票的缩量反映了主力通过吸货和洗盘，已经把筹码高度集中在自己手中，因而股价越往上走成交量越小。遇到此类股票，可在其上升通道中逢低吸纳，也会有不错的收益。

如图 4-19 所示的振华重工（600320），该股出现了缩量上涨的走势。

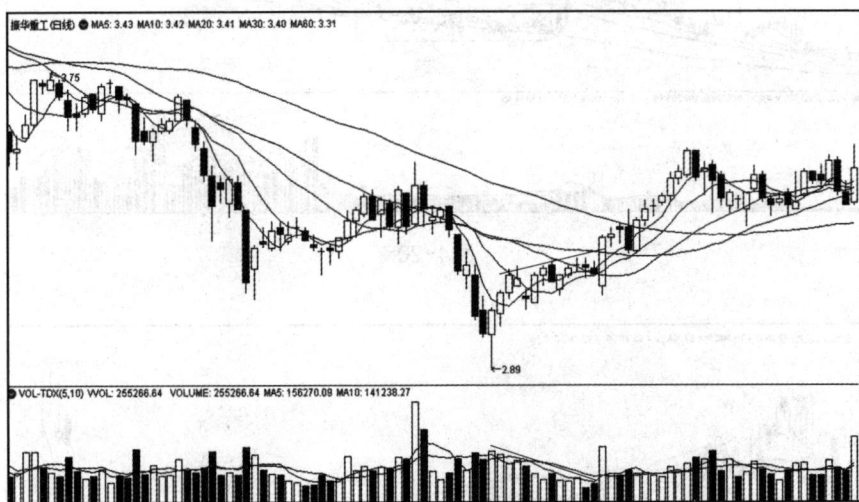

图4-19

（2）缩量横盘。股票经过一番上涨后，在高位开始横盘，K 线呈现小阴线和小阳线交错，成交量与前期相比大幅萎缩，长期均线不断上移，与股价越来越接近，同时市场上很少有它的传闻，股评很少推荐，也不会引起投资者的注意。这类股票的主力往往持仓极大，也根本没有出货的机会，横盘正是在等待时机发动波澜壮阔的主升浪。如图 4-20 所示的安徽建工（600502）走势图。

（3）缩量回调。一般来说，股票在出现拉升前会有一个压盘的特征，就好像人要跳起前会微蹲下一样。由于之前主力已经建仓完毕，在拉升前进行最后一次洗盘，成交量会比以前明显萎缩。此时往往是最佳的介入时机，如图 4-21 所示。

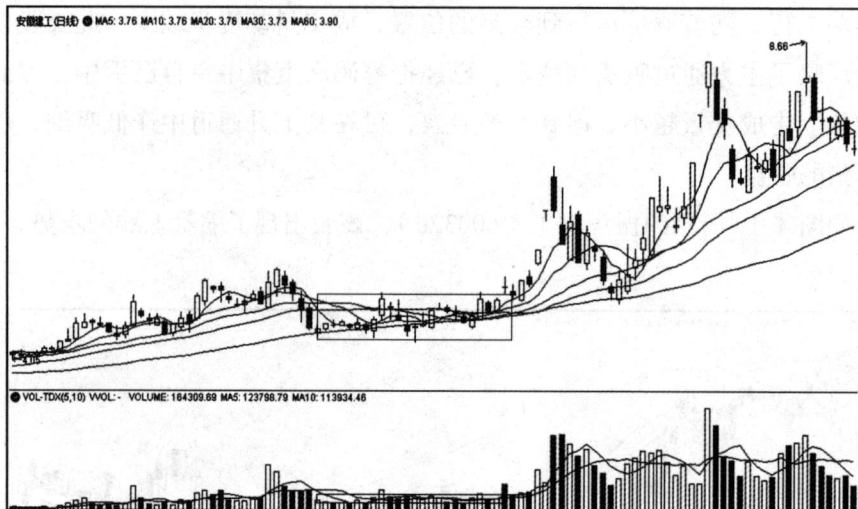

图4-20

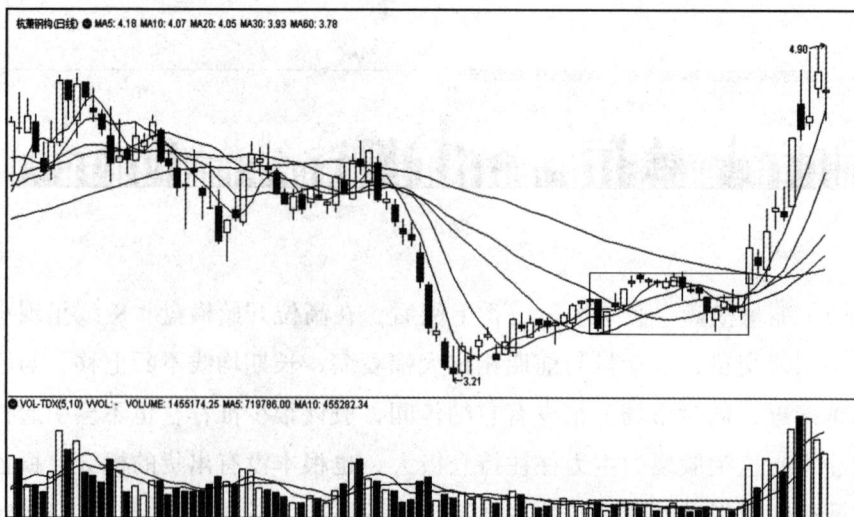

图4-21

第二节　价格分析与运用

一、从开盘价发现主力动向

开盘价是一日行情的起点，是影响当日市场情绪的第一个因素，大机构操盘一定会在开盘时做文章。

1. 集合竞价

集合竞价是每一个交易日的第一个买卖时机，机构常借集合竞价跳空高开、拉高出货，或者跳空低开打压建仓。一般而言，散户的投资策略多是卖出弱势股，买入热门股或强势股，而机构主力操盘常常反其道而行之，利用集合竞价卖出热门股，买入超跌股。当9：25分集合竞价出现时，若发现手中持有的热门股跳空高开缺口很大并且伴有巨量时，就应提高警惕，而开市仅半小时即达到5%的换手率时，则应做逢高派发的准备，此时一般不应盲目追涨热门股。反之，当9：25分集合竞价出现时，若发现手中的热门股向上跳空的缺口较小，量价关系良好，仔细分析前期量价趋势后，可以酌情买入。

简而言之，集合竞价时，机构主力一般选择前期的强势股、热门股做文章，黑马股则多是在尾盘中杀出的。

2. 开盘以后

（1）当市面上利好或利空传闻最多之时，也是机构利用开盘大举造势的时候。开盘后半小时的行情对市场人气的聚散有着特别大的影响，此时，投资者应立即查看委托买进笔数和委托卖出笔数的多寡。通常一开盘委买大于委卖单达两倍以上，显示市场人气旺，短线可买入，反之，则代表空方力量强大，对多方不利。开盘后若委买和委卖相差不大，在观察是否有大笔委托单的同时，还应结合前期量价趋势来分析判断。

（2）开盘价在前期密集成交区或者强技术位放量冲高时应立即买入。

（3）倘若平开高走，应视为热门股炒作信号。

（4）倘若平开低走，反弹不上破开盘价，则后市难有表现。

（5）观察大盘的主力动向及市场强弱，注意涨停板和跌停板的数量。由于市场有涨时抢涨、跌时杀跌的共振效应，如果上涨家数迅速增加，可跟进。反之，下跌家数迅速增加应立即抛出，以免高位被套。

二、开盘价的分析

在价格的四大要素中，最高价与最低价的出现往往具有一定的偶然性，而开盘价与收盘价则具有实质的分析作用。

通过对开盘价的分析可以了解股市当天的动向，以确定投资者是加入买方行列还是卖方行列，或者观望。因为开盘价代表买卖双方当天所持的立场，通过立场的选择来确定当天的走势，以此来估计当日股价的大致波动范围，以择机买入或卖出。以下通过开盘价在前一日K线所处的位置来探讨。

1. 前一日K线是阳线时

（1）开盘价高于前一日K线的最高点，称为跳空高开。显示买方实力强大，对卖方不屑一顾，以自己强大的实力来战胜对手。如果股价是经过缓慢上升后出现的，你可以大胆地跟进。缓慢上升称为主力的蓄势阶段，没有蓄势阶段的暴涨股票一般是一种假突破，它们持续的时间很短，通常只有两天左右，如图4-22所示。

（2）开盘价位于收盘价与最高价之间，表示多方有信心和能力使股价继续上扬。但是买方的力量有限，要看卖方的实力以后再采取下一步行动。

（3）开盘价在前一日K线以内，表明买方的实力受到考验，卖方随时都有反击的可能性，因此我们应该密切注意股市的动向，稍有风吹草动，股市就有反转的可能。

（4）开盘价在前一日开盘或者最低点之间，是卖方对买方的一次考验，如果买方进行有力的反击，则可以继续看好，否则股市有发生反转的可能。

（5）开盘价在前一日最低点下方，卖方在经过一夜的深思熟虑后突然进行反攻，一定会发布一些利空消息，卖方是有备而来，对买方不屑一顾，显然股市会发生变化，空方会占据优势。

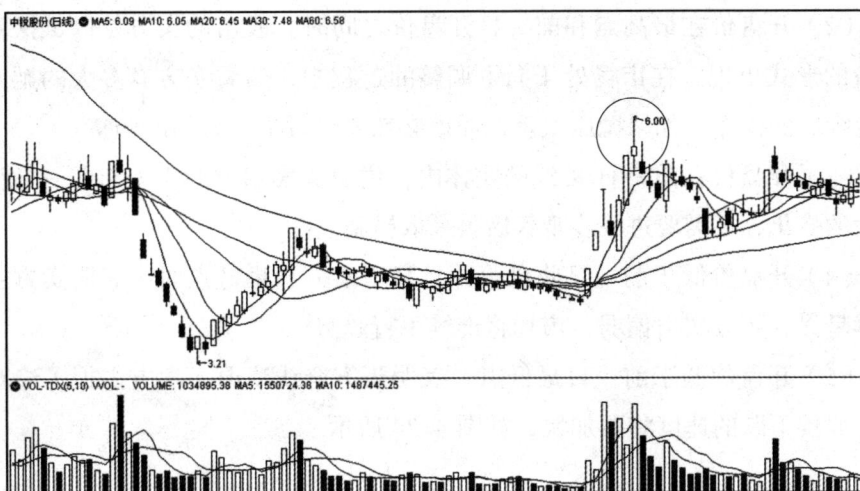

图4-22

2. 前一日K线是阴线时

（1）开盘价比前一日最高价还要高，说明市场中产生了重大的有利于股市上涨的条件，在这种条件下，股价的上涨是必然趋势，而且有持续上升的可能性，它是决定股市止跌的一种方式而不是救命稻草。股价高开后通常都有一个冲高回落的低点，此时是买进的最好时机，如图 4-23 所示。

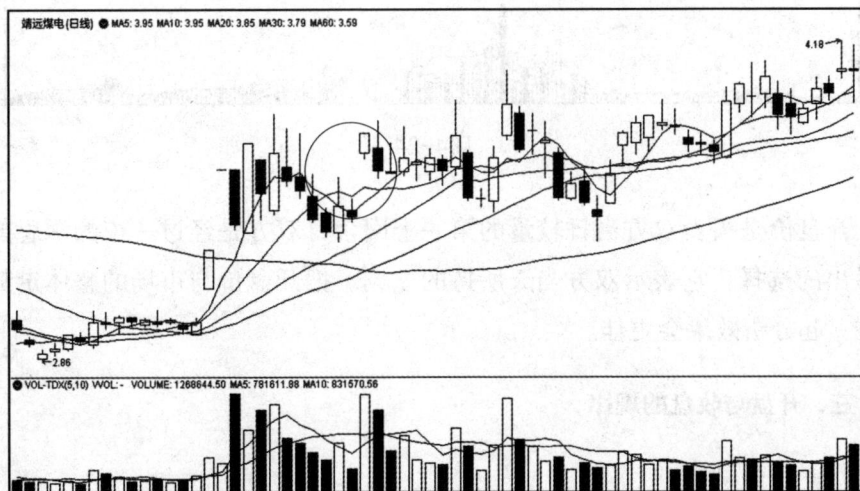

图4-23

（2）开盘价在最高点和前一日开盘价之间时，股市的买方是以试探卖方力量的形式出现，在市场处于向下调整的过程中，要看卖方有多大的抛压来决定今后的操作，如果抛压太重，股市必然要经过更长时间的调整。

（3）开盘价在前一日K线的实体内，说明买卖双方的实力与前一日没有太大的变化，还需要进一步观察后再采取措施。

（4）开盘价低于前一日收盘价并且高于前一日最低点时，表明卖方主力继续呈强，买方实力偏弱，市场将继续下行趋势。

（5）开盘价低于前一日最低点，表明买方全线溃退，卖方占据了绝对优势，股价下跌的速度将要加快，如图4-24所示。

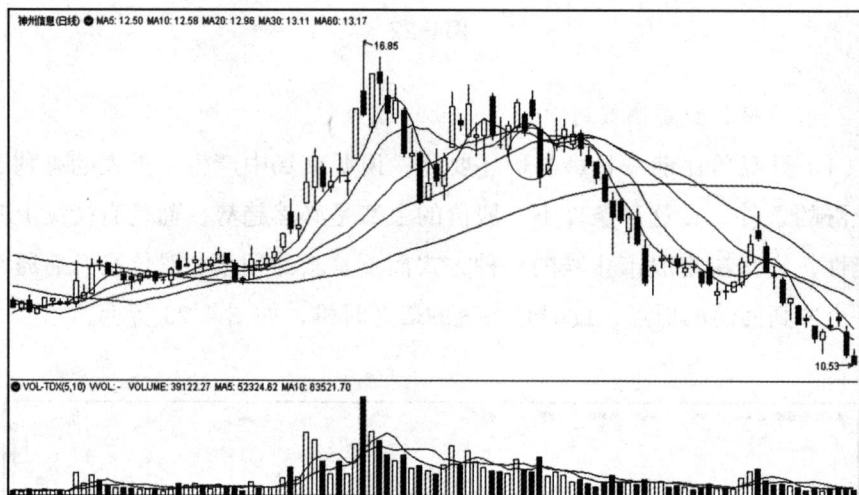

图4-24

开盘价是买卖双方当日较量的第一个回合，双方是经过一夜的深思熟虑后做出的选择。它表示双方当天所持的立场。把开盘价与市场的整体走势结合在一起分析效果会更佳。

三、开盘与收盘的规律

1.开盘的规律

开盘第一个10分钟内，多头为了吃到货会迫不及待地抢进，而空头为了完成派发也会故意拉抬股价，此时因参与交易的投资者较少，不需要大量资金即可使股价高开高走。如果多方在开盘第二个 10 分钟内仍猛烈进攻，空方会予以反击，获利回吐盘的涌出将把股价打低。随着参与交易的人数越来越多，在第三个 10 分钟内股价走势趋于真实，多方若顶住了空方的打压，则股价回落后会再次走高，反之股价将一路下滑。所以，第三个 10 分钟的走势通常决定了一天的走势。

在空头弱势市场中，多头为了吃到便宜货，开盘时就会向下打压，空头也会竭尽全力抛售，导致开盘第一个 10 分钟内股价急速下滑；在第二个 10 分钟内，如果空方仍然急不可待，多方会迅速反击，抄底盘的大量涌入则会阻挡空方的攻势；在第三个 10 分钟，多空双方相互争斗的结果则基本决定了一天中股价的走势。

2. 收盘的规律

尾盘作为一天交易的终结，历来是多空双方必争之地，大盘最后 30 分钟的走向极具参考意义。

如果大盘经过了一天下跌出现反弹后又掉头向下，尾盘的 30 分钟很可能继续下跌，并导致次日大盘低开低走。所以，当发现尾盘走弱时，投资者应积极卖出，以避开次日的低开。

如果尾盘的 30 分钟涨势肯定，会有层出不穷的买盘入场推高股价，使次日高开高走。因此，在久跌或者横盘时，投资者若察觉尾市有抢筹迹象应及时跟进，以迎接次日的高开。

有时尾市拉高是主力吸引普通投资者追涨以利于次日出货的手段。由于收盘价对股市分析的作用非常重要，因此收盘价将对投资者产生重要影响。对于那些有主力资金在尾市刻意拉高或压低收盘价的个股要格外小心。处于横盘的个股，如果其尾市被主力刻意做收盘价的话，通常有以下两种情况：

（1）主力资金拉高收盘价的目的是不让股价下跌得过快，维持投资者的信心。如果在这期间成交量有一定的放大，则有主力出货的嫌疑。

（2）即使不是为了出货，在收盘时持续做收盘价，从短线来看，也有滞涨的现象，短线明显不具备大幅上攻的条件。因此，投资者应对这类尾市拉高的股票保持警惕。

四、从收盘价发现主力动向

收盘价几乎可以说是市场上最容易被记住也是最重要的一个数据，但我们却很少注意到收盘价的盘面反馈。所谓收盘价的盘面反馈，是指收盘以后停留在盘面上的挂盘状况，包括十个买卖价位及相应的挂盘数量。投资者可以从中得到不少信息，特别是盘中主力的信息。

盘面反馈有很多种可能性，下面只探讨其中三种情况。

1. 上下平衡

其含义是上下接抛盘相当，价位几乎没有空缺。比如收盘价为4元的股票，每高或者低1分钱都有接盘和抛盘，挂出的量也差不多，这是自然的状况，表明没有主力或者主力并没有在收盘价上花工夫。

2. 买盘占优

通常情况下，委比为正值（买单多于卖单），表示买盘比较踊跃，股价有上升趋势，但是在收盘时对这种情况需要谨慎判断。当收盘的时候，在买二至买五位置挂着巨大委托买盘，而上面的卖盘稀少，这时透露的信息往往是一种假象。因为巨大买盘一般是主力资金所为，如果为了保证成交一般不会在意微小的差价，埋下巨大买盘的目的是让投资者以为买盘踊跃，股价值得看好，但实际上主力资金有可能打算在近期选择出货，投资者则需要保持谨慎。

3. 卖盘占优

收盘时，在卖二至卖五的位置出现巨大委托卖盘，而下面的买盘稀少。这时透露的信息未必真的是有大资金想卖出股票。因为主力资金如果真的想卖出，为了保证成交一般不会在意微小的差价，压下巨大卖盘的目的是让投资者以为卖盘较重，后市股价可能回落，但实际上主力资金有可能在打算做多。

五、捕捉盘中股价起涨临界点

股票操作的精髓在于准确分析目标个股的波动规律和动态波动轨迹，在此基础上把握自己熟悉的经典波动态势，进行有效的风险与收益分析，进而抓住进出最有利的机会，最大限度地回避风险，获取盈利。喜欢做短线的投资者更希望能准确地抓住股价的起涨点。能够买在热点股的起涨临界点位，基本上能够保证当日买进就处于盈利状态，甚至买到当日的涨停个股。如果投资者能把握盘中股价启动的临界点，第一时间进场，争取最大的主动权，那么胜利的喜悦将常常伴随着你。

1. 起涨点的概念

股价起涨点的概念并不是一般人认为的股价由下跌结束开始涨升的上升波段起始点。

如图 4-25 所示，盘中起涨点主要是指盘中主力开始发动向上攻击的启动时刻或开始涨升的点位。此时，股价异动，有明显变化；有量能配合，往往是经典的价升量增的上涨走势；具有较高的可操作性。起涨点一般具有突发性和持续性，往往当股价突破某阻力位或压力位时，技术指标低位金叉。起涨点的持续性表现在与大盘和热点板块协同配合、共振，涨升动能充足。

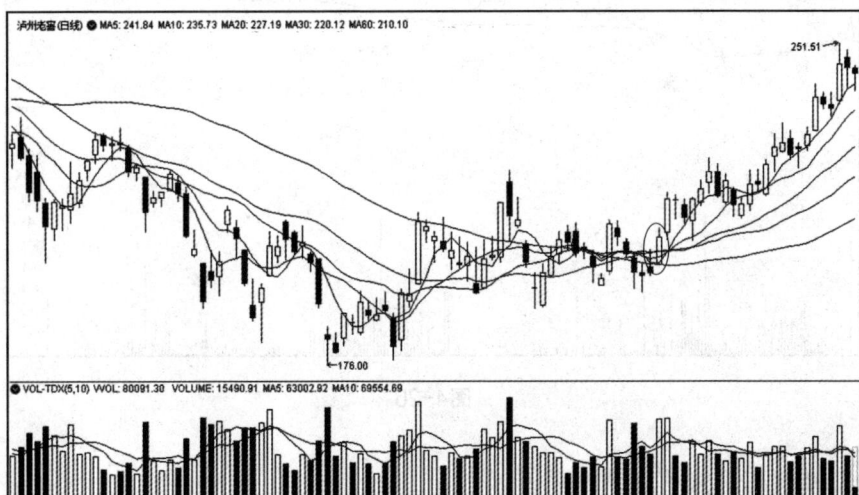

图4-25

起涨点一般可以分为最佳起涨点、次佳起涨点和一般起涨点，如果错过了最佳起涨点介入，可在次佳起涨点、一般起涨点启动时介入。

2. 最佳起涨点、次佳起涨点和一般起涨点

实战操作中，强势股或领涨股的启动过程往往是这样的：早盘放量攻击第一波后，一般股价均会有小幅回落，然后再次放量上攻，此时突破第一波高点的一刹那就是最佳起涨点。在上攻之后回落，然后再次突破第二波高点或突破股价整理形态之时为次佳起涨点。之后盘中所有的放量启动点仅为一般起涨点。如果股价早盘或盘中为下跌整理走势，当止跌企稳形态完成后放量突破均价线时，也可视为盘中最佳起涨点，股价回落至均价线处止跌，再次放量上攻，可以视为次佳起涨点。

如图 4-26 所示。捕捉起涨点的理论依据实际上就是传统的道氏理论、波浪理论、形态理论在分时图中的运用。准确捕捉起涨点的好处在于抓住较好的介入时机，避免盲目追高后被套住的窘境。

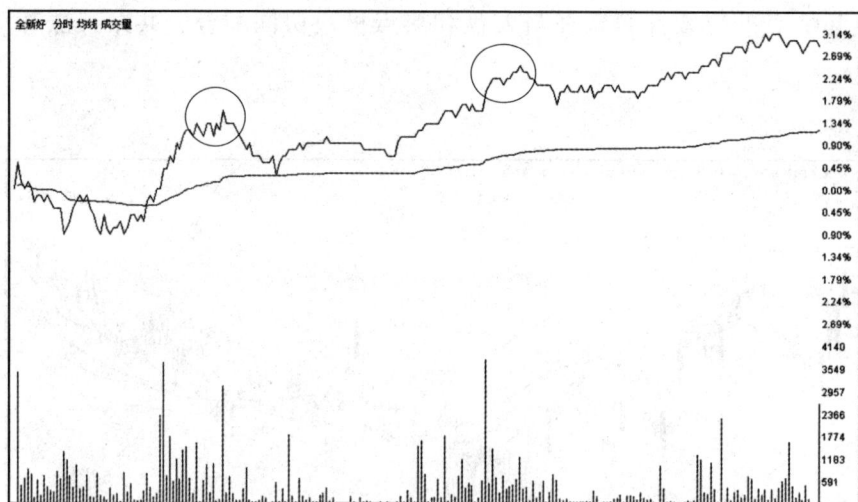

图4-26

3. 捕捉起涨点的注意事项

准确捕捉股价起涨点对于寻找较有利的短线进场时机有极大的帮助，但要求投资者具备丰富的看盘经验，这里提醒投资者注意：

（1）由于分时图的波动周期太短、级别太小，容易被大级别的走势所化解。因此，起涨点的运用要与大周期、大级别的趋势、形态相结合，才能提

高操作的成功率。

（2）起涨点追求的是介入技巧，不能说错过了最佳或者次佳起涨点就不能介入了，关键是准确把握上升趋势，顺势而为。理论上讲，只要上升趋势没有完结，什么时候、什么价位介入都是对的，只是获利有大有小而已。

（3）实战把握起涨点需要投资者准、快、狠。也就是说，对出击的个股把握要精准；时机来临时不能犹豫，要出手坚决果断，大胆介入；一旦看错，触及止损位则要果断出局。

（4）需要提示的是，盘中起涨点对于小资金操盘参考价值较大，因为小资金可以追求精确的点位。而对于拥有较大资金的投资者而言，起涨点的意义不是很大，因为大资金看重的是位置区域，往往在股价起涨时难以买到足够的筹码。

六、比价效应的运用

1. 比价效应在新股投资中的应用

新股的炒作方法很多，但"比价效应"却是新股炒作中最简捷有效的方法。目前在二级市场中，新股的比价炒作方法分为两种：

（1）点对面的比价。点对面的比价方法相对宽松，主要是在新上市公司与整个行业中的所有公司之间展开，寻求的是与行业内上市公司平均股价的一种平衡。

（2）点对点的比价。点对点的比价方式相对较为狭隘，主要是在两家公司之间展开，寻求的是两者之间的共振。

2. 比价效应在低价股投资中的应用

投资者在选择低价股的时候，如果只注意到绝对股价的高低，是非常片面的。有些个股虽然是低价股，却不能算是超跌股。在选择超跌低价股时，从表面看个股的股价高低只是其中一个方面，更重要的是要从比价效应中寻找真正超跌的低价股，具体的比价对象主要有以下几类：

（1）与同一地域板块间的个股比价，选择股价较低的个股。

（2）与同一行业的个股比价，选择股价较低的个股。

（3）与同一炒作题材的个股比价，选择股价较低的个股。

（4）与相同流通股本规模及类似股本结构的个股比价，选择股价低的个股。

（5）与相类似的股价从高位跌下来的个股比较跌幅大小，选择超跌的个股。

（6）进行前期的成交密集区比较，选择股价超跌的个股。

（7）用技术指标作为参考标准，选择股价超跌的个股，最常用的是 RSI 、BIAS 等指标。

（8）与 H 股市场价格比较，对于股价明显偏低的个股可积极参与投资。

投资者在实际应用中要综合考虑以上比价关系，选择股价相对较低且弹性较好的超跌低价股，常常可以在反弹行情的波段操作中取得跑赢大盘的短线收益。

第三节　　量价关系分析精要

一、量价关系的概念

量价关系是指成交量与价格之间的关系，也就是常说的量价配合。

一般情况下，价涨量增、价跌量缩是正常现象。如图 4-27 中的 A 处就是价涨量增、价跌量缩的情况。但并不是所有的价格上涨都是需要大的成交量去推动的，图 4-27 中 B 处的上涨只出现了温和放量，该处的涨幅比前期 A 处的要大。这是因为前期 A 处的量价配合已经确立了它的上涨趋势，同时大家都有一种惜筹的心理，自然股价没有多大的量就能上去。

二、最基本的量价配合关系

要想正确判断量价关系的真实含义，需要对成交量与价格这两大要素的配合关系进行最基本的细化研究。

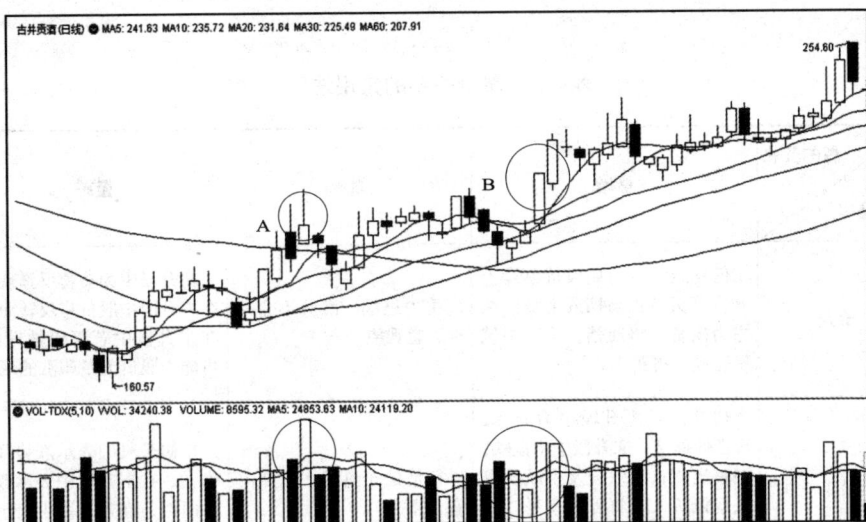

图4-27

其实，价格的变化不外乎三种最基本的趋势，即价升、价平、价跌；而量的基本变化趋势也有三种，即量增、量平、量缩。由此，价与量的变化趋势的配合关系组合起来，就有9种最基本的关系，即价升量增、价升量平、价升量减、价平量增、价平量平、价平量减、价跌量增、价跌量平、价跌量减，如表4-1所示。

表4-1　最基本的量价关系

价格变化 量的变化	价升	价平	价跌
量增	价升量增	价平量增	价跌量增
量平	价升量平	价平量平	价跌量平
量减	价升量减	价平量减	价跌量减

实践中，以上 9 种最基本的量价关系的常用法则见表 4-2。

表4-2 量价关系的常用法则

量的变化 价格变化	量增	量平	量减
价升	低档或上涨初期股价继续上升，可买进；高档或上涨已久主力出货，将回档；下跌中筑底完成，可买入	主力进场，涨势不会持久，宜观望	初升段中为短暂反弹现象；在末升段中股价将反转而下；在主升段中若筹码被锁住，可能为股价无量飙涨的现象
价平	初升段及主升段主力介入，可逢低承接；末升段中将盘跌，调整出货；初跌段及主跌段有人逢低买入，将酝酿反弹，宜观望；末跌段可能在筑底，宜观望	行情处于盘局，短期内宜观望	在初升段中表示涨势尚未确立，在末升段中表示股价将回档，在末跌段中表示量见底将反转
价跌	初升段中主力进货，可逢低承接；末升段中高档卖压重，将盘跌。初跌段及主跌段股价下跌有量，将继续下跌；末跌段低档买盘介入，将止跌企稳，可逢低买入	上涨中表示散户卖出；下跌中表示散户杀跌，股价将续跌	在初跌段及主跌段表示股价将继续探底，在末跌段表示底部已近

一般市场分析人士在分析股价走势时喜欢对价格与成交量配合的状态进行描述，通常从价与量的具体配合好坏程度来描述量价关系。量价配合最常见的描述有正常、良好、理想、异常、背离、严重背离等。

在上面细分的 9 种最基本的量价配合关系中，一般情况下，价升量增、价平量平、价跌量减属于量价配合正常、良好、理想的范畴。如果价升或价跌时量的增幅过大或缩减过快，以及价平量增、价平量减，就属于量价关系配合异常的范畴；价升量减、价跌量增是量价背离现象。

三、成交量与价格趋势的关系

股价随着成交量的递增而上涨为市场行情的正常特性，此种量增价涨的关系表示股价将继续上升。

在一波涨势中，股价随着递增的成交量上涨，突破前一波的高峰，创下新高后继续上涨。然而，此波段股价上涨的整个成交量水准却低于前一波段，即股价上涨成交量却逐渐萎缩。成交量是股价上涨的原动力，原动力不足是股价趋势潜在的反转信号。

有时股价随着缓慢递增的成交量逐渐上涨，随后演变为垂直上升的喷发行情，成交量急剧增加，股价暴涨。紧随着此波走势，继之而来的是成交量大幅萎缩，同时股价急速下跌。这种现象表明涨势已到末期，上升乏力，显示出趋势反转的迹象。反转的力度将视前一波股价上涨幅度的大小及成交量扩大的程度而定。

长期下跌形成谷底之后股价回升，成交量并没有因股价上涨而递增，股价上涨乏力，然后再度下跌至先前谷底附近或高于谷底。当第二谷底的成交量低于第一谷底时，是股价将要上涨的信号。

股价下跌，向下跌破趋势线或移动平均线，同时出现较大的成交量，此是股价下跌的信号，表明趋势反转，形成空头市场。

股价下跌了相当长的一段时间，出现恐慌性抛盘，随着日益扩大的成交量，股价大幅下跌。继恐慌性卖出之后，预期股价可能上涨。恐慌性卖出所创出的低价不可能在极短的时间内跌破，恐慌性抛盘大量涌现之后，往往是空头的结束。

一般来说，量是价的先行者。当成交量增加时，股价迟早会跟上来；股价上涨而成交量不增时，股价迟早会跌下来。从这个意义上看，我们可以说，股价是虚的，只有量才是真实的。

在进行行情判断时，时间有着重要的作用。循环周期理论着重关注的就是时间因素，它强调时间的重要性。一个已经形成的趋势在短时间内是不会发生根本改变的，中途出现的反向波动对原来的趋势不会产生太大的影响。一个趋势形成后不可能永远不变，经过一定的时间之后，就会出现新的趋势。

四、量价关系在大盘分析中的运用

成交量的分析在股票技术分析中占有重要的地位，它是技术分析的重要组成部分，对投资者的买卖影响很大。这种影响既有对股价的实际影响，又有对投资者的心理影响，久而久之，便形成了一定的规律。

1. 价涨量增顺势推动

当指数涨升之时，当天的成交量需有配合性的增加。配合性的增加，就是指数小涨时的成交量需比前一日成交量略增，或维持原状；指数大涨时，则成交量必须有明显的增加。此为市场人气聚集的表现，是技术理论中的换手调节。

2. 价涨量减呈现背离

该现象与上述原则相反，即一般所谓的"曲高和寡乏人跟进"。该种现象大多产生于反弹行情中，多为套牢盘"割肉"或短线做空者回补所致，投资者此时不宜追高跟进。

3. 价跌量增有待观察

该现象即为指数下跌之时，当天的成交量未见减少反而增加，这种背离的情形通常有下述几种情况：

（1）指数原先涨升已多，当从高档回落之时成交量大增，此时不论下跌当天是否出现很长的上影线，均可视为主力大量出货所致，次日不管行情是否再度涨升创新高点，均宜先行卖出了结；而若次日开盘后，股价一路下滑时，也不可等待反弹而持股不放，因为在此种情况下，通常股价越走越低，以至于深套其中。

（2）指数已上涨许多，在涨后回跌过程中成交量小幅增加，此虽为人气渐弱投资者买进意愿不足的现象，但却不能贸然认为行情即将转跌，后续走势还需观察。

（3）指数已下跌很多，此时跌幅日渐减小，而成交量却突然大幅增加时，不论当天是否出现下影线，均可视为已经有主力介入，近日内指数将可望止跌企稳。至于该企稳是反弹还是筑底回升，仍难以预料，故需配合其他技术指标进行观察。另外，此种成交量的增加若仅为主力在连续跌停无人承接时而进行的对敲放量，并非出自市场自然买卖的话，则不能以上述观点视之。此点须多加注意。

（4）指数已下跌甚多，此时的跌幅尚未见减少，而成交量却突然大增，当天留下较长的上影线收盘，此为多方虽振作将股价拉升但不成功的结果，往往反而多套牢一批浮筹。除非近日内指数能够迅速拉过该点压力位，否则该点将成为日后续跌的原动力，而行情在此情况下往往会继续下跌。

4. 价跌量减情况各异

该现象即为指数下跌之时，当天的成交量也比前一日减少，此种情形通常分为下述几种情况：

（1）指数已下跌一段时间，目前仍在下跌，但成交量随之减少，这是大势仍处于弱市，买气不旺的表现，后市仍不乐观。在指数长期下跌之后，近期跌幅已见减少，成交量也已萎缩至低点时，虽然仍为买气不旺，但持股多头已有惜售的现象，行情或可望于近期获得反弹或者见底回升。

（2）指数上升已多，目前刚从高档下滑，成交量也随之减少，这种情形大部分可暂以回档视之。

（3）指数下跌甚多，近期已止跌企稳，但次日却在涨升之后出现下跌，而成交量减少之时，其情况可参考（2）的分析。

（4）指数不论涨升已多或下跌已久，如果再行下跌时成交量已减少，并留有上下影线时，可能有两种情况：其一，上影线较下影线长，如果上影线不是受利空影响跳空所致，则近期行情仍难以看好；其二，如果下跌之日的下影线比上影线超出甚多，次日股价也能超越本日上影线的最高点，其走势可望于近期止跌回升。

五、量价关系在不同位置的市场意义

在我国的股市中，由于投资者特别是具有资金优势的投资者已经将量价关系理论作为自己获取利润的手段，因此在个股中如果存在能够影响股票价格的主力，则量价关系基本上要受到主力意图的影响，纯技术面的分析基本上是失效的，这就会使量价关系派生出新的市场意义，对此必须加以区分。

1. 价升量增

（1）在涨势初期出现，为上涨信号，可以寻机做多。

（2）在上涨途中出现，后市看涨，继续持有，寻机加仓。

（3）在上涨后期出现，为转势信号，不可盲目做多。

（4）在跌势初期、中期出现，是价格反弹的现象，如果成交量不能持续放大，反弹行情有可能结束。

（5）在跌势末期出现，多头出击，上涨后仍有回调，应观望。

（6）在底部整理形态出现，如果有交易量配合，整理形态可能向上突破，应择机介入。

2. 价升量平

（1）在涨势初期出现，后市看好择机介入。

（2）在上涨途中出现，继续看涨，继续持有，择机加仓。

（3）在涨势后期出现，为滞涨信号，交易者应做好沽空离场的准备。

（4）在下跌初中期出现，属于正常反弹，当反弹到位后受到均线压制时，行情仍将继续下跌。

（5）在下跌末期出现，底部未明，反弹后仍需要探底，验证是否底部可以形成，应多加关注。

3. 价升量减

（1）价格上升初期出现，上升无量配合，可能仍要回调，应注意观察。

（2）价格保持上涨，成交量萎缩，应谨慎做多。

（3）在涨势后期出现，量价背离，是反转信号，择机逢高卖出。

（4）在跌势初期或中期出现，反弹行情有可能即将结束，应观望。

（5）在整理态势中出现，价格将上冲回落继续整理，应观望。

4. 价平量增

（1）在涨势初期或者中期出现，是主力在压价吸货，择机做多。

（2）在涨势末期出现，是主力多头在托价出货，做离场准备。

（3）在跌势初期或者中期出现，下跌整理后，后市仍有下跌空间，此时应观望。

（4）在下跌末期出现，有主力多头介入的迹象，后市可望止跌企稳回升，应做好买入的准备。

（5）在整理态势中出现，买盘增加，后市可能上涨，可逐步进场做多。

5. 价平量平

（1）在上涨初期出现，后市方向和空间不明，应以观望为主。

（2）在上涨途中出现，后市谨慎看多谨防回档。

（3）在涨势末期出现，如果此前成交量曾经放大，此时意味着滞涨，是一种即将转势的信号，谨防多头陷阱。

（4）在跌势初期或者中期出现，表明并未止跌，后市仍要继续下跌。

（5）在跌势末期出现，如果成交量已缩至地量，说明市场的底部已近，投资者应做好买入的准备。

（6）在整理态势中出现，应继续观望。

6. 价平量减

（1）在涨势初期出现，市场不振，后市方向和空间不明，应观望。

（2）在涨势末期出现，如果此前成交量出现放大，此时的缩量将代表着价格将有可能向下反转。

（3）在跌势的初中期出现，后市仍有可能持续下跌，应择机做空。

（4）在跌势末期出现，如果成交量已缩至很小，说明市场底部已近，交易者应做好买入的准备。

（5）在整理态势中出现，应继续观望。

7. 价跌量增

（1）在涨势初期、中期出现，是主力打压震仓行为，只要价格回档不破30日均线，则中线仍可以继续持仓做多。

（2）在涨势末期出现，表明市场要发生反转。

（3）在跌势初期出现，为助跌信号。

（4）在跌势中期出现，表明空头能量很强，仍处于下跌趋势中。

（5）在跌势后期出现，为见底信号。

8. 价跌量平

（1）在上升初中期出现，属于正常回档，应观望或者择机做多。

（2）在涨势末期出现，应离场。

（3）在跌势初期出现，后市看空。

（4）在跌势途中出现，继续看跌。

（5）在跌势末期出现，说明底部渐近，应密切关注。

9.价跌量减

（1）在涨势初期、中期出现，属于正常回档，可以择机做多。

（2）在涨势末期出现，如果成交量仅为小幅减少，是主力出场的迹象，假如价格能迅速上涨，甚至创新高，则后市仍可看好；但若近日价格仍然继续走弱的话，多头应谨慎。

（3）在跌势初期出现，如果成交量急剧萎缩，而在数日内成交量也未增加时，表明市场做多能量已经不足或主力已经撤退，后市看跌。

（4）在下跌途中出现，为弱势信号，应继续择机做空。

（5）在跌势后期出现，可能近期有反弹出现。

（6）在盘整态势中出现，行情向下突破的可能性不大，应继续观望。

六、涨跌停板时的量价关系

为了防止证券市场上价格暴涨暴跌，引起过分投机的现象，在公开竞价时，证券交易所依法对当天市场价格的涨跌幅度予以适当的限制，当天的市场价格涨跌到了一定限度就不得再有涨跌，这种现象即为停板。

1.涨跌停板时与非涨跌停板的量价研判不同

涨跌停板时与非涨跌停板的量价研判是不同的。比如在一般情形下，价涨量增被认为价量配合较好，后市涨势将会持续，可以继续追涨或持股。如果股价上涨时，成交量未能有效放大，说明追高意愿不是十分强烈，后市涨势难以持续，可适当清仓。但在涨跌停板时，若股价在涨停板时没有太多的成交量，则说明投资者心中的目标价位更高，不会在目前价位上轻易抛出，由于卖盘量太少，买盘无法买到，所以才没有多大的成交量。次日多头一般都会加大幅度追涨买进，因而股价也就继续保持扬升的态势，进一步吸引场外资金，从而引发一轮更强劲的升势。如果当出现涨停时，中途多方无法坚守阵地，被迫打开了涨停板，而且成交量出现放大的迹象，这说明加入抛售行列中的投资者在逐渐增多，多空双方的力量此时发生了某些变化，随着空方做空力度的加大，股价将渐渐下跌。

通常，价跌量缩说明惜售心理严重，抛售压力很轻，后市的发展方向将根据主力的能力大小决定。若开始就出现价跌量增的现象，说明投资者纷纷看空后市行情，大多已加入抛售的行列中，股价的跌势将会继续下去，直至做空主力的能量完全释放为止。但在涨跌停板时，若是股价出现了跌停，买方一般都会寄希望于第二日继续大幅度下跌，能够以更低的价格买进，因而会暂时作袖手旁观之态，在缺少买盘情况之下，成交量也就十分稀少，股价的跌势会持续。如果在跌停板时，由于多方力量的介入，成交量放大并出现打开跌停板的现象，说明有相当实力的资金开始有计划地逐步介入，因而后市行情有可能止跌企稳，重新出现生机。

2.涨停板时的量价研判

（1）涨停时的成交量小，则将继续上涨；跌停时的成交量小，将继续下跌。

（2）涨停的中途被打开的次数越多、时间越久、成交量越大，则行情反转下跌的可能性越大；跌停的中途被打开的次数越多、时间越久、成交量越大，则行情反转上涨的可能性越大。

（3）封住涨停的时间越早，后市涨升的力度也就越大；封住跌停的时间越早，后市下跌的力度也就越大。

（4）封住涨停板的买盘数量大小和封住跌停板时的卖盘数量大小说明买卖双方力量的强弱程度，数量越大，继续原有走势的概率则越大，后续涨跌的幅度也就越大。

但上述（4）在实战中往往存在"主力陷阱"。实战中主力若是想出货，就会先以巨量的买单封住涨停板，以充分吸引市场人气。原本想抛售的投资者则会因此出现动摇，而其他投资者则会以涨停板的价格追进，主力则会借机撤走买单，填上卖单，自然很快就将仓位转移到了散户手中。当盘面上的买盘消耗得差不多时，主力又会在涨停板上挂上买单，以进一步诱多制造买气蜂拥的假象；当散户再度追入时，主力又开始撤去买单从而让散户买盘排到前面去，如此反复地操作，可使筹码在不知不觉中悄悄地高位卖出。

而主力若想买进筹码，就会先以巨量的卖单封住跌停板，以充分制造空头氛围，打击市场人气，促使投资者出售所持的筹码，待"吓出"大量抛盘之后，主力就会先悄悄撤除原先挂上去的卖单，让在后面排队的散户卖单排到前面来，自己则开始逐渐买进。当卖盘被自己吸纳将尽之时，主力又会重新挂出巨量跌停的抛单在跌停板上，如此反复操作，从而增大自己的持仓量。

在上述情形下，所见到的巨额买卖单其实只不过是虚盘而已，不能作为判断后市的依据。为了避免上述"主力陷阱"，必须密切关注封住涨跌停板的买卖单的变化，同时也必须判断其中是否存在频繁的挂单、撤单的现象，涨跌停板是否经常被打开，以及每笔成交量的变化和当日成交量的增减状况等，从而做出正确的判断。

如图 4-28 所示，该股虽出现放量的阴十字星线，但这是在封涨停之后出现的空中加油的变形，上涨趋势并未改变，而其后连续的放量攀升则显示出主力的强势，经过几日的缩量调整，股价迎来了主升浪，出现了加速拉升的态势。

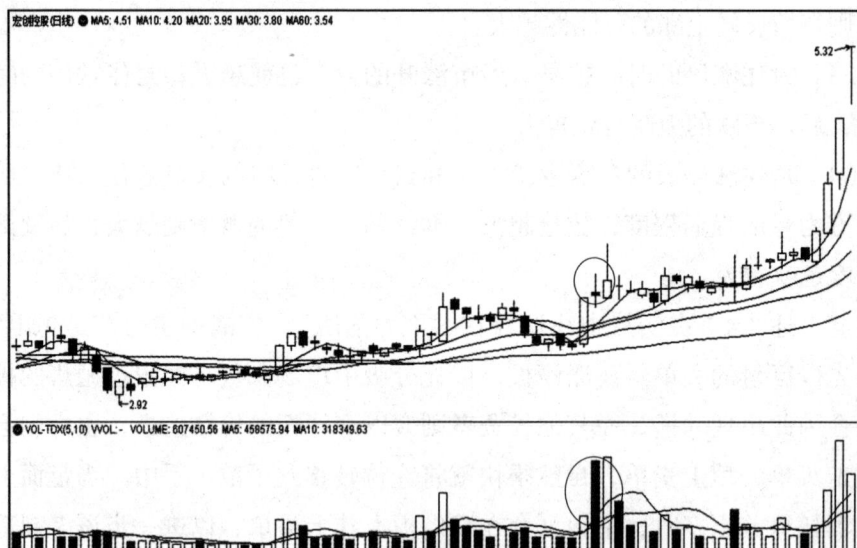

图4-28

七、量价变动的规律

（1）在涨跌停板制度下，股票出现第一个无量跌停，后市仍将继续跌停，直到有大的成交量出现才会有反弹或反转；同理，股票出现第一个无量涨停，后市仍将继续涨停，直到有大的成交量出现才会有回档或反转。

（2）放量总是有原因的。在高价区有些主力往往对敲放量，常在一些价位上放上大卖单，然后将其吃掉，以显示其魄力，吸引市场眼球；或是在某些关键点位放上大笔买单，以显示其护盘决心。凡此种种现象皆为假象。若是在低位出现对敲放量，说明机构在换主力或是在准备拉高一波行情，可以择机跟进。

（3）股价长期下跌后成交量形成谷底，股价出现反弹，但成交量却没有随价格上涨而递增；股价上涨乏力，再度跌至前期谷底附近，有时高于前期谷底。若第二谷底成交量明显低于第一谷底，说明没有下跌的动力，会出现新一波上涨行情，可以考虑买进。

（4）下跌的时候无论有量无量，如果形态（移动平均线、趋势线、颈线、箱体等）出现破位，均要及时止盈或止损出局。

（5）高价区出现一根长阴线，若后两根大阳线也不能将其吞没，表示天价成立，投资者应及时清仓。高价区无论有无利好、利空，或者出现大阴线、大阳线，只要出现巨量，就要警惕头部的形成。

（6）成交量创历史新高，次日股价收盘却无法创新高时，说明股价必定回档；同样，成交量若创出历史新低而价格不再下跌时，说明股价将要止跌回升。

（7）在空头市场中，出现一波量价均突破前一波高点的反弹时，往往表示空头市场的结束；在多头市场中，价创新高后若量再创新高时，常常表示多头市场的结束，空头市场即将开始。

（8）量价筑底的时间越久，则反弹上升的力度越大，所谓"横有多长、竖有多高"。

（9）量价分析对小盘股短线不适宜，但对中长线还是有一定价值的。

（10）观察量的变化一定要与K线趋势及形态相结合。

（11）成交量是股票市场的温度计，许多股票的狂涨并非基本面出现实质的变化，而是短期筹码市场供求关系造成的。

（12）上升趋势中出现相对地量，同时股价回落至重要均线（5日、10日、

30日）处，往往是极佳的短线买点。

（13）成交量的大小决定个股除权前是否抢权，除权后是否会填权或者贴权。除权后若成交量放大拉阳线，则有填权行情，无量或缩量往往出现的是贴权。

（14）黑马股的成交量变化在底部时一般有两种特征：

①成交量某日起突然放大，然后维持在这个水平。在日K线图上，股价上涨，如下跌则常常呈十字星状，如图4-29所示。

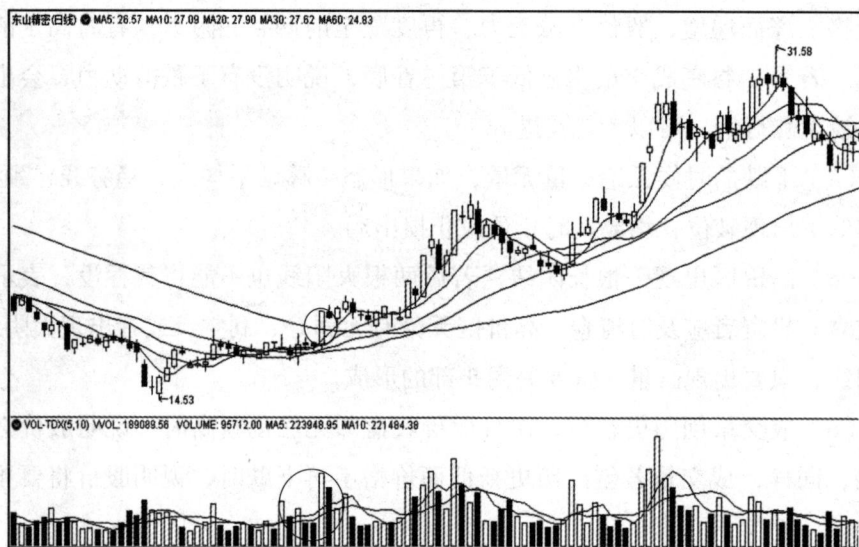

图4-29

②成交量某日起逐步放大，并维持这种放大趋势，股价常常表现为小幅持续上涨，说明主力已没有耐心或时间来慢慢进货，不得不将股价一路推高，一边拉一边吸筹，如图4-30所示。

（15）在股价底部盘整的末端，股价波动幅度逐渐缩小；成交量萎缩到极点后出现量增，股价以中阳突破盘局，并站在10日均线之上；成交量持续放大，并持续以阳线报收，以离开底价三天为原则；突破之后黏合的均线转为多头排列。此为最佳的短中线买入点，量价均线出现完美的配合。

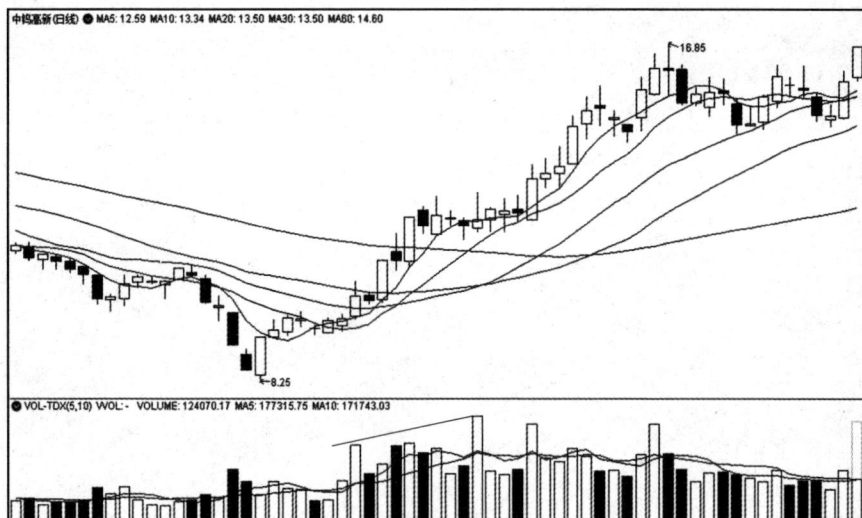

图4-30

本章操作提示

量是市场运行的原因，价是市场运行的结果。投资者可以从成交量的多寡得知市场的买卖强弱，进而研判后势的涨跌。

成交量是各方力量相互作用的结果。虽然说成交量比较容易做假，控盘主力常常利用广大散户对技术分析的一知半解在各种指标上做文章，但是成交量仍是客观的要素之一。一般来说，成交量有放量、缩量、地量、天量、堆量和锯齿量六种形态。

价格分析的主要基础指标有开盘价、收盘价、最高价、最低价。

量价分析，就是分析价格与交易量的关系。常见的量价关系有价涨量增、价涨量缩、价涨量平、价平量增、价平量缩、价平量平、价跌量增、价跌量缩、价跌量平、涨跌停板制度下的量价关系等。

第五章

抄底逃顶的技巧

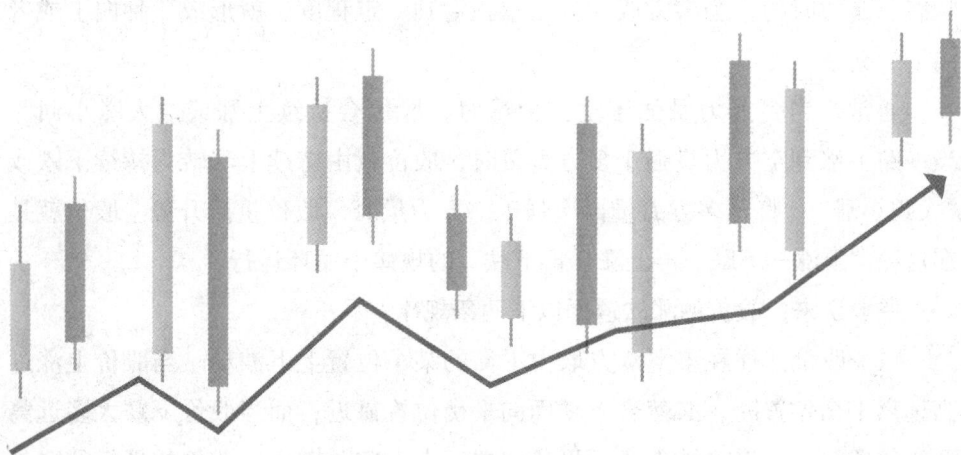

第一节 抄底技巧的运用

抄底是以投资的心态介入个股，结果往往是既能投资又可投机。它属于主动性买套，因为投资往往不能一次性买在最低点，在介入后可能出现暂时浅幅被套的情况，但这也是只输时间不输钱。抄底是对贪婪、恐惧等从众心理的克服，需要投资者具有较强的判断力以及较高的心理素质，才能达到棋高一着的效果。抄底是捕捉安全的投资区间，既无踏空之忧，又无高位套牢之虑，且后市获利丰厚。

一、底部的形成

1. 底部形成与股价涨跌规律相符合

股价的涨跌和趋势的变化是由多空双方力量的大小决定的。平衡（盘整）状态总是暂时的，当多方或空方力量积蓄到一定程度，就形成一种向上或者向下的突破。

通常，当多方力量强于空方力量时，股价会持续上涨或"大涨小回"；当一路上涨到空方力量强于多方力量时，股价就由持续上涨转为持续下跌或"大跌小涨"；直至多方力量再次强于空方力量时，股价重拾升势。股价就是在这种"上涨—下跌—再上涨—再下跌"的规律中循环运行。

一般说来，股价的涨跌遵循以下两条规律：

（1）股价往往在多空双方取得平衡的某个位置上下波动。当股价上涨过高远离平衡位置时，必然会下跌而向平衡位置靠近；而当股价下跌太多远离平衡位置时，又会上涨而靠近平衡位置。在一定时期内，股价的平衡位置是相对固定的，而不同的股票又分别具有不同的平衡位置。一般来说，一线绩优股的平衡位置最高。

（2）当上市公司或股市本身发生质变后，多空双方原来取得平衡的位置会被打破，重新建立新的平衡。如三线股有资产重组、收购兼并等，上市公司的经营业绩大幅增加或其发展前景可观，股价的平衡位置自然就会大大提高，可上升为二线股甚至一线股的平衡位置。相反，以前的绩优股如果业绩出现大幅滑坡或其成长性受到限制，其股价的平衡位置就会大幅下降而沦为二线股甚至三线股的平衡位置。三线股或二线股变为绩优股，绩优股变为二线股甚至三线股，在股市中屡见不鲜。

2.底部形成与市场热点转换相符合

随着上市公司的增加，股市盘子不断扩大，早期的个股与大盘指数齐涨齐跌的局面不复存在，代之以热点板块的轮涨与轮跌。波段底部都是伴随着热点的转换而形成的。

每一次重大的热点转换，都将导致股价结构的调整。当强势达到"恒强"或"超强"时，就会向弱势转换，主力就会在顶部获利派发，引发股价跳水，并带动大盘下挫，向下方运行；而当弱势达到"恒弱"或"超弱"时，就会向强势转换，主力就会在底部择机建仓，引发热点板块走强，并带动大盘上扬，向波峰方向运行。

3.底部形成与主力行为同步

波段的出现，通常与主力的行为有关。在波段底部，主力为了打压建仓，使超卖后再超卖，以便压低建仓成本。而到了波段顶部，主力为了获取足够的出货时间，往往在高位震荡、横盘，使技术指标出现超买以至于钝化，构筑 M 头或"三尊头"，造成蓄势再创新高的假象。在底部缩量时，筹码集中在主力手里；顶部放量时，筹码则分散到了中小投资者手里。

在主力操盘过程中，有效地利用了人性弱点，即恐惧与贪婪。在底部时，主力引诱人们杀跌，或多为赚一点差价而痛失筹码；在顶部，主力又引诱人们为放量拉升而心动，为争取最后一段利润而追涨吃套。在波段底部和顶部，总是少数人操作正确而多数人犯错误，是人性弱点充分展露的时候。

底部的形成并不是偶然的，它是各方面因素共同作用的结果，具有其必然性。把握其必然性，就能发现底部形成的一般规律，也就找到了开启底部预知之门的钥匙。因此，对底部的预测做出判断是有可能的。任何事物的发展变化都有其规律可循。

二、大盘底部的研判

抄底是股市操作的基本功，也是股市获利的关键。能否准确地判断底部，是能否盈利的基础。

那么，如何来研判底部的出现呢？底部的出现，尤其是大盘底部的形成，是经济状况、政策以及供求关系等因素共同作用的结果。从近几年来大盘筑底的情况来看，可以从以下几个方面对大盘底部做出研判。

1. 宏观背景趋暖

政府不希望股市走熊，政策面出现利好，市场扩容节奏适度放慢，基本面有所改观，新的市场热点开始兴起，机构主力出现护盘，这些征兆都是构成大盘底部的重要因素。

2. 成交量极度萎缩

根据"量先于价行"的原则，当股市成交量创下地量时，多空双方都无利可图，或者都不敢冒险，买卖谨慎，观望气氛浓厚，预示底部即将来临。

3. 阴阳交错盘整

股指波幅很小，既跌不下去，又涨不上来，短线客已无差价可做，大多数不看好后市的人都已离场观望。此时卖出的往往是高位被套而失去耐心的最后一批多头。等到这批人把手中的股票都卖光了，主力筑底的过程也快完成了。而此时买进的人，一类是顶部做空的中长线买家，见差价已大，胆大艺高，以"不怕套，也不可能被套"的心态大胆抄底（尽管是次底），主动"买套"；另一类是高位被套后用部分筹码往下拔档的技术性空头，见空间已拉开，就压着股指或股价，悄悄地在底部耐心做回补，以尽可能多的底部筹码来弥补先前割肉所造成的亏损。只是因为筹码尚未吸足，他们不愿让股指快速上升。有时，抄底主力见有人抢他的筹码，还会"劈头盖脸"地打压一番。尤其是在盘中急挫时，为了不让股价创新低，常可见到主力拉升股价，或在个股上出现三档大接盘。这表明中长线主力有所动作了，投资者此时切忌再割肉。底部横盘的时间越久，主力就更不会让底部被轻易击穿。

4. 人气低迷恐慌

整个市场在恐惧利空，成交低迷。即使利好出台，市场也显得沉闷。这说明投资者信心全无，人气低迷到极点，好像走进一个黑洞，全然不见阳光。但是，既然多头信心全无，为什么股指仍跌不下去呢？这说明，空头力量也同样衰弱。否则，为什么不继续杀跌呢？当多头认为股市已难以起死回生，空头认为股市无可救药，底部便悄悄来临，行情自然可期。

三、个股底部的研判

对于个股底部的研判，可从以下两个方面入手。

1. 成交量

根据"量先于价行"的原则，当股市成交量创出了地量时，表明多空双方都无利可图，观望气氛浓厚。从 K 线图上看，表现为阴阳线交错，而股价却维持在一定区域，跌下去时有人接盘，而涨上去就遭到打压。由于股价波幅很小，成交量极度萎缩，短线操作者不愿入市经受折磨，割肉盘也不多了。此时，还在卖出股票的多半是那些已经对大势失去信心的人，殊不知底部就在眼前。而一些久经沙场的投资者心里却明白，这是"黎明前的黑暗"。

因此，一部分投资者趁股价在"地板"上的时机悄悄吸纳，大捡便宜货。也有一些高位被套不愿割肉的投资者，见到股价和自己的买入价差距已大，便做摊平操作，尽可能地降低平均持仓成本，以期在接下来的行情中尽快解套。一部分主力也在底部（次低点）位置大肆吸纳，筹码未吸够之前不会让股价上升太多、太快，有时会主动地短暂做空。当然，一般情况下股价不会再创新低。因此，从 K 线图上看就是横盘的走势。

2. 技术指标

当股价处于底部位置时，技术指标也会出现底部特征，如股指的 5 日、10 日、30 日均线呈空头发散形，一般而言，其距离越远，看似风险越大，其实机会也越大。因为此时的做空能量已经微乎其微，尤其是股指出现加速下跌时，往往是做空能量的最后一次宣泄，随后发散形态会逐渐收敛，股指先与 5 日和 10 日均线黏合，最后向上冲击 20 日均线和 30 日均线压力位。此时股价能否走强要看成交量的变化、主力的意图、大盘的配合、政策及消息等因素的影响。

四、底部假象的识别

股市中有一句流传颇广的话，那就是"顶在顶上，底在底下"。对于底部，很多人都有这么一个困惑：到底是真破底还是假破底？应该如何在技术上、图形上再结合其他因素进行判断？有时，明明已经确认的底部却再次出现破位下行的走势。出现这种情况，要么就是投资者判断失误，要么就是假破底。

假破底是股市经常发生的现象，多半是主力所为。即主力发现在盘局中既建不了仓又攻不上去时，会利用大盘跳水和市场的悲观情绪及某些突发性因素，制造一个假破底的空头陷阱，震出恐慌性杀跌的筹码，在大盘反弹时再重新将其拉回原先的底部。而一旦杀跌的恐慌性筹码被主力接走，股价下跌幅度并不太大时，原先杀跌的多头又会成为积极的买方，当股价重回上次底部时，多数人仅仅是不赚不赔，而主力却借假破底完成了足够的筹码收集和摊低成本的过程。

为防止在假破底中恐慌杀跌，掉入主力设置的空头陷阱，就必须先弄清一个长达数月或几年的底部成因及其变化，如管理层的政策取向、扩容的需要、股票的投资价值等。面对假破底，非但不应惊慌失措，反而应当镇定自若，坚决抄底，而且很可能是抄到一个"V"字形底部。

五、抄底时机的选择

不同的投资者对于抄底的时机有不同的选择。有些投资者高位被套，在股指或股价向下回落的过程中，每到一定价位便适量补进，这种一路跌一路买的方式适合资金较多的投资者。投资者还可于股价或股指在相对低位横盘时买入，此时价格较低，买入风险较小，但时间可能较长，需要有较大的耐心。在确认股价或股指走出底部，或走出下降通道后买入，这种方式的投资需要有准确的判断力和果断快速的操作能力，此时买入见效最快。

选择抄底时机，通常要注意以下几点：

（1）个股股价连续下跌，KD值和RSI值在20以下，成交量小于5日均量，日K线的下影线较长，且开始温和放量，这是一个明显的底部信号。

（2）个股股价在连续小阳后放量并以最高价收盘，这是主力在抢盘拉高建仓，是开始涨升的征兆。

（3）个股股价处于低位，下方出现层层大买单，而上方仅有零星抛盘，并不时出现大手笔吃掉下方的买单之后又吃掉上方抛盘，这是主力在对敲打压，震仓吸筹，可适量跟进。

（4）个股在低位出现涨停板，但并未封住涨停，而是在封闭和打开之间不断交替，争夺激烈，且成交量极大，这是主力在利用涨停封不死的假象震荡建仓，往往是在某种利好支持下的突击建仓，投资者可果断跟进。

（5）个股低开高走，盘中不时往下砸盘，跟风盘不多，上方抛盘也很稀疏，一有大卖单就被一口吞掉，底部缓慢抬高，顶部缓慢上移，遇到这种情况，投资者应在尾市打压时介入。

（6）个股在经历长时间的底部盘整后向上突破颈线压力，成交量放大，并且连续多日有效站在颈线位上，确认突破成立，投资者可果断跟进。

六、V形底

1. V形底形态的含义

V形底通常是由于恐慌性抛售，跌到了偏离股票内在价值的低位，是报复性上涨的结果。它往往是在重大利好消息来临时或是在严重的超卖情况下产生，形成短期内价格的剧烈波动。由于V形底的形成时间较短，研判较困难，参与风险相对较大，但是这种形态的爆发力却很强，如把握得好，可以在短期内获取丰厚利润。图5-1为V形底形态示意图。

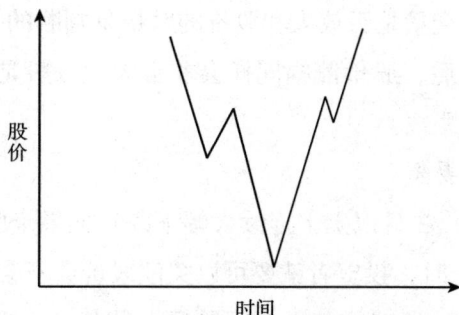

图5-1

2. V形底的研判

V形反转形态并不多见，它的形成，主要是由于消息因素出现恐慌性杀跌，使股价突然急剧暴跌。由于跌得过急，加上重大利好出台或利空没有兑现，使得股价又出现戏剧性回升，买方力量完全控制了整个市场，几乎以下跌时同样的速度收复所有失地（图5-2）。

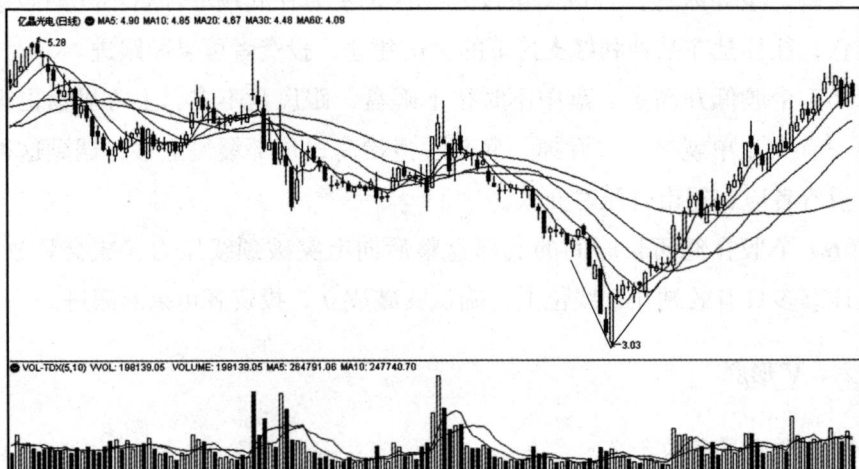

图5-2

那么，如何判定V形底的形态呢？通常应注意以下几点：

（1）V形底形态经常出现在市场大幅波动时，且在底部只出现一次，股价在低位停留的时间往往很短。

（2）V形底是短期内股价受市场环境影响跌幅过大，同时市场环境又逐渐偏暖时形成的。成交量是否放大和股价的跌幅是判断的关键之一。

（3）V形底形成后，股价涨幅同样会非常大，一般是V形底的最低点到下跌前平台区的垂直距离。

3. V形底的操作要领

（1）当股价近期（3日以上）连续大幅下跌，如果个股跌幅在50%以上，大盘跌幅在20%以上时，投资者就要可以关注股价会不会形成V形底。

（2）股价在经过一段时间的大幅下跌后，若某日出现大阳线或下影线很长的K线，且成交量同步放大，投资者就应该考虑建仓。

（3）如果股价接下来向上突破中短期均线的支撑，且成交量急剧放大，股价的底部反转形态基本就可以确定，投资者应该在合适价位及时买入。V形底买入时，还要关注K线形态、均线支撑、股价前期涨幅等。

七、双重底

1. 双重底形态的含义

双重底也称"W底"，是指股票价格在连续两次下跌的低点大致相同时形成的走势图形。这种形态出现较为频繁，也易于辨识。

2. 双重底的研判

股价经过一段时间的下跌后，供求关系渐渐变化，投资者手中的股票已经大部分卖出，持有现金的投资者增多，这时多头力量大于空头力量，股价在创下新低点A后开始反弹，反弹至B点，过反弹高点B画一条水平线，这条水平线叫"颈线"。这时多头力量处于试探和犹豫状态，空头力量依靠持续长时间的卖压惯性再次压迫股价下跌，到达前一次低点附近C处。但在此点多头力量强大，股价上升，这时众多投资者察觉股价已经难以下跌，纷纷抄底买入，许多空头被迫转为多头（空翻多），股价加速上涨，最终冲破颈线，形成双重底（图5-3）。

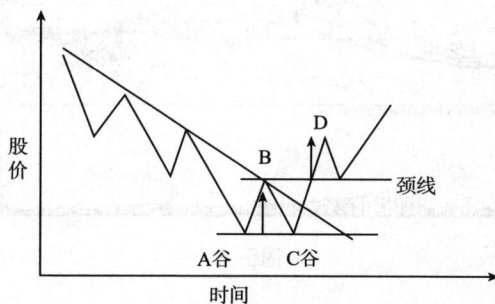

图5-3

对于W底形态，通常认为右底比左底低，否则就不是"底"。但是，在我国股市中常能见到的是右底比左底高的W底形态，因此，仅用"W"的左右底的高低并不能准确判定底部是否形成。从严格意义上讲，"底"应是两底在同一水平上，但在股市形态分析中只讲形似而非相同，所以不论是右底比左底低，还是右底比左底高，或两底一样高，只要构成"W"的形态，就可称为W底。

从成交量来看，在W底形成时，股价创出第一个新低点之前成交量逐渐放大，在第一个低点达到最大，之后再反弹、回档到第二个低点，再次反弹时成交量萎缩，当向上突破颈线时成交量急剧放大。

突破颈线也就意味着突破轨道线、突破支撑线，所以也有突破被确认的说法。双重底反转突破形态一旦得到确认，就可以用它来对后市做出预测。

3.双重底的操作要领

如图5-4所示，通常，W底两个低点形成的时间至少间隔一个月。时间间隔短的形态不可靠。另外，W底的第二个低点在高于（或低于）第一个低点3%以内均认为正常。股价突破颈线后会有短暂回调，在颈线附近受支撑会转向继续上升。双重底形态一经确认，可采取以下操作策略。

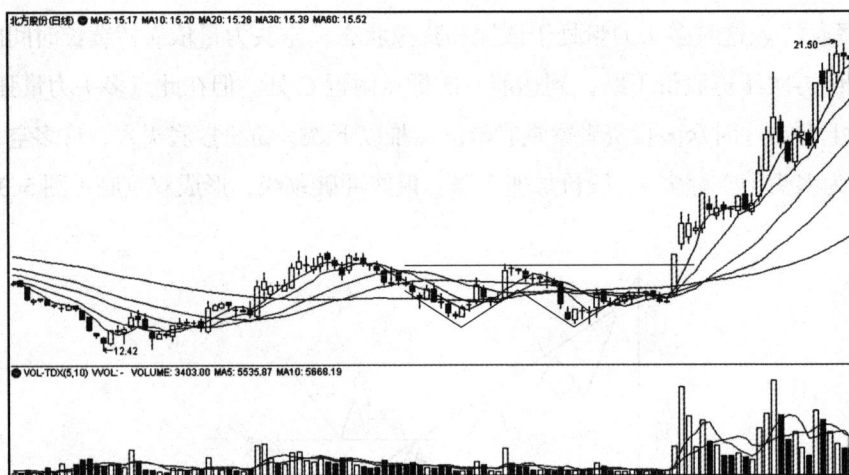

图5-4

（1）双重底有三次买入时机。第一次买入时机是当股价反弹后下跌至前次低点附近时，即二次探底不破；第二次买入时机是股价放量上涨突破颈线位时；第三次买入时机是股价有效突破颈线位后明显缩量回抽时。

（2）成交量在判断双重底中具有重要的作用。首先，反弹后下跌时即第二个底的成交量应比第一个底时缩小，这表明下跌动力减弱而不易跌穿前一低点；其次，突破颈线位时成交量必须放大，否则假突破的可能性大；最后，突破后有时出现回抽，成交量也应较突破时的量有明显萎缩。另外，第二个低点一般较第一个低点高些，少数也有稍跌破第一个低点的，但很快又上升至第一个低点之上，仍视为双重底。双重底有效突破后的最小升幅为双重底最低点至颈线位的高度。

（3）双重底也有可能演化成下降三角形或箱形整理的假突破，随后再创新低继续下跌。因此，应做好止损的准备。在第二次下跌至前次低点附近买入的股票，当股价有效跌穿第一个低点时应止损；股价向上突破颈线位和回抽颈线时买入的股票，在股价跌至颈线位之下而又无上涨迹象时，投资者应暂时出局观望。

八、头肩底

1. 头肩底形态的含义

头肩底是非常重要和可靠的中长期底部的反转形态，一旦出现就意味着将有中长期的上升行情。因为，头肩底形态往往是主力吸筹建仓刻意所为，且完成时间达数月之久，没有足够的获利空间，主力是不会轻易出局的。

头肩底由三个局部低点组成，中间的低点明显低于两侧的低点而形成倒转头部，两侧低点成为肩部，所以也称为倒头肩式（图5-5）。

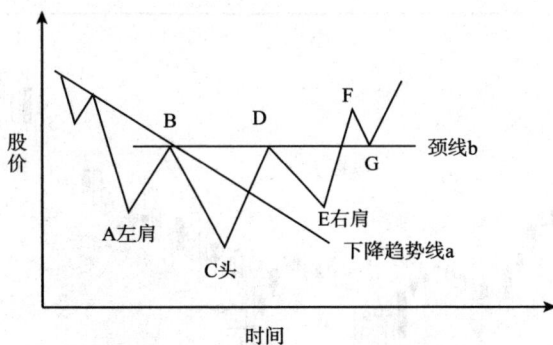

图5-5

2. 头肩底的研判

如图5-5所示，直线a和直线b是两条明显的压力线。从C点向D点方向突破下降趋势线 a，说明下跌的势头已经受到了遏制，E 点向 F 点方向突颈线破则是趋势的转向。另外，E 点的下跌深度没有超过 C 点，D 点的上升高度已经高于 A 点，都是下跌趋势出现反转的信号。

直线 b 其实就是头肩底形态中极为重要的颈线，在头肩底形态中，它是具有压力作用的一条直线。

头肩底形态走到了 E 点并掉头向上，说明原有的下跌趋势已经转化成了横向延伸，还不能表明已经反转向上了。只有当图形走到了 F 点，即股价向上突破了颈线，才表明头肩底反转形态已经形成。

头肩底的特征是在头部的下跌阶段成交量不见缩小，有时反而出现放量急跌，头部的上升阶段成交量明显放大，右肩形成时成交量比头部上升过程中的成交量又显著萎缩，股价突破颈线位时放量非常明显，如出现回抽，量又快速缩小。

头肩底向上突破颈线位时常常同时向上突破一条重要的压力线或向上突破 30 日移动平均线，从而使头肩底形态更为可信。同大多数突破形态一样，颈线突破，反转确认之后，我们就知道股价下一步的大方向是上升而不是下跌或横盘了。上升的高度，我们可以借用双重底形态的测算方法，即从突破点算起，股价至少要升到与形态高度相等的距离。

就头肩底的形态而言，在股市中也会经常出现（图 5-6）。

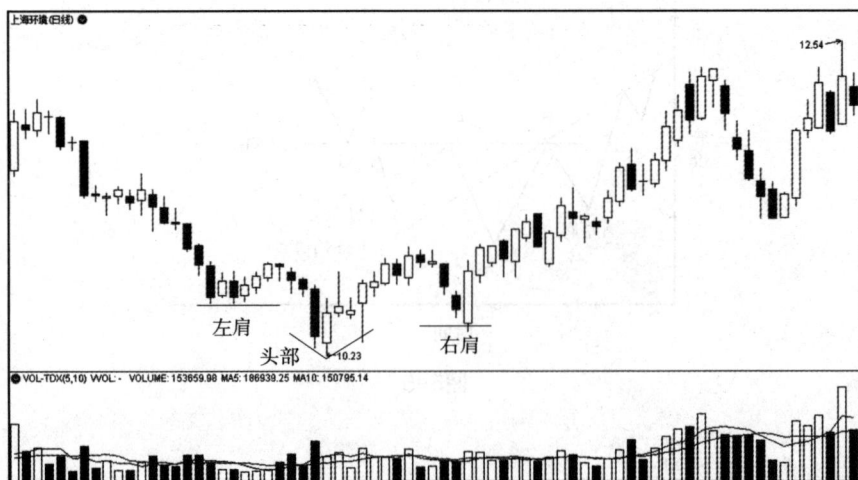

图5-6

头肩底形态实际上是三重底形态演变而来的，只是其第二个低点即头部比第一个和第三个低点更低而已，当其突破时也是可靠的中长线买入时机（图5-7）。

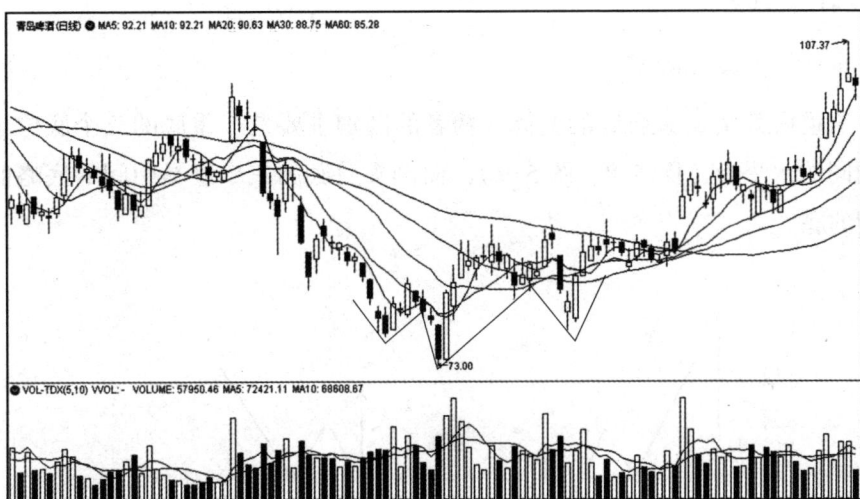

图5-7

3. 头肩底的操作要领

一般来说，短线投资者以右肩形成时进货为佳，当然头部进货最佳，但一般投资者极难把握。中长线投资者应以大头肩底形成、股价有效冲破颈线时进货为最后时机。在形态已经形成，股价冲破颈线后又回档至颈线附近时为最后补仓机会。

头肩底形态出现时，投资者应掌握如下策略：

（1）头肩底的买入时机有三次。第一次是在股价已经较长时间和较大幅度下跌之后出现放量（至少量未缩小）时，此时虽然还不知道它会形成头肩底，但急跌或持续大幅下跌之后一定会有反弹，这本身就是一个买入时机；第二次是在形成右肩成交量明显缩小时，因为此时头肩底的雏形已经出现了；第三次是股价放量突破颈线位和回抽时。

（2）头肩底虽然是非常可靠的底部反转形态，但偶尔也有失败的头肩底出现。因此，止损位的设立仍是必要的。第一次急跌后买入的止损位可设在亏损10%时；在右肩买入的止损位，可设在股价有效跌穿左肩的低点而无回

升迹象时；在突破颈线位后和回抽时买入的，止损位可设在当股价又下跌到
颈线之下且走势疲软时。

九、三重底

1. 三重底形态的含义

三重底其实是头肩底的变体。两者的区别主要是三重底的三个底位于大
致相同的水平上（图5-8、图5-9），而倒头肩底的三个底是中间的底略低于
两侧的底。

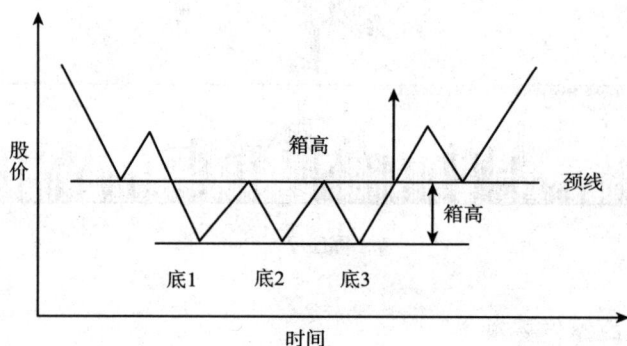

图5-8

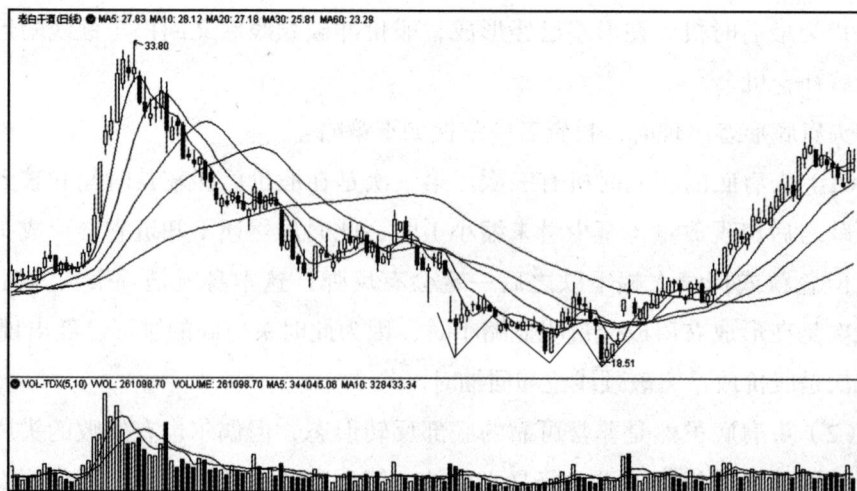

图5-9

2. 三重底的研判

三重底不是依据有三个低点就能认定为三重底，三针探底的形态只能表示股价的走势图形具有三重底的雏形，未来发展极有可能向三重底演化。至于最终是否能构筑成三重底，并形成一轮上升行情，还需要进一步的检验。三重底成立的确认标准是：

（1）三重底形态的三次低点形成的时间，通常要保持在 10 ～ 15 个交易日，如果时间间隔过短，往往说明行情只是处于震荡整理中，底部形态的构筑基础不牢固，即使形成了三重底，由于其形态过小，后市上攻力度也会有限。

（2）三重底的三次上攻行情中，成交量要呈现出逐次放大的势态，否则极有可能出现反弹失败。如果大盘在构筑前面的双底形态时，在其间的两次上升行情中，如果成交量始终不能有效放大，将极有可能导致三重底形态构筑的失败。

（3）在三重底的最后一次上攻行情中，如果没有增量资金的积极介入，仍然会功败垂成。所以，三重底的最后一次上涨必须轻松向上穿越颈线位才能最终确认。股价必须带量突破颈线位，才有望展开新一轮升势。

3. 三重底的操作要领

投资者在实际操作中不能仅凭有三次探底的动作，或者仅凭表面上形成了三重底，就一厢情愿地认定是底而盲目买入，这是非常危险的。有时即使在走势上完成了形态的构造，但最终如果不能放量突破其颈线位，三重底形成仍然不能确认。三重底由于构筑时间长，底部较为坚实，因此，突破颈线位后的理论涨幅将大于或等于低点到颈线位的距离。所以，投资者需要耐心等待三重底形态彻底构筑完成，股价成功突破颈线位之后，才是最佳的介入时机。

十、圆弧底

1. 圆弧底形态的含义

圆弧底属于一种盘整形态，多出现在价格底部区域，是极弱势行情的典型特征。其形态在 K 线图中宛如锅底状。图 5-10 为圆弧底示意图，图 5-11 为圆弧底实战图。

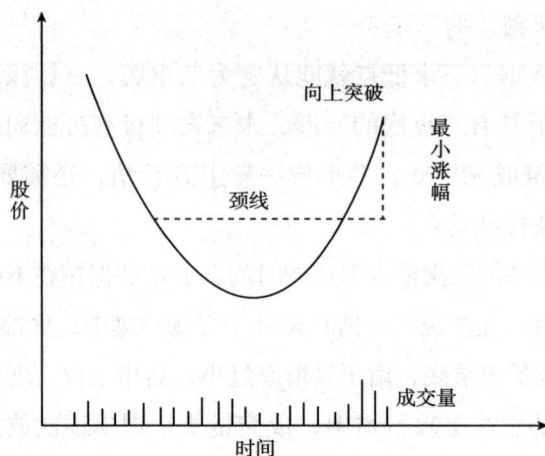

图5-10

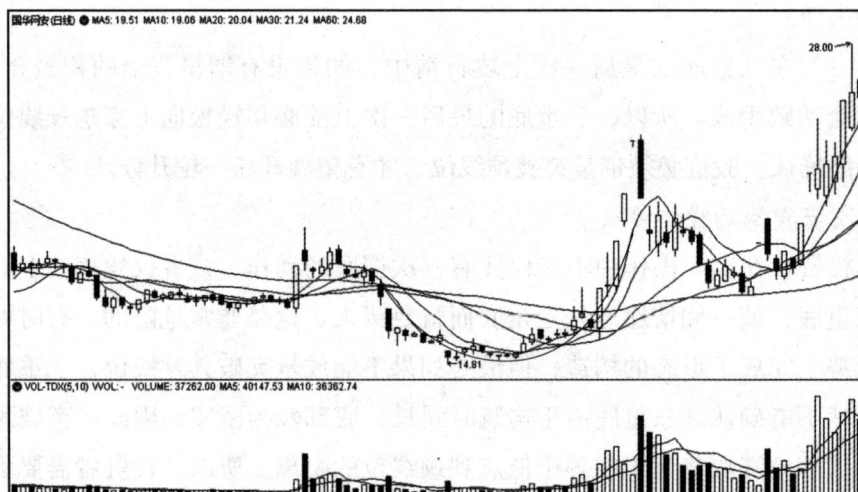

图5-11

2. 圆弧底的研判

圆弧底是股价在构筑底部时，股价和成交量均呈圆形变化的底部反转形态。圆弧底的形成是股价在经过一段时间的快速下跌后，空方力量减弱，股价下跌速度减缓，成交量递减，使股价难以深跌。随后逢低买盘逐步增加，成交量温和放大，股价缓慢爬升，最后股价向上急升突破，成交量也快速放大。

其主要特征是：股价在大幅下跌之后构筑底部的过程中，股价和成交量的变化均呈现圆弧形，且完成的时间较长。一般来说，完整的圆弧底形态出现得比较少，不过，一旦出现了圆弧底形态的特征，通常便是市场的底部。圆弧底形态形成的时间越长，股价将来上升的幅度也就越大。

与 K 线圆弧底形态相对应，成交量也会形成相应的盆状形态。在圆弧底的底部，成交量较小，随后成交量缓缓增加。圆弧底形态形成后，从突破点算起，股价上涨幅度至少等于圆弧的半径。

3.圆弧底的操作要领

出现圆弧底时，投资者在操作上应采取以下策略：

（1）圆弧底是易于确认和非常坚实可靠的底部反转形态，一旦个股左半部圆弧完成，股价出现小幅爬升，成交量温和放大，形成弧形的右半部分时，便是中线分批买进的时机，股价放量向上突破时是非常明确的买入信号，其突破后的上涨往往是迅速而有力的。

（2）由于圆弧底易于辨认，有时主力反而利用圆弧底来出货，形成骗线。比如某些个股除权后，在获利丰厚的情况下，主力利用漂亮的圆弧底来吸引投资者。因此，如果公认的圆弧底久攻不破或突破后很快走弱，特别是股价跌破圆弧底的最低价时，投资者应止损出局观望。

十一、潜伏底

1.潜伏底形态的含义

股价在一个极狭窄的范围内横向波动，每日股价的波幅极小，且成交量亦十分稀少，图表上形成一条横线般的形状，这种形态称为"潜伏底"。经过一段时间的潜伏静止后，股价和成交量同时摆脱了沉寂不动的闷局，股价大幅向上拉升，成交量也随之增加，如图 5-12 所示。

2.潜伏底的研判和操作

潜伏底的形成是由于股价经过长期的下跌，已到了跌无可跌的地步，投资者暂时找不到买进的理由，多空双方达成平衡，致使股价在一个极其狭窄的区间内波动，成交量也萎缩至极点，在 K 线图上表现为小阴、小阳交错的水平状。最后，在利好消息的刺激和主力的参与下，股价向上突破，成交量也异常放大，上升行情迅速展开。图 5-13 为潜伏底实战图。

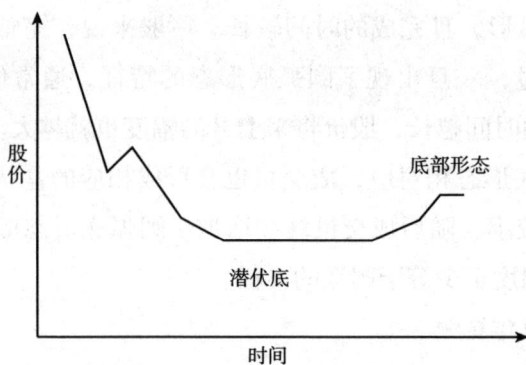

图5-12

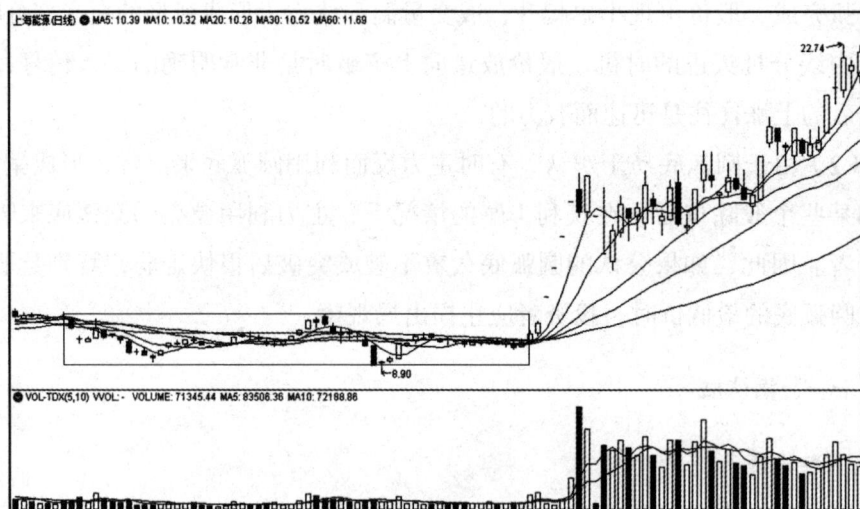

图5-13

（1）潜伏底完成的时间一般较长，少则几星期，多则数月。由于潜伏底形成的时间较长，一旦上涨爆发力极强，上升空间很大。

（2）潜伏底往往是在股市极度低迷之时或一些不被市场注意的冷门股中形成的中长期底部，买入风险很小而收益却十分可观。

（3）潜伏底向上突破时成交量应显著放大，在上升过程中也应维持较高的成交量水平。

（4）潜伏底的最佳买点是股价放量向上突破时。

第二节 逃顶技巧的运用

逃顶的成功，取决于对顶部的准确研判。当投资者对顶部出现的时间及价位有了较为明确的认识时，卖出股票就会胸有成竹了。因此，只有切实把握顶部的特征及成因，对顶部的时间和价位做出准确预测，才能规避风险，获取利润。

一、卖出去才是硬道理

买对股票只完成了投资过程的一部分，接下来就是跟踪股票，并在股价大幅上涨之后卖掉股票，所以如何卖股票同样至关重要。

股谚云：会买是银，会卖是金。的确，买得再好，如果不会卖，盈利转为亏损都有可能。

股市获利全在于低买高卖，投资者把低位买进的股票在高位卖出，才能使账面利润转变为现实盈利。然而，卖出时机的选择往往很难。

无论是主力还是具有一定经验的散户，都有一个同感：把握卖点比把握买点更难。

对于主力来说，控制了某只股票 50% 以上的筹码，进一步拉高股价已不成问题，要拉到什么价位可以随心所欲，可以说这只股票的顶部价位已在计划之中。而与主力境况不同的是，散户根本无法预知股价的顶部，在卖出时无所适从。卖得早了，踏空一段行情，错过了赚钱的大好机会；卖得晚了即被套牢。所持股票一旦涨了便惶惶不安，又担心股价掉头向下。大部分散户都慨叹没能赚到钱，其症结就在于杯弓蛇影的"恐高症"，缺乏对股市行情的足够估计，手中股票稍有盈利，便恐慌性抛出，而回头一看，股价仍在涨，大盘还在升，又匆忙买进，导致进出频繁，白白贴进去许多手续费。

当然，对于新入市的股民来说，经验全无，略有收获已是喜出望外，赚多赚少是另外一回事，只要有赚就行，不亏就是喜事。而对于那些真正的股林高手来说，他们不仅善于把握买点，更善于卖出，他们能够在股价的顶部区域卖出，真正实现利益的最大化。

所谓"逃顶"，是基于顶部区域出现的时间极为短暂，一旦见顶反转，其走势急转直下，甚至发生"跳水式"的坠落，故一不留神即被套牢。"逃顶"可形象地比喻在顶部卖出股票的瞬间性和风险性。因此，逃顶是与风险相联系的。成功逃顶方可实现利润的最大化，而一旦失败，则将陷入套牢的困境。

二、大盘顶部的研判

大盘见顶回落是各种因素共同作用的结果。政策面、基本面的重大利空，市场大规模扩容带来的资金面变化等，都是大盘见顶回落的重要原因。当然，股市经过了较长时间的涨升后进入回调整理，也是股市运动变化的内在规律。因此，要对大盘顶部做出正确的判断，必须对影响股市的各种因素进行综合研判。

1.顶部区域的特征

（1）顶部区域的形成应是在股价经过较长时间和较大幅度的上涨之后，即在形成顶部之前应有明确的上升趋势存在，否则就不是顶部。而且上升的幅度越大、上涨持续的时间越长，顶部完成后的下跌空间就越大，下跌时间也越长，如图5-14所示。

（2）顶部往往伴随有天量或价升量减，大盘在顶部的时间非常短暂，一般在5个交易日内，这是因为主力在巨大成交量的配合下出货非常容易。

（3）无论是主力机构还是中小投资者，都获利丰厚。实际上，人人赚钱的时候，也就意味着大多数投资者将会面临获利回吐的巨大压力，"行情往往在欢乐中死亡"。

（4）以前传言的利好消息慢慢地开始兑现，但股价却不涨反跌。此时一部分投资者认为仅是回档而已，媒体也大力宣传股市，许多股评人士争先恐后地预测股市还有一定的上涨空间，等等。

（5）上升行情的末期或顶部阶段，常常是垃圾股的飞涨和过度投机时期，可谓鸡犬升天，这也说明市场该涨的都涨了，基本上没有什么板块能成为热点来维持旺盛的市场人气了。

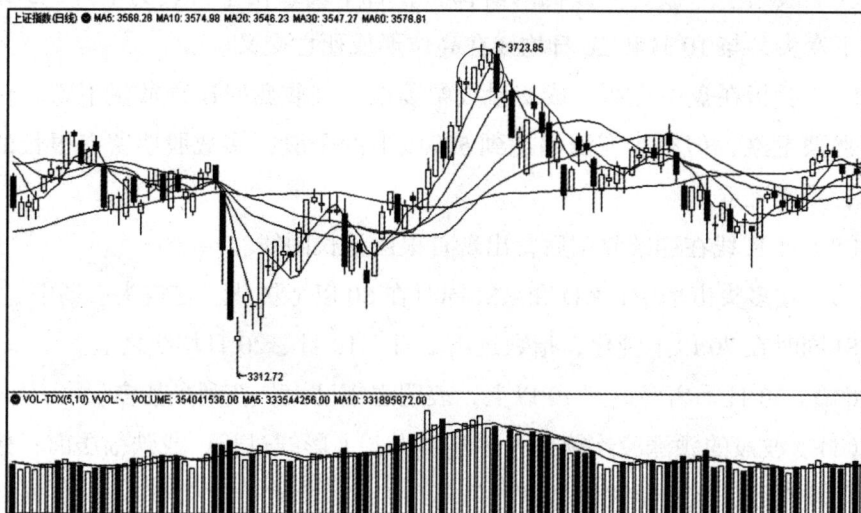

图5-14

（6）技术上，中短期均线上升速度减慢，开始走平甚至形成死亡交叉，待 10 日均线或 30 日均线被有效跌穿即宣告上升行情结束，技术指标表明出现了严重超买或形成顶背离后开始走弱，技术上已经无力再度上行。

2. 大盘顶部的研判

大盘是否已进入顶部区域，可以通过如下几个方面来判断：

（1）指数连续冲高后却不能放量站稳，或几次试图突破某一高点，均无功而返；股指在高位出现 M 头或三尊头，量增价平或量缩价升，市场期望甚高，媒介皆称"盘整蓄势，酝酿主升浪"。

（2）各类板块均出现轮涨，但指数却未能创新高。

（3）经过连续上涨，开盘后主力故意对敲高开，大盘无量，指数却快速上升，但稍后又出现回落，成交量急剧放大，盘中震荡剧烈，尾市平收或微跌。

（4）大盘成交量急剧放大，但多数股价勉强收平盘，涨幅榜上的一些股票，只是在尾市时才突然收高。

（5）股指大部分时间在前一日收盘指数之下运行，盘中偶尔向上突破，但无法站稳。

（6）股指呈一波比一波低的阶梯状，日平均线由上升转为下降，5日均线向下弯头，与10日和20日均线在高位形成死亡交叉。

（7）股指在盘中走弱，成交量大幅萎缩。临收盘时出现放量下跌，仅有少数股票翻红，但很少有涨幅达到5%以上的个股，多数股票留有很长的上影线，卖压沉重。

（8）日K线在连续收阳后，出现首根巨量长阴线。

（9）在多头市场中，KD和RSI同时在80以上钝化。在空头市场中，KD和RSI同时在70以上钝化，指数远离5日、10日、20日均线之上。

（10）30日乖离率达到10以上，表明涨幅已大，获利盘甚多。

（11）波段的领涨股连续有大手笔卖出，上影线过长，或跌幅居前；热门股成了重挫股，且数量逐渐增多。

（12）市场凭借对重大利好的预期，呈现连拉小阳线的单边上升走势。随后，改变角度加速发力，连放巨量。

（13）利空传言刚开始流传，但买的人少，观望的人多。

三、个股顶部的研判

在对个股顶部进行研判时，除了应参考对大盘顶部的研判方法外，还必须对以下情况做出判断：

（1）个股连续上扬，放出巨量后，量增价平或价升量减均是见顶信号，应及时卖出，至少应在刚下跌的反抽中卖出，如图5-15所示。

（2）个股连续上扬后放量，却以当天最低价收盘，这是主力出货的开始，是跌势的开端，应及早卖出，如图5-16所示。

（3）个股连续上涨到高位，上方并未出现大卖单，但下方一有大买单就被快速打掉，一般为主力出货信号，应及时在主力对敲上攻时卖出。

（4）个股在高位出现连续涨停，若当日成交量比较小，可以持股观望，若涨停板成交量巨大且不断被打开，则主力出货的可能性大，主力采用少买多卖的手法引诱买盘介入，投资者应及时撤离。

（5）股价上升至高位，个股成交量明显放大，若连续两个交易日成交放大至流通盘的20%左右（换手率），则应考虑出局观望。

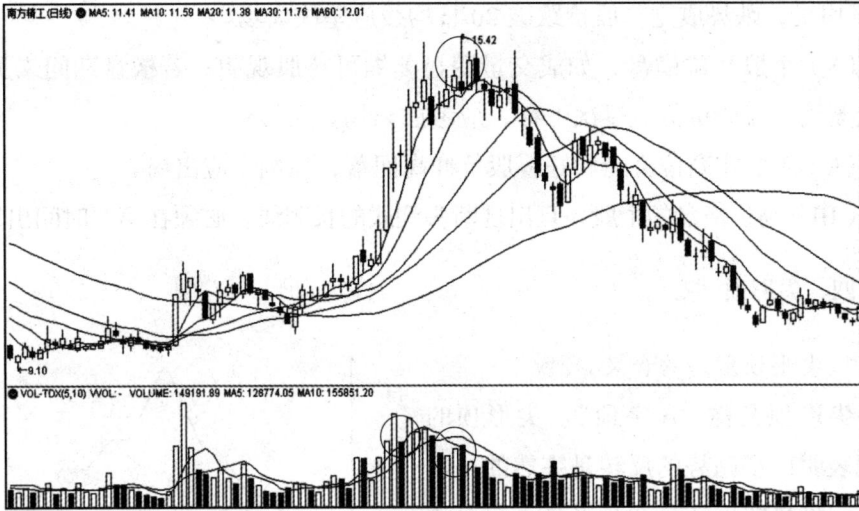

图5-15

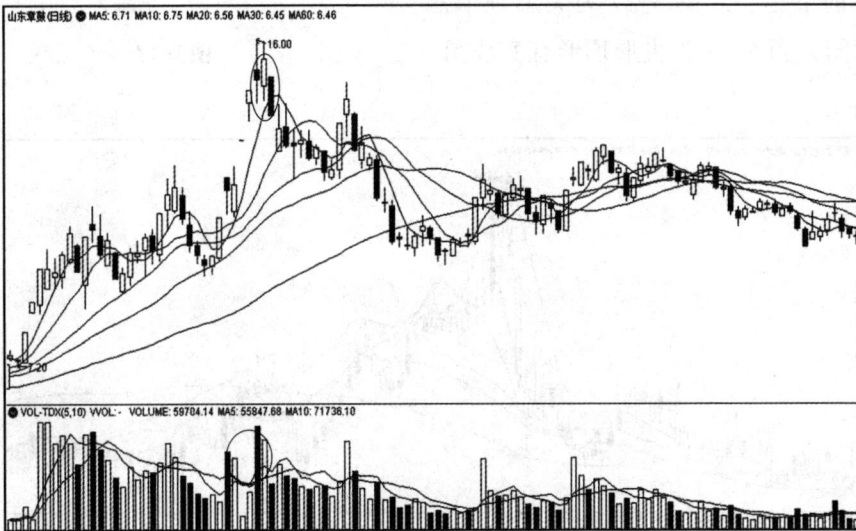

图5-16

（6）个股运行至高位，某天高开低走，盘中试图拉高，但卖压沉重，股价出现放量滞涨，尾盘虽然被大幅拉高但并未创出新高，此时应准备获利了结。

（7）个股形成了较为明显的头部特征，股价跌破了颈线且5日均线下破

10 日均线，跌势成立，股价跌破 20 日均线应坚决离场。

（8）个股高位横盘，如成交量明显萎缩可持股观望；若横盘期间未见成交量萎缩，且股价低点逐次下移，应考虑离场。

（9）个股在高位突逢利好，股价冲高回落，原则上应出局。

（10）高位横盘的个股一旦出现断头铡式的长阴线，必须在第一时间出局。

四、尖形顶

1. 尖形顶形态的含义

尖形顶又称"A 字顶"。尖形顶的出现表明市场趋势的反转是突然的、剧烈的。趋势的反转是在几乎毫无先兆的情况下突然出现的，并按新的趋势方向快速向下运行。图 5-17 为尖形顶形态示意图，图 5-18 为尖形顶形态实战图。

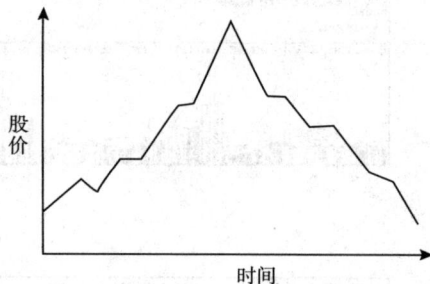

图5-17

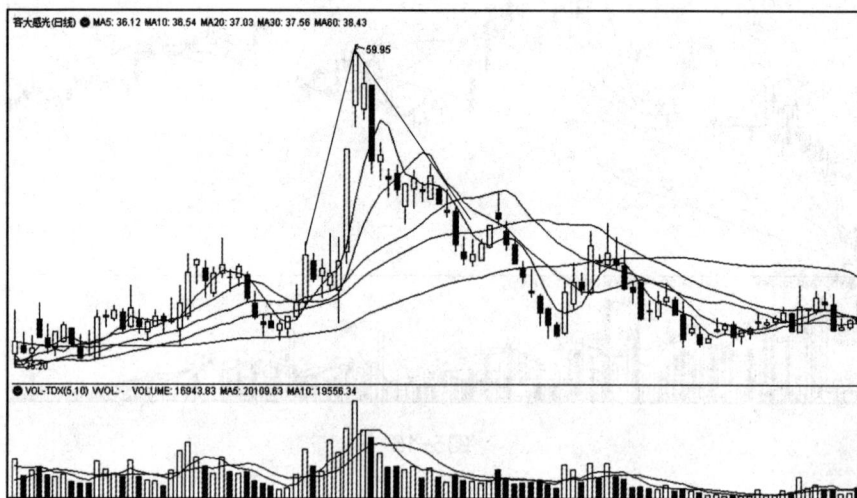

图5-18

2. 尖形顶的研判

尖形顶经常出现在股价一路持续上涨，很少出现调整或只有微小调整的上涨过程中。形成尖形顶形态的两个必要条件是：一是股价已经过了一个强劲的上升过程，二是股价已有较大幅度的涨升。

尖形顶反转多伴随着大的成交量，又由于反转发生得太突然，使得顶部被套盘急于抛售，又反过来进一步加剧了股价下跌的速度。所以，在尖形顶反转后的短短几个交易日内股价的跌幅会很深，通常会跌到反转前涨幅的30%～50%处。另外，如果前面的上升过程中出现过跳空缺口，也会留下价格"真空"地带，使股价快速下跌。

尖形顶形态形成的时间一般较短，尖形顶的出现不易辨别，但尖形顶在股票市场上又经常能见到。

尖形顶形态还有一种变体，即扩展尖形顶形态。当趋势反转后，很快形成一个向上倾斜的小平台，成交量也会有所减少，在下降趋势恢复之后，成交量再度增加。扩展尖形顶形态比较少见。

3. 尖形顶的操作要领

由于尖形顶形态出现的反转来得突然、急剧，杀伤力特别大，因此在操作上应采取以下策略：

（1）在股价上升途中的次顶部应宝塔式地分批将手中股票卖出，以防不测。往往此时人气最旺，黑马狂奔，采取逢高减磅的策略较为稳妥。

（2）一旦见顶回落，应壮士断腕，忍痛了结。

（3）事先设立止盈止损位，不抱侥幸心理，一旦见顶，应坚决止盈或止损出局，保住可贵的资金，以图再战。

五、岛形反转

1. 岛形反转形态的含义

岛形反转又称为双跳空，是指股价在向上跳空之后，又再度向下跳空，缺口之上的价格图就像一个孤岛，所以称为"岛形反转"。图 5-19 为岛形反转示意图，图 5-20 为岛形反转实战图。

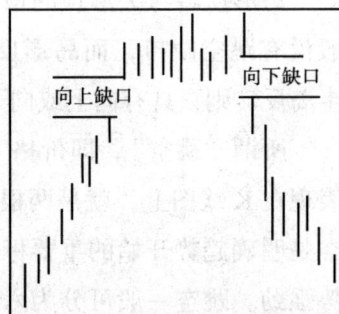

图5-19

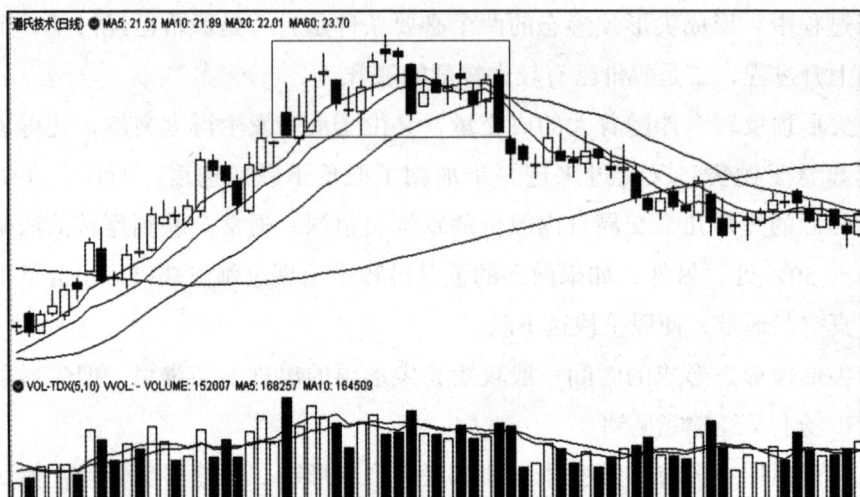

图5-20

岛形反转有半岛反转和岛形反转两种类型。

半岛反转又称单跳空，是指股价在形成顶部时，只伴有一个跳空缺口，这比岛形反转少了一个跳空缺口。半岛反转形态的特征是只有一个向上或向下的单跳空，在图形上就像一个半岛。半岛反转的出现是明确的警告信号，向下跳空的半岛反转比向上跳空的半岛反转形成顶部的可能性更高。

2. 岛形反转的研判

由于岛形反转的形态与尖形顶形态的趋势是相同的，因此，对岛形反转的研判与对尖形顶的研判基本上是一致的，在操作策略上也应采取同尖形顶一样的操作方法。

岛形反转与尖形顶的最大区别，就是由于跳空所产生的缺口。尖形顶一般没有跳空缺口，而岛形反转既有向上跳空的缺口，又有向下跳空的缺口；半岛反转则只具有向上或向下的单边跳空缺口。

所谓"跳空"，即价格"跳空"，是指在某一段价位区内没有发生交易，表现在K线图上，就是两根K线之间出现空档，这段空档就叫跳空缺口。跳空是明确趋势开始的重要标志。向上跳空表明涨势强劲，向下跳空则表明跌势强劲。跳空一般可分为六种类型，即普通跳空、突破跳空、中继跳空、竭尽跳空、日内跳空和权息跳空。

　　岛形反转前的向上跳空为竭尽跳空，反转发生时或发生后的向下跳空为突破跳空。竭尽跳空表明涨势已近尾声，股价将会下跌；突破跳空则代表着一个趋势的结束另一个趋势的开始，它既可以发生在顶部，也可以发生在底部。竭尽跳空和突破跳空都是趋势将发生反转的重要信号。

六、双重顶

1. 双重顶的含义

　　当股价上升到某一价格水平时，出现大成交量，股价随之下跌，成交量随之减少，接着股价又升至与前一个价格几乎相等的顶点，成交量随之增加，但不能达到上一个高峰的成交量，而出现再次下跌，股价的移动轨迹就像一个"M"字，这就是双重顶，又称"M头"走势。

2. 双重顶的研判

　　如图 5-21 所示，理想的双重顶代表股价有两个高点大致相同的峰值，收盘价低于 B 点时，双重顶形态完成，紧接着就是下跌的趋势。

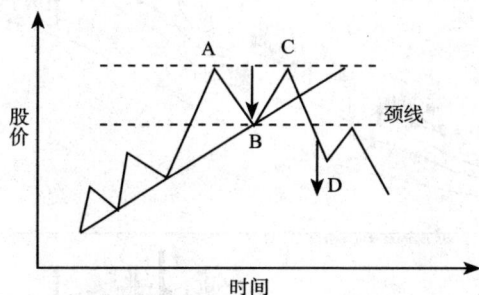

图5-21

　　M 头形成以后，通常会出现以下两种可能性：

　　（1）未突破 B 点的支撑位置，股价在 A、B、C 三点形成的狭窄范围内上下波动，演变成持续形态的矩形。

　　（2）突破 B 点的支撑位置继续向下，这种情况才是双重顶反转突破形态。第一种情况只能说是一个潜在的双重顶反转突破形态。通过 B 点画平行于 A、C 连线的平行线，就得到一条非常重要的颈线。A、C 两点的连线是趋势线，颈线是与这条趋势线对应的轨道线，轨道线在这里起的是支撑作用。

从成交量来看，在 M 头形成的过程中，股价创出第一个新高之前，成交量渐渐放大，在第一个高点达到最大，下跌时迅速萎缩，之后在反弹时又渐渐放大，在第二个高点的成交量已经不如第一个高点时大，之后再次萎缩，当向下突破颈线时成交量又一次放大。

如果除了必要的两个相同高度的高点以外，股价还向下突破了 B 点支撑，那么，一个真正的双重顶反转突破形态就确立了。

突破颈线也就意味着突破轨道线或突破支撑线，双重顶反转突破形态一旦得到确认，就可以用它进行对后市的预测了。从突破点算起，股价至少要下跌与形态高度相等的幅度；所谓形态高度就是从 A 点或 C 点到 B 点的垂直距离，亦即从顶点到颈线的垂直距离。图 5-22 为双重顶形态实战图。

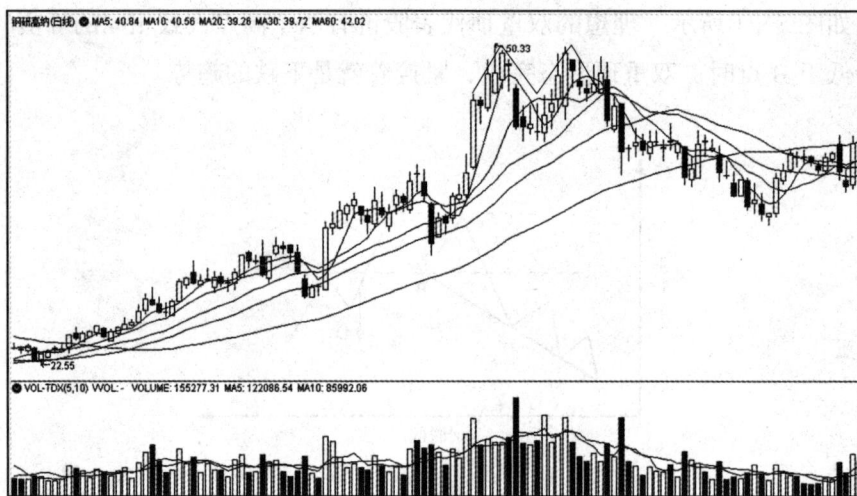

图5-22

3. 双重顶的操作策略

通常，M 头的两个高点形成的时间至少间隔一个月。时间间隔短的形态不可靠，M 头的第二个高点在高于（或低于）第一个高点 3% 以内均认为正常。股价突破颈线后会有短暂的回抽反弹，在颈线附近遇阻后转向继续下跌。

一般认为突破颈线应出货，这是最后时机但不一定是最佳时机。短线投资以第二个顶点形成时出货为佳，不必急于在第一个顶点出货，以防假象。中长线投资者应以大时间段的大 M 头形成为准，股价有效跌破颈线时出货为最后时机，如果预见到 M 头将形成，仍以第二个顶点出货为佳。

七、头肩顶

1．头肩顶的含义

头肩顶是出现最多的一种形态，也是一种最可靠的反转突破形态。

股价在上升过程中，随着成交量的显著增加不断上涨，而回落时成交量减少，此时形成了头肩顶的左肩部分。随后，多方又展开了强烈的上攻，股价创出了新高而再一次回落，成交量略微少于左肩部分，此时就形成了头部。随着股价大幅上涨，获利回吐的压力增大，但买方力量并没有衰竭，股价回落至某一低点时再获得支撑而出现回升，但回升高点却低于头部顶点，同时成交量明显减少，于是就形成了右肩部分。

2．头肩顶的研判

从图 5-23 中可以看到，在 A 点以前，上升趋势不变，毫无反转的迹象，同时，成交量在价格上升的同时相应增加；从 A 点到 B 点，股价调整性下降，成交量减少；然而，在 C 点，当股价上涨突破 A 点时，成交量有所减少；随后股价跌回到 D 点，这一轮下跌的低点低于前期的高点 A，甚至跌到前一个向上反弹的低点 B 处。然后股价再次上冲到 E 点，但却无力达到前一轮高点 C 处，成交量也更小，之后股价再次下跌。

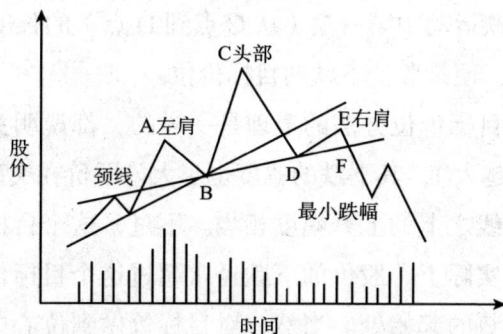

图5-23

通过两个向上反弹的低点（B点和D点），可以画出一条线，称为颈线。颈线一般轻微上斜（也可能水平，或者倾斜向下）。只要收盘价在颈线之下，即收盘价跌破了由B点和D点构成的直线，就可以确定下降趋势的开始，头肩顶形态完成。头肩顶形态完成后，股价向下突破时成交量是否迅速放大并不重要。

趋势反转后，股价经常会出现反弹现象，即股价重新回到颈线或者D点附近，并伴随着较小的成交量，当然股价的反弹并非必须发生。如果股价在跌破颈线的初始阶段成交量较大，那么反弹的可能性就小；如果股价在突破颈线时的成交量较小，那么反弹的可能性就较大，并且反弹行情结束后的下跌行情经常伴随着成交量的显著增加。

头肩顶形态通常有以下特征：

（1）存在上升趋势。

（2）左肩伴随着较大的成交量，随后股价向下调整到B点。

（3）伴随较小的成交量，股价上升到新高点C处。

（4）随后的下跌使收盘价低于前期高点A处，并且接近前期反弹的低点D处。

（5）第三轮上冲伴随显著减少的成交量，且无力达到C点的高度。

（6）收盘价低于颈线。

（7）股价反弹回颈线，然后下跌创新低点。

3. 头肩顶形态反转后股价下跌目标价位的测算方法

（1）先量出从头（C点）到颈线的垂直距离，然后从突破颈线的F点开始，向下量出相等的距离，便是股价下跌的目标价位。

（2）先量出下跌运动中第一浪（从C点到D点）的长度，然后从D点往下量出相等的距离，便是股价下跌的目标价位。

上述两种测算目标价位方法的道理是一样的，都说明头肩顶形态的高度越大（即股价波动越大），其下跌的幅度也越大。股价在突破颈线后所下跌的幅度，同股价在颈线之上的上升幅度相当。不过，这个目标价位仅是最近可能的目标价位，而实际上，股价的下跌经常超过这个目标价位，最终的目标价位是先前上升趋势的起始处。当然，对目标价做到位心中有数，对判断后市股价的下跌空间无疑是大有帮助的。

4. 头肩顶的操作要领

通常，短线投资者以右肩形成时出货为佳。头部出货当然最佳，但有可能在确定不是头肩顶形态时少赚差价。中长线投资者应以大头肩顶形成、股价有效跌破颈线时出货为最后时机。如果预见到头肩顶将成，仍以右肩出货为佳。形态已经形成、股价跌破颈线后又一次反弹至颈线附近时为最后清仓机会，如图5-24实战图。

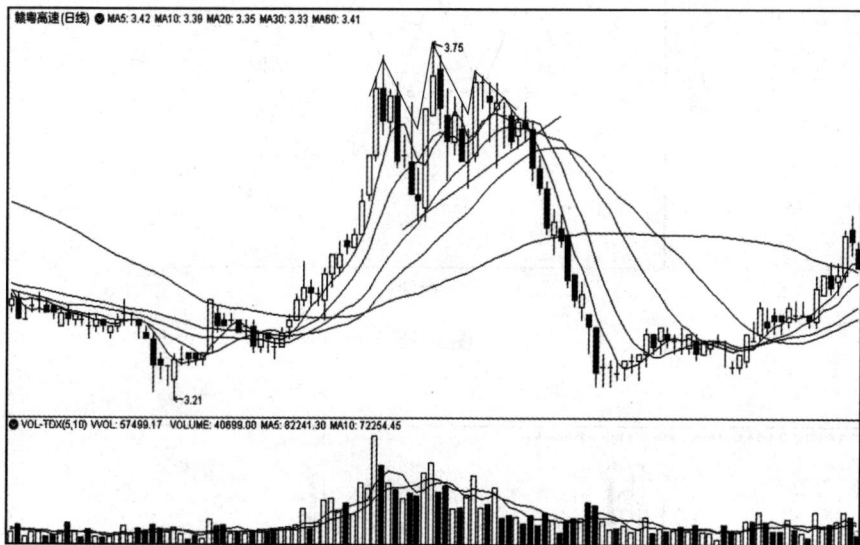

图5-24

八、三重顶

1. 三重顶的含义

三重顶又称为三尊头，它通常出现在上升趋势中。一般认为，三重顶是头肩顶形态的变体，如图5-25所示。两者的主要区别是：三重顶的三个峰值大致水平，而头肩顶形态的左右肩高点明显低于中间头部高点。

2. 三重顶形态的研判与操作策略

由于三重顶是头肩顶形态的变体，因此，在对三重顶形态的研判和操作策略中，可以直接应用对头肩顶的研判方法和操作策略。但必须注意三重顶与头肩顶的重要区别是三重顶的颈线是水平的。同时，在对三重顶进行研判时，要警惕其未来走势演变成为持续的矩形形态。因此，应把涨跌幅度结合起来研判，如涨幅已大，三重顶形态形成的可能性也大，否则三重顶形成的可能性较小，如图 5-26 所示。

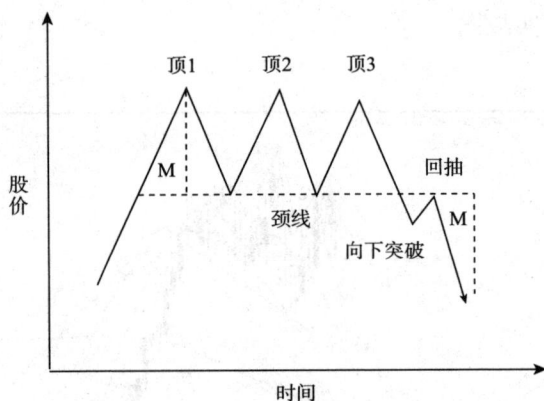

图5-25

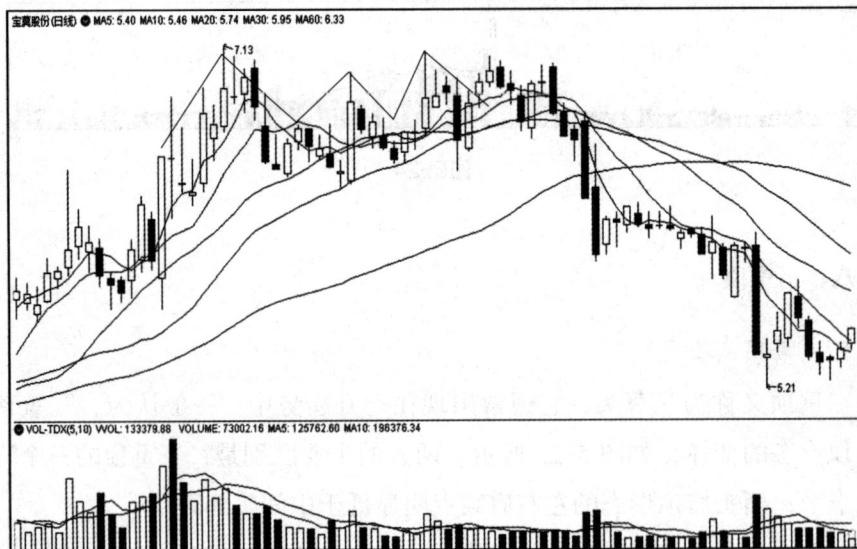

图5-26

九、圆弧顶

1. 圆弧顶的含义

圆弧顶形态比较少见。圆弧顶形态代表着趋势处于平缓的变化。顶部的交易量随着市场的逐步转向而缩小。最后，当新的价格方向占据主动时，又相应地逐步增加。一般认为，圆弧顶是股价下跌的预兆，如图 5-27 所示。

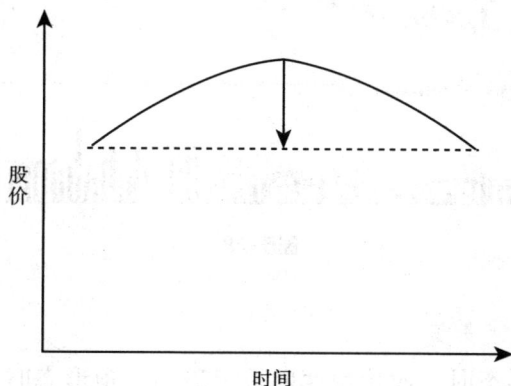

图5-27

2. 圆弧顶的研判

圆弧顶的形成过程与头肩顶形态中的复合头肩顶有相似的地方，只是圆弧顶没有明显的头肩的感觉。这些顶部的位置都差不多，没有明显的主次之分。这种走势的形成在很大程度上是源于一些主力的炒作。他们手里有足够的股票，如果一下抛出太多，股价下跌太快，只能一点一点地往外抛，股价跌得多时，还得买些股票回来，直到手中股票接近抛完时才会大幅度打压，一举把股价打压到很深的位置，如图 5-28 所示。

在识别圆弧顶时，成交量是很重要的因素。在圆弧顶的形成过程中，成交量的变化过程是两头多中间少，越靠近顶部成交量越少，顶部成交量最少。在突破后的一个阶段，有大的成交量放出。

圆弧顶是一种重要的反转形态，可以出现在大、中、小行情的局部高点，形成短期或长期顶部，圆弧顶形成所花的时间越长，今后下跌的幅度就越大。

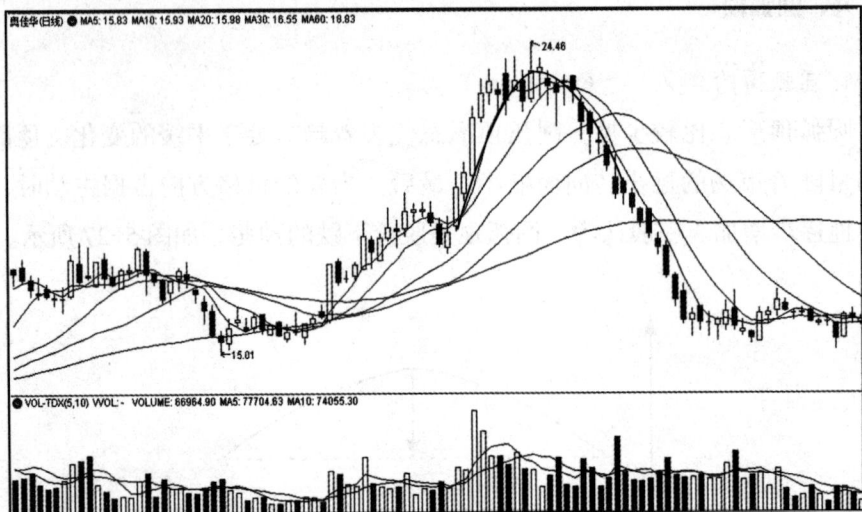

图5-28

3.圆弧顶的操作要领

出现圆弧顶形态时，股价快速向下突破圆弧顶形态时为最后出货时机。圆弧顶的形成是一个缓慢的过程，有较充分的观察时间和行动机会。如果能观察到明显的圆弧顶将形成，应在圆弧顶的右半部即缓慢下跌时出货为佳。不要过早出货，以防形态有变而造成损失。

十、潜伏顶

1.潜伏顶的含义

股价经过一段时间上升后，在某个变动不大的区域内缓慢小幅波动，随着时间的延长几乎变成一条水平的直线，之后突然向下突破，形成潜伏顶。图5-29为潜伏顶示意图，图5-30为潜伏顶实战图。

2.潜伏顶的研判和操作策略

在对潜伏顶形态进行研判和操作时，应把握如下要领：

（1）潜伏顶是一种反转形态，可以出现在大、中、小行情的局部顶点，形成长期或短期顶部，图形大小决定其作用大小。

（2）可以把潜伏顶理解成"平顶"，即股价走了较长时间的平台之后向下突破。如果两边略有下弯，则可按圆弧顶操作。

（3）在股价出现向下突破时出货，这也是最后的出货时机。

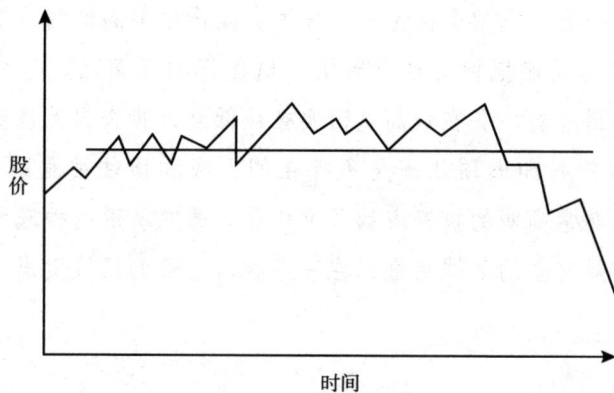

图5-29

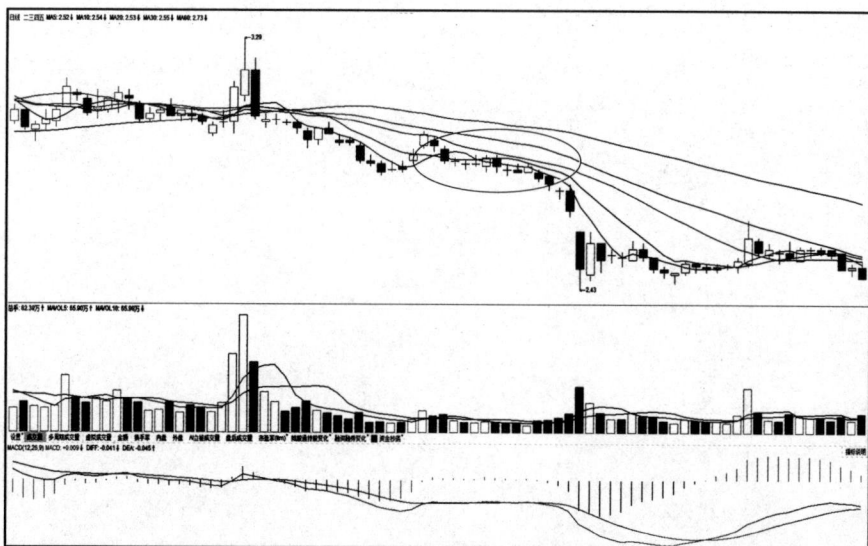

图5-30

本章操作提示

成功的抄底与逃顶是衡量一个投资者操作水平高低的重要依据，优秀的投资者总是能把握好进出时机，抓住好的买卖点。与之相反，有的人往往踏错节奏，买在最高点而卖在最低点，损失自然惨重。

绝对的抄底和逃顶几乎是不存在的，底和顶往往是瞬间形成的，即使是技术非常高明的投资者都很难抓住。通常所说的抄底和逃顶，是指在一个相对安全的区域买进，在一个相对危险的区域卖出。

第六章

股市操作经验与诀窍

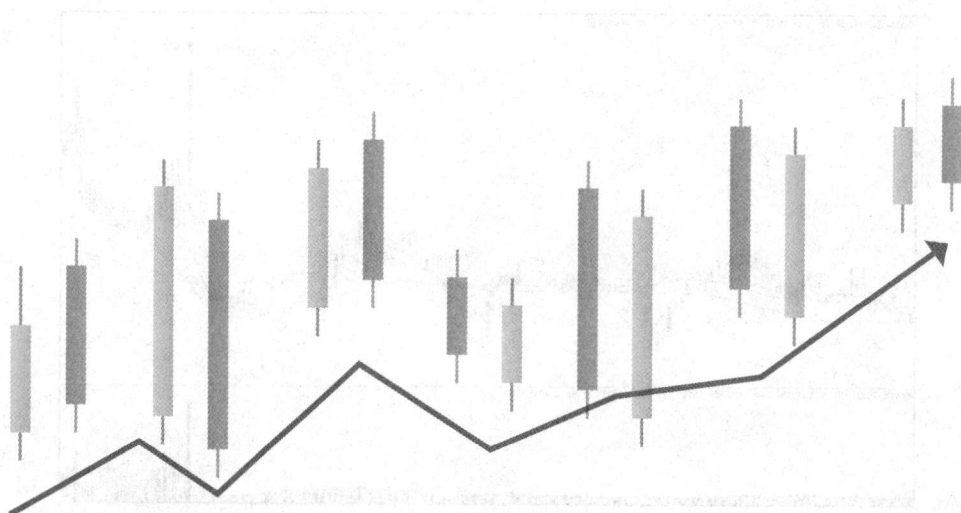

一、用战略眼光挖掘潜力股

抓住一只好股票是成功的开端。因此，我们不能仅仅满足于买到会上涨的股票，还要用战略的眼光去寻找最具潜力的股票。

1.选择有宽广底部的个股

首选对象是有漫长的筑底过程的个股。这是因为一只股票在低位盘整的时间越长，主力收集筹码的平均持仓成本就越低，做长线或者是做中线的可能性就越大，一旦向上突破，后市的涨幅往往也比较大。

如图 6-1 所示的长虹华意（000404），该股就形成了一个具有长达半年之久的三重底，三次下探是主力打压收集筹码的过程，期间成交量温和放大，随后放量冲破三重底的颈线，稳稳地站在了上方。这一行为已经说明了主力收集筹码基本完成，往上拉升已成定局。如果在这个三重底的区间内主力要出货，则早已出得一干二净，股价还能往上突破颈线吗？这个问题可能有很多投资者没有认识到，以致在刚刚突破时选择了出局。

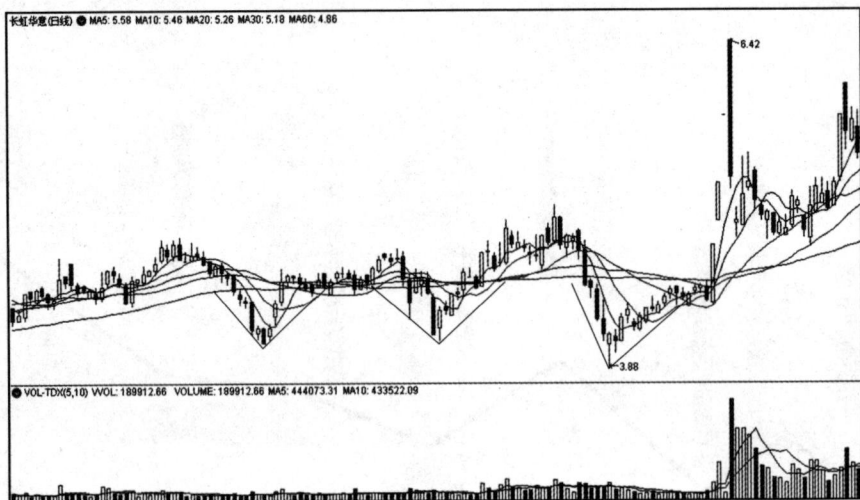

图6-1

2.选择突破时有巨大成交量的个股

观察成交量的变化是研判黑马股的重要手段。无论什么时候，一只股票在向上突破时没有伴随巨大的成交量，多半是假突破。因此，突破时能不能放出大成交量，是决定其日后走势强弱的一个重要标志。

3.选择有极高相对强度的个股

相对强度是我们选股的重要手段之一。所谓相对强度，就是指一只股票与一群股票，或者一只股票与大盘指数之间的走势强弱比率关系。比如，当大盘上涨10%时，如果某只个股在同一时期上涨幅度小于10%，我们就说这只股票的相对强度弱于大盘；而另一只个股的涨幅在同一时期上涨大于10%，我们就说这只股票的相对强度强于大盘。个股强于大盘的程度越大，相对强度就越高。当大盘下跌的时候某只股票却在上涨，则说明该股的相对强度很高。

我们不能买进相对强度较弱的股票。这是因为，如果大盘持续上涨，个股尽管也在上涨，但是相对强度却较弱，常常说明该股的上涨是被动的，多是受大盘上扬的带动，表明这只股票的上涨空间将十分有限。反之，相对强度高的个股，将来上涨的空间就很大，这是我们选股时应该重点考虑的问题。

4.在悲观的市场气氛中选股

在悲观的市场气氛中，大多数投资人都十分谨慎，出于恐惧心理，投资人极易卖出手中的筹码。因此，机构只要稍稍拉高股票，就能够吸进大量的筹码。由此可以得出，越是悲观的市场气氛越是买进的最佳时机。市场气氛热烈的时候，大多数投资人往往对未来满怀希望，机构很难吸到大量的筹码，所以尽量不要在市场气氛热烈的时候买进股票，否则获利的概率不高。

一般来说，只要有主力大量买进某只股票，就是这只股票大幅上涨的开始，没有绝对的把握，他们是不会轻易大举进场的。因此，只要找到了被主力机构不顾一切大量买进的股票，就等于找到了未来的龙头。以上方法就是为这一目的而设。当以上条件同时具备时，为最佳买入时机。也就是说，某只股票在大盘长期下跌过程中，它反而形成宽广的底部，最后在市场一片看空中，在一定的强度下，随着巨大的成交量向上突破颈线时，即是最佳的买进时机。这样形成的买进时机在实际操作过程中成功概率极高，因此称为"黄金买点"。但是真正完全符合以上条件的投资机会少之又少，有时，符合前面的两个条件，同时股价向上突破时，也是较好的买进时机，成功概率相对较高，同时也应该十分慎重。

二、看筹码集中度捕捉大牛股及抓住其主升浪

筹码集中度反映了该股每个账户中的平均持股数量。在流通盘不变的情况下，筹码集中度的提高直接表现为平均持股户数的大幅减少，而这也意味着有主力正在悄悄地吸筹，散户正在撤出。

筹码的持股分布如果判断准确，成功的希望就增加了许多。判断持股分布主要有以下几个途径。

（1）上市公司的报表。有两种判断方法：一是将前10名股东中所持的流通股累加起来，看掌握了多少，这种情况适合分析机构的介入程度；二是推测10名以后的情况，假如最后一名股东持股量不低于0.5%，则可判断该股筹码较为集中。假如第10名持股占流通股低于0.2%，则可判断其集中度低。

（2）公开信息制度。根据涨幅榜中排名的股票，就能找出个股中前几个成交金额最大的营业部或席位的名称以及成交金额，假如这些营业部席位的成交金额占到总成交金额的40%，即可判断有主力进出。

（3）盘面和盘口。盘面是指K线图和成交量柱状图，盘口是指即时行情成交窗口。主力建仓有低吸建仓和拉高建仓两种。低吸建仓每日成交量低，盘面上看不出，但可从盘口的外盘大于内盘看出来；拉高建仓导致放量上涨，可从盘面上看出；主力出货时，股价往往萎靡不振，或形态刚走好就又跌下来，一般下跌时都有量，可明显看出。

（4）换手率。如果某只股票在一两周内突然放量上行，累计换手率超过100%，则大多是主力在拉高建仓。对新股来说，如果上市首日换手率超过70%或第一周成交量超过100%，则一般都有主力入驻。

（5）股价徘徊时间。如果某只股票长时间低位徘徊（一般来说时间可长达4～5个月），成交量不断放大，或间断性放量，而且底部被不断抬高，则可判断主力已逐步在低位收集筹码。应注意的是，徘徊的时间越长越好，这说明主力将来可盈利的筹码越多，其志在长远。

大牛股的主升浪是最容易赚钱的一段。那么，我们如何才能捕捉到如

图 6-2 所示的大牛股呢？

　　一般大牛股的主力应是很有实力的主力，他们看中的是该股票的基本面，往往敢于在逆市中建仓，等大势转暖，自然会拉高。大牛股的吸货特征如下：

　　（1）底部逐渐抬高，顶部也在逐渐抬高。

　　（2）结合同期上证指数看，逆市飘红，说明有资金在里面抵抗下跌。这类股票在建仓期主力做不到高抛低吸，上下波动范围不大，主力暗中吸筹，拉升急了就有一股力量压下来，说明有资金在控制股价的走势，意在建仓。

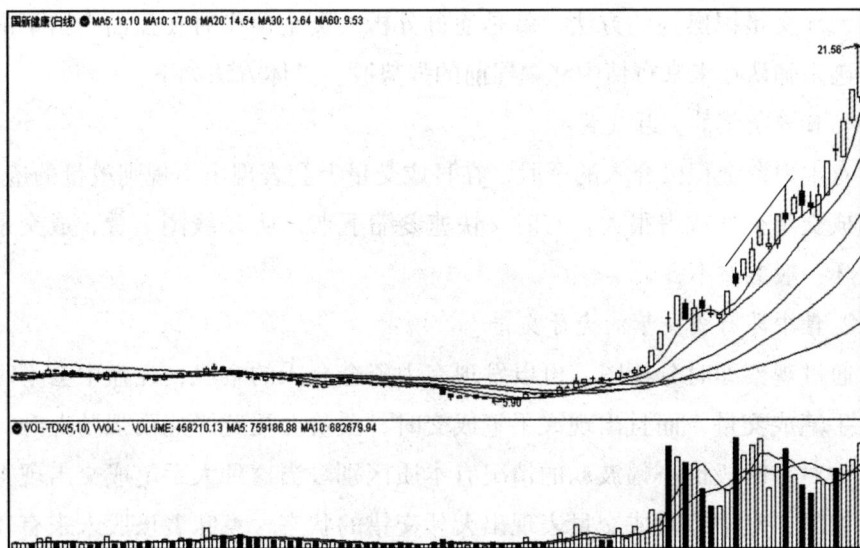

图6-2

　　（3）红肥绿瘦。这可以从换手率看出，阳线换手率远远大于阴线换手率。大牛股的换手率一般是阳线的换手率为阴线换手率的一倍。

　　大牛股主力在做盘前是有征兆的，会打破建仓期时股价高了就压下来的规律，先拉一根中阳线，让不坚定的散户及短线操作者获利出局，以减轻拉升的抛压。

　　那么何时买入呢？最好的买点应是放量的阴线之后。因为主力一定要最后再次洗盘，让散户误认为股价见顶了。

三、犬牙交错识黑马

股市中各种选黑马股的方式方法，归根到底就是如何识别主流资金的动向。

主流资金在关注和介入个股的过程通常比较隐蔽，以免在股价处于低位时吸引众多跟风盘，给未来行情的发展造成困难。但是，股市又是非常敏感的，规模庞大的主力资金的介入，必然引起市场的变化，通过分析这些市场变化，就可以使投资者大致了解主力资金的动向，从而识别出未来行情中的强势股。

犬牙交错识黑马的方法，就是通过分析大资金运作时在盘面中留下的蛛丝马迹来确认在未来行情中涨幅居前的强势股。具体方法如下：

1. 日成交量的犬牙交错

有主力资金积极介入的个股，在日成交量上会表现出不规则放量的迹象，有时成交量突然放得很大，有时又快速萎缩下来，从K线图上看，成交量如同犬牙一般参差不齐。

2. 盘中即时成交量的犬牙交错

通过观察即时分析图，可以发现有力资金介入的个股，在盘中会不时出现大手笔成交量，而且出现大手笔成交时，股价会受此影响而强劲上升，这和盘中对敲时股价小幅波动的情况有本质区别。当这种大手笔成交出现得较为频繁时，盘中即时成交量表现出犬牙交错的状态，意味着该股未来有较大的扬升机会。

3. K线形态的犬牙交错

在主力资金介入个股过程中，无论怎么掩饰，都不可避免地会引起股价的震荡，表现在日K线上就是时不时地留下较长的上下影线。如果将K线实体形容成嘴唇的话，那么长上下影线就像牙齿，当影线出现的次数过于密集时，从一个方面说明该股正在受到外围资金的作用力影响，投资者需要积极加以关注。

应用这种识别黑马股的技术时，最值得注意的要点是：犬牙交错只能说明主力资金正在积极介入，但资金的介入和个股的拉升是两个环节。有时主力即使完成了介入过程，但由于受市场因素、自身资金因素、上市公司基本面因素等各种情况的影响，也不会立即发动涨升行情。这时稳健的投资者可以逢低逐渐买进，而投资水平较高的投资者可以密切关注、耐心等待，选择股价正式启动时再介入。

四、依据均线捕捉黑马股的技巧

当一只股票出现 5 日均线和 20 日均线双双跨越 90 日均线后，其黑马股性质已基本确定，此时可果断建仓，坚决持股。应集中注意力关注 5 日均线的变化，只要不破 20 日均线就可以继续持有。如果 5 日均线走弱并跌破 20 日均线，此时应减仓操作，一旦 5 日线跌破 90 日均线，则应坚决抛空离场。中长期均线的研判有以下一些方法：

（1）股价经历漫长的下跌后，最好经过一次放量反弹，后缩量二次探底，创新低后止跌。其后，成交量温和放大，并于几次主动放量上攻，并触及 120 日均线，主动修复乖离率过大的均线系统，使 30 日、60 日、120 日均线走平黏合后即可考虑进入。

（2）在满足第一点的股票中，寻找当前价位距离其前期密集成交区高点与平台较远或已经向上突破，突破之前长期、短期均线收拢黏合时间较长，股价在线上、线下微幅震荡，并于某一结点处放大量拉长阳（或向上跳空形成突破缺口）的股票，经有效回抽确认（缩量，回抽较浅，30 日线支撑有力且仍保持上升趋势）后可介入。

（3）一旦股票进入拉升期，20 日、30 日均线应始终保持上升。应计算每日涨幅与大盘涨幅的比率，若强于大盘，则继续持有，并应注意短期、中期、长期均线之间的乖离率，其过大意味着短线利润丰厚，随时可能转势或至少会出现回档调整。健康良好的均线系统不应"过分"向上发散（尽管这意味着强势，但只能是短线强势），而良好的均线形态应是短期、中期、长期均线均保持同步平行匀速向上的，这样的股票涨势长久而稳健。

（4）一只股票，当出现投资者由不屑到关注，再到一致看好时，应留心其可能出现的震荡，随时警惕。20 日、30 日均线一旦走平，立即考虑离场。

五、发现当天黑马股的操作要领

在每日正式开市前，通过集合竞价来浏览大盘和个股，这是一天中最宝贵的时间，也是捕捉当天黑马股的最佳时刻，这是一些股市高手经过多年总结得来的宝贵经验。

通过观察大盘开盘的情况（是高开还是低开），能发现个股是怎样开盘的、主力的计划怎样。重要的是，在这短短的时间内要迅速做出反应。具体方法如下：

（1）在开盘前，将通过各种渠道精选可能上涨的个股输入计算机自选股里，进行严密监视。

（2）在开盘价出来后，判断大盘当日的走势，如果没有其他变化就可以选个股了。

（3）开盘半小时内，打开综合排行榜，盯住首笔量大、量比超过 20（越大越好）的个股。这样的股票有实力振臂一呼，青云直上。

（4）快速浏览这些个股的日（或周）K 线等技术指标，做出评价，选出技术上支持上涨的个股，如日 K 线形态是否彻底摆脱中线下降通道的束缚，是否有突破短线颈线压力的迹象。如果当前 K 线已完全摆脱这两者的约束，那么天高任鸟飞，海阔凭鱼跃，有理由大胆看多、做多。

（5）开盘成交时，紧盯以上有潜力的个股，如果成交量连续放大，量比也大，观察卖一、卖二、卖三挂出的单子是否都是四五位数的大单。

（6）如果该股有大单连续上攻，应立即打入比卖三更高的买入价买入。

（7）在一般情况下，股价开盘上冲 15 分钟后都会有回档，此时应当高度注意，准备随时应战。当发现盘中再次放量果断攻击并超越前高点的一刹那，挂出比当前价格稍高的买单，十有八九会坐上"轿子"。

（8）在同等条件下，选择量比较大的个股，选择 15 分钟内有回调迹象的个股，选择摆脱中短期下降通道的个股，选择盘子相对较轻的个股。

六、短线选股要诀

短线操作是炒股高手的游戏，要求股市知识功底深厚，熟谙主力操盘手法，心理素质上佳。更重要的一点，要有时间时刻关注主力的一举一动。但很多人不知道怎么选股，要么是听别人推荐后去买，要么是看股票开始涨了，忍不住诱惑跟了进去，这样炒股票的人早晚是主力的猎物，被主力吃掉。

以下是短线选股的一些基本要领：

（1）每个板块都有自己的领头者，看见领头的动了，就马上看这个板块其他个股的情况。

（2）密切关注成交量。成交量小时分步买，成交量在低位放大时全仓买，成交量在高位放大时全仓卖。

（3）回档缩量时买进，回档量增时卖出。一般来说，回档量增是主力在出货。

（4）RSI 在低位徘徊三次时买入，在 RSI 小于 10 时买入，在 RSI 高于 85 时卖出，RSI 在高位徘徊三次时卖出。股价创新高，RSI 未能创新高时，一定要卖出。

（5）心中不必有绩优股与绩差股之分，只有强势股和弱势股之分。

（6）均线交叉时随后会有一个技术回调。交叉向上，回档时买进，交叉向下，回档时卖出。5 日和 10 日均线都向上，且 5 日均线在 10 日均线上时买进，只要不破 10 日均线就可以继续持有。这一般是在做指标技术修复。如果确认破了 10 日均线，5 日均线调头向下时则卖出。因为 10 日均线是操盘者的成本价，他们一般不会让股价跌破 10 日均线。但也有实力特强的主力，在洗盘时会跌破 10 日均线，但是 20 日均线一般不会破，否则大势不好无法收拾。

（7）追涨杀跌有时用处很大。强者恒强，弱者恒弱。炒股，时间概念很重要。

（8）高位连续出现三根长阴线则尽快离场。低位出现三根长阳线可以买进，这通常是回升的开始。

（9）在涨势中不要轻视冷门股，这里通常会出现大黑马。在涨势中也不要轻视问题股，其中也可能出现大黑马。

（10）设立止损位。这是许多人都意识不到的，也是许多人亏损的原因。一般把止损点设在跌 10% 的位置为佳。此外，短线判断好股票的标准有以下几个方面：

①外盘较小，内盘较大，但股价不下跌的股票。

②外盘和内盘均较小，股价轻微上涨的股票。

③放量突破最高价等上档重要压力线的股票。

④某天放巨量上涨，第二天仍强势上涨的股票。

⑤大盘横盘时微涨，大盘下行时却走得更强的股票。

⑥遇利空消息放量而不下跌的股票。

⑦有规律且长时间小幅上涨的股票。

⑧无量大幅急跌的股票。

⑨送红股除权后又上涨的股票。

七、大跌后选股的诀窍

股票市场中，下跌是常有的事儿。股谚云：有涨必有跌。尽管市场大跌是不可避免的，但其实下跌后反倒容易产生机会，尤其是大跌，即便不是形成大底，其后也多半有较好的反弹出现。那么，大跌后如何选股呢？

（1）量价关系配合良好，成交活跃，大跌后短时期内股价形成多头排列的股票还较少，此时必须选择有成交量配合的股票，交投要活跃，如此方能有获利的可能。

（2）有中长线投资价值。选择的标的股仅仅有投机价值还是不够，还需要有中长线投资价值，在具备中期上升空间的基础上，兼有一定安全边际。最好是选择次新股，盘子小，公积金、净资产高，此类个股一般也具有较好的成长性，一旦大势回暖，上升空间较大。

（3）从强弱方面着手。市场大跌时，也有少数强势品种逆势走强，待大势向好或反弹时，此类品种一般更为强势，即通常所说的强者恒强。许多投资老手在股市大跌时专门关注涨幅榜前列个股，即此道理。大跌后选择跌幅最深的品种也是同种思路。一般而言，跌得越厉害，其后的反弹也可能越大。

八、测算主力持仓量的诀窍

股价的涨跌，在一定程度上是由该股筹码的分布状况以及介入资金量的大小决定的。动用的资金量越大，筹码越集中，走势便越为稳定，不易受大盘所左右；动用的资金量越小，筹码分散在大多数散户手中，股价走势涨难跌易，难有大的作为，如何估算主力持仓数量呢？可以通过以下方法来判断：

（1）吸货形态。主力吸筹一般分为两个阶段，低位吸货和拉高吸货。初级吸货阶段的持仓量比较容易计算，一般吸筹量应占全部成交量的15%～30%的水平。

（2）吸货时间。对于一些吸货期非常明显的个股，大致测算主力持仓量较为简单，其公式为：

$$主力持仓量＝吸货期×吸货期每天平均成交量$$

从公式中可以看出，吸货期越长，主力持仓量就越大；每天成交量越大，主力的吸货也就越多。

（3）换手率状态。在许多情况下，如果股价处于低价位区域时，成交相当活跃，换手率很高，但股价的涨幅却很小，一般都属于主力的吸筹行为。换手率的计算公式是：

$$换手率＝吸货期成交量总和/流通盘×100\%$$

就这方面因素来说，股价在低位区域换手率越大，表明主力吸筹就越充分。这点也提醒投资者应该重点关注那些股价在低位且成交量变化稍显逊色的个股，它们将是下一阶段机会较多的一批个股。

（4）上升途中。在一般情况下，股价上涨都伴随着成交量的同步有效放大，技术上称之为"价涨量升"，这往往是获利盘、兑现盘急于出局所造成的。然而，也可以看到有些个股随着股价的不断上涨，成交量反而逐渐缩小，这表明主力的持仓量较大，没有多少浮筹在外面，这种个股只要大盘不转势、走势不破位，都可以继续持仓与主力共舞。

九、主力常用的出货方法

主力常用的出货方法有以下几种：

（1）小单出货法。有耐心的主力一般每次只卖出2000～8000股，基本不超过1万股，弱市下可能每次只卖出1000股或者更少。

（2）大幅砸低股价出货。比如一只股票，现在股价是11元，主力突然用10万股的量砸到10.45元，然后股价再恢复原形。买进的人以为拣了便宜，没有买进的人以为也可以拣个便宜，所以积极在10.45元附近挂买单。之后主力再次卖出20万股，将股价打低。由于股价是突然下跌的，所以，买进的人多，主力可以出的货也比较多，而实际上10元是主力的心理出货价格。

（3）先吃后吐。主力会先把价格拉高5%～10%，并且在高位放量，显示的就是实买盘，多数人会认为主力在买进，风险不大，所以积极跟进。而主力则逐渐出货，股价逐渐下跌。如果做得好，可以出很多货。在这种情况下，主力在高位买进的可能确实是实盘。比如买进50万股，但随后他可以在低价位抛出100万股或者200万股，总的来说还是卖多于买。

（4）跌停板开盘出货。开盘直接跌停，许多人一看股价如此便宜，常常会有抢反弹的冲动。如果不是出货，股价常会立刻复原，你几乎不可能在低位买进，如果此时在跌停板附近从容买进，以后可能就要"吃不了兜着走了"。

（5）涨停板出货。主力把股价直接拉到涨停板附近，然后故意在涨停板上放几十万或者上百万自己的卖单，等待追涨的人买进，有时自己还吃掉一部分，然后股价封住涨停板，并在涨停板上挂上几百万的买盘，让其他人急忙挂买单。之后主力把自己的买单逐渐撤掉，再逐渐重新挂上买单，随后再自己慢慢出货。所以如果一只股票在涨停板上成交量比较大，就是出货的迹象。

（6）飘带式出货。这也是一种常见的出货方式。主力在每一个买盘上都挂上几万甚至几十万的买盘，促使股价逐渐飘带式上移，总会有沉不住气的人勇敢买入，其实上面的卖盘是主力自己的，因为持仓者都想卖最高价格，这时一般不会在一定价格上挂出卖单，大多数人认为飘带式是主力的拉高方式，其实这是一种出货方式。

（7）利用除权出货。股票被主力控盘后，经过长期炒作，大部分筹码已被高度锁定，成交量十分稀少，很难吸引散户跟风，正所谓高处不胜寒，要完成出货绝非易事。而股价一旦经过除权之后，就会回到相对低位，令人感到并不是那么高了。事实上，经过除权之后，股价仍处于高位，许多人不明真相，以为是刚从底步启动，盲目跟风，从而成为主力拉高出货的牺牲品。

十、解套的方法

投资者在套牢时，应采用损失最小的解套操作方法。常用的解套方法有以下几种：

（1）分步解套法。适用于平衡市中套得较深的股票，优点是能明显缩短解套时间；缺点是把握不好容易踏空，在牛市中不太适用。操作原则：一是如果手中有多只股票被套，应利用板块轮动的特点，集中资金，选择先启动的个股进行操作，等解套后再对其他股票一一击破；二是必须在上升通道中低吸高抛，当股市处于弱势时，由于获利比较困难，不宜进行操作。

（2）死捂解套法。适用于买入价位较低、适合长线投资的股票。优点是无须增量资金，无操作难度，缺点是消极被动，会错失许多投资机会，部分股票可能不能解套。操作原则：一是捂绩优股不捂绩差股；二是捂低不捂高，股价必须尽量接近底部区域，如股价在中高位，则宜采取更加积极的解套策略（如止损法）。

（3）摊平解套法。适用于仓位较轻的投资者，优点是容易掌握，操作得当时解套较快；缺点是在下跌中继形态中摊平会加大风险。操作上，可把握摊平时机，即指数见底个股走强，股价创新低且有止跌迹象，股价在底部区域，股票有投机或投资价值。向下摊平的"金字塔"式操作是最普通的一种操作方法，即随着底部抬升买入量越来越少。

（4）换股解套法。适用于基本面趋弱或无资金关照的股票，优点是不受原被套股票的束缚，能有效控制风险；缺点是换股失误会"赔了夫人又折兵"，产生新的风险。操作原则：一是换低不换高；二是换优不换劣，即换入基本面良好的股票；三是换强不换弱，即换入有资金关照、走势相对强的股票。换股不等于卖出后要立即买入，应在走强时再行介入，以避免再次套牢。

十一、换股的策略

换股时要注意以下几个方面：

（1）换股一定要准确研判整体市场的发展趋势，以及热点的轮换和分化现象，不要漫无目标地随意追涨杀跌，要做到有的放矢。只有认清趋势并确认股指运行于上涨趋势中，而打算换入的股票价格离底部区域不远时，才适宜使用换股策略。大盘处于下跌通道中时，如果手中持有套牢的股票，应该采取坐等和斩仓的方式，切不可急于换股。只有等到股指确认企稳，才能考虑换股。

（2）换股时需要准确地选股，因此要密切关注并选择主流热点板块的个股。换股时需要注意留强换弱，投资者要根据行情的特点和个股的表现情况，卖出手中持有的非主流热点的个股，买入目前属于主流热点板块的强势个股；卖出手中持有的弱势股，把握时机，逢低买入前期明显有增量资金介入，近期能在大盘强势整理期间保持缩量抗跌的强势股，才能取得跑赢大势的收益。

（3）换股要注意新选个股的成交量。个股成交量过度放大，表明入驻其中的主力已获利丰厚，此时个股往往容易见顶回落，这时不适宜换股。当个股成交量过小，甚至一天成交仅数十手或数百手时，一些资金较大的投资者不能急于换股，因为市场中根本没有足够的买盘或卖盘接手。

（4）换股不宜过于频繁。即使投资者对大盘后市发展方向有肯定的把握，也绝不能频繁地换股。最有效的换股是一次就能成功，多次换股是错误的操作行为，说明投资者选股思路紊乱、实施操作轻率。而且，多次换股还会增加交易费用，抬高持仓成本，减少未来的获利空间。

换股是一种主动性的解套策略，如果运用得当，可以有效降低成本，增加解套机会。但换股也是风险较大的一种解套手法，所以投资者在换股时要非常慎重，实际应用中要掌握换股的规律。

（1）留小换大。小盘股因盘子小等原因，容易被主力选中，从而使小盘股股性活跃，走势常常强于大盘。所以，小盘股是跑赢大盘的首选品种。

（2）留低换高。低价股一般容易被市场忽视，投资价值往往被市场低估。但低价股由于处于绝对位低，进一步下跌的空间有限，风险较低。如果是从高位深跌下来的低价股，因为离上档套牢密集区较远，具有一定的涨升潜力。而高价股本身的价格就意味着高风险，使高价股面临较大的调整压力。所以，换股时要换出高价股，留住低价股。

（3）留新换老。新股、次新股由于未经过扩容，流通盘偏小，容易被主力控盘。上市时间不长，没有被疯炒过的次新股，常具有新的利润增长点，且上档套牢盘轻，这些因素都很容易引起主力资金的热情。

（4）留强换弱。如果大盘处于调整时，弱势股就随着大盘回落，幅度往往超过大盘；如果大盘反弹，弱势股即使跟随大盘反弹，其力度也较大盘弱。所以，投资者一旦发现自己手中持有的是这类弱势股，无论是被套还是获利，都要及时清仓，另选强势股，这样才能保证资金的利用率。

（5）留底部放量股，换底部无量股。凡是在底部没有放量的股票，在跟随大盘起伏时会弱于大盘整体走势，即使将来被主力选中，主力在临建仓前也会把它打下去吸筹。如果已经有主力的股而在底部不放量，只能说明主力早已吸足了货，正想着怎么派发，将来的上升空间可想而知。所以，换股时要尽量关注底部放量股。

（6）留主流板块股，换冷门股。有些冷门股，每天波动幅度很小，成交量稀少，如果手中持有这些个股，应该及早把它抛出，换入现在属于主流板块但涨幅还不大的个股。

（7）留有潜在题材的股，换题材明朗的股。市场中经常传一些朦胧题材，至于是否真实并不重要，只要能得到投资大众的认同，股价常有喜人的表现。可是题材一旦明朗，炒作便宣告结束了。所以，换股时，要注意选择一些有潜在朦胧题材的个股，不选利好已经兑现的个股。

十二、熊市中的减亏盈利策略

市场处于熊市时的一些减亏盈利策略：

（1）在熊市初期，股指刚刚有效跌破年线，市场心态不稳，应减少股票持仓量，以持有资金为主，观察和等待机会。

（2）在熊市被确定后，可退出炒股而买国债或者其他风险较小的债券品种，这样可比银行存款的收益高。

（3）在熊市的末期，其特征是短期均线上穿60日均线，年线出现拐头向上，股指向年线靠近，两市总成交量均衡放大，市场出现持续走强的龙头板块。这时，应选择价值型和大机构资金建仓的股票作为其基本投资组合。

十三、运用OBV技术指标的技巧

OBV指标的分析方法比较简单，研判功能比较单一，因此可能存在着失真的现象。在运用 OBV 指标时应注意以下两点：

（1）正负变换寻找买卖点。当股市盘局整理时，OBV 值（或线）的变动方向是重要的参考指标。当 OBV 值从负的积累值转为正值时，是 OBV 研判行情的一个重要利用点。对于一直下跌的股票，OBV 值随着逐渐的下跌会变成负值，然后经过一段时间的小幅上升行情后，负值慢慢变小并向零靠拢时，说明买方力量越来越强。而 OBV 值一旦转为正值，则表示买方取得决定性的优势，股价有可能从此形成一段长期上升趋势，是比较好的长线买进信号。对于股价涨幅很小的股票，如果 OBV 由负转正，说明多方渐渐占据优势，投资者可开始中短线建仓；如果股价出现放量上升，OBV 线也急速上升，则可能是中线买进信号。当 OBV 线从正值转为负值时，也是 OBV 研判行情的一个关键点，操作方向应与此相反。

（2）利用 N 字形判断后期走势。在控制风险上，OBV 指标有一定的参考价值。当 OBV 线连续形成 N 字形上涨状态时，说明上涨的股价将要出现反转；当 OBV 线在连续出现小 N 字形上涨后又出现大 N 字形上涨状态时，则行情随时可能出现反转。

十四、运用布林线指标买卖股票的技巧

依据 BOLL 指标买卖股票须注意以下两点：

（1）可用 5 分钟布林线指标，确定超短线买入时机。当 5 分钟 BOLL 指标突然出现开口扩张特征，股价快速突破 BOLL 上轨压制时，意味着短线买入时机来临。5 分钟 BOLL 的开口扩张力度越大，表明主力拉升力度越强，短期上涨力度也就越大。5 分钟出现开口扩张时，应注意成交量是否快速放大。量能充沛的个股上涨力度大。如果出现指标共振现象，则应视为不可错过的绝佳超短线介入良机。共振指不同周期的 BOLL 指标共同发出买入信号，也指不同的技术指标（KDJ、RSI 等）共同发出买入信号。

（2）如果股价快速突破 BOLL 下轨，指标突然出现开口扩张现象，是走势转弱的明显标志。这也意味着股价跌破了支撑位，短线将破位下行，弱势格局随之来临。但却不能简单将股价突破下轨、开口扩张形态视为卖出时机。可根据分时的 KDJ、RSI、OBV 等多个指标和 K 线组合，运用多种技术手段

确认卖出最佳时机。股价在相对或阶段高位区域出现 BOLL 向下突破情形时，应及时止损。

十五、如何运用 60 分钟 K 线走势图做波段

在大盘处于平衡市中，市场热点的持续性不佳，此时针对大盘与个股进行波段操作就显得尤为重要。而 60 分钟 K 线走势图稳健、快捷的风格此时便会起到很大的作用。

根据实战经验，投资者可以将 60 分钟 K 线走势图中的均线参数设置为 8、26、55、110 小时。其中，55 小时均线是主要代表趋势行情的均线；而 110 小时（一个半月趋势）、26 小时（6～7 个交易日）和 8 小时（2 个交易日）均线则可辅助 55 小时均线来研判个股及大盘方向。其具体操作要领如下：

（1）8 小时均线上穿 26 小时均线之后，26 小时均线上穿 55 小时均线，是重要的中短线进场买入的信号。

（2）8 小时均线、26 小时均线、55 小时均线和 110 小时均线呈多头排列时，为可靠的持仓、守仓信号。

（3）对于 55 小时均线趋势向上且温和放量，同时 26 小时均线有一定上升斜率的个股，往往可在股价回档至 26 小时均线或 55 小时均线附近时再次跟进。

（4）8 小时均线下穿 26 小时及 55 小时均线，且 55 小时均线出现向下的拐点时，需注意获利了结。

（5）8 小时均线、26 小时均线及 55 小时均线若形成向下发散形走势，就应坚决清仓出局观望。

（6）如果个股的 20 日、40 日、60 日均线系统的买卖信号与 60 分钟 K 线走势图均线系统发出的买卖信号相同，那么出入市的成功概率会大大提高。

十六、分时走势图中的价量配合知识

从分时走势图来判断股价运行比较困难，因为它包括的信息量比较少，观察的时间也非常短暂，没有一定的规律。但是，分时走势也并非全然不可把握，某些针对 K 线的量价分析技巧也可以用于大盘分时走势分析。现在就

介绍其中的一种：根据分时走势的量价配合判断股价的短线强弱。

从总体而言，股价在一段时间有可能是放量的或者是缩量的，成交量水平或高或低。但具体到盘中，无论日K线图上是放量还是缩量，分时走势中成交量总有相对较大的变化，也就是说成交量在每一天的盘中都会有局部的波峰或谷底。同样的道理，无论股价运行是下跌趋势还是上涨趋势，日K线图是收阴还是收阳，分时走势在盘中总有小的阶段性高点或低点。根据股价走势与所对应的成交量变化，我们可以总结出两种比较典型的分时走势中的量价特征：

（1）量价同步配合。所谓量价同步配合，就是在分时走势图下方的成交量变化的每一个波峰对应的都是分时走势小波段的每一个高点，局部放量对应的是股价盘中冲高的波段，而局部缩量对应的是盘中回调的阶段。这与通常技术分析中的价涨量增的思路是吻合的，表示大盘或个股的短线走势处于强势状态中。

（2）量价反向配合。量价反向配合与量价同步配合恰恰相反，也就是在分时走势图下方的成交量变化的每一个波峰对应的都是股价分时走势小波段的每一个低点。局部放量集中于股价盘中下挫的波段，而盘中反弹的波段常常对应的是局部缩量，这表示大盘或个股盘中向上震荡时力度减弱，股价短线走势处于弱势状态中，很可能调头向下或继续往下运行。

股价的盘中走势所表现出来的特征，有时候可能既非同步配合，也非反向配合，这里就没有办法明确分析了，所能观察的就是典型走势。同步配合是短线的"强"，反向配合是短线的"弱"。这种强弱虽然仅指盘中走势的强弱，有一点"超级短线"的味道，若直接用来指导操作，有可能因时间短、变化快而使投资者不知所措，或导致操作失误，但它仍有一定的应用价值。

投资者运用分时走势的量价配合，不仅可以观察到盘中走势的强弱，还可以捕捉到较佳的战机。在大盘或个股进入震荡期之后，如果分时走势的量价一直保持反向配合，就不是短线介入的机会，短线介入的机会应该是盘中分时走势的量价由反向配合转变为同步配合的那个时间点；短线出局的机会则是分时走势量价同步配合转变为反向配合的那个时间点。

十七、要把股票当作"生意"来做

做生意有淡、旺季之分。淡季时要反季节销售，通过调低价格，减少库存，搞活资金。所以每到换季时节，各商家门口的"大甩卖""保本价"等活动，便是一种经营策略。而在股市上，也有类似"经营策略"，即"牛市做势，熊市做细"。所谓"牛市做势"，就是当多头行情来临时，要借助大势，重仓或全仓持股，只要大势不调头，便股票不兑现，力争把多头市场行情做足；而"熊市做细"，则是当市场进入空头市场后，撇开大势，精研个股，抓住有题材、有大资金介入的个股炒作不放松，争取做一个成功一个。

买卖股票也有"经营理念"。走在大街上满目望去，小超市、服装店、饭店、酒店最多，为什么呢？因为这是和人们生活中的衣、食、用关系最为密切的，属于"长线产品"。这些生意风险也不大，所以有众多商家介入。同样，有许多股票也属于"长线产品"，像电力股票、公用事业股票、现代农业股票等，这些股票没有"题材"附身时，每年都有一次以上的差价机会，回报大大超过银行利息。"经营"这部分股票，只要选业绩好的，在行情"淡季"时买入，"旺季"时卖出，这种"经营"省事、省心。唯一需要注意的是，一年只做一次，不可贪。

十八、选择买卖点的窍门

投资股票时，任何一次临盘操作都必须具备充分的理由。

1. 选买点的窍门

欲买进的目标股票，日 K 线、周 K 线图必须漂亮，量能要有配合，这是展开买进操作战术动作的战略性前提。

（1）横盘筑底完成，大成交量支撑 5 日均线，大阳线向上突破，当日盘中的任何一次回调低点都是坚决买进的价位。操作中切忌患得患失，计较价位的高低，必须确保一定能够买进，30 分钟均线系统向上金叉为最佳买点。

（2）上涨的初中期，每一次回档缩量小于 5 日均量后，5 日均线再次带量上扬时，均是理想买点。60 分钟分时均线系统向上金叉为最佳买点。

（3）中线操作。可看 30 日均线，只要 30 日均线没有走平，它的方向仍然向上，就应坚决持仓，千万不要被主力短线的凶狠洗盘恐吓动作所吓倒。操作水平提高以后，短线操作可以 5 日均线的方向作为进出依据。5 日均线的方向是股票上涨或下跌趋势开始的信号弹。

2. 选卖点的窍门

（1）精彩卖点为：横盘构筑头部，30 日均线走平，成交量的放大和萎缩没有规则，阶段性天量出现时，一旦 5 日均线走平，向下的信号发出，就必须立即出货，均线系统的向下死叉更是必杀信号。

（2）逃命卖点为：30 日均线一旦向下，必须全线清仓离场。在下降通道中，每一次股价反弹到 30 日均线掉头向下时，均是套牢盘最后的逃命机会。

在实战操作中，心态是制胜的前提。能够做到执行计划有决心，临盘进出有狠心。具备耐心、细心、决心、狠心，则可以纵横驰骋，征战股场，获取最大的胜利。

十九、选股与选时的窍门

先选好股再选时机进入，还是先选好大盘时机再选股呢？这两种方法都比较实用。有的人是先选好大盘时机，再挑股票，把仓位平均分到几只股上，这种方法是根据股票的走势，先选时再选股。另一种方法比前者复杂，它是依据股票的差别，对每只股票分别进行处理，先挑出股票，把仓位分到几只股票上，再根据走势调整每只股票的仓位。

在选时与选股上要注意以下几点：

（1）由于先选时再选股的方法比较简单，所以更适合大多数人，先选股后选时必须有足够条件才能用。

（2）如果在选股上花的时间多，就先选股再选时；如果在选时上下的工夫多，就先选时再选股。

（3）短期来看股票的走势大多数相似，但时间越长个股差别越大。所以，先选时再选股适合做短线。先选时再选股的有效期是以一波行情为限，因为它是在一波行情的起点上选股，直到这波行情走完。先选好股在一波行情中调仓，这样选出的股票有效期比一波行情长，适合做中长线。

（4）先选时再选股比较适合技术面选股。有一种说法叫根据大盘做个股，在不同大盘条件下要选不同技术形态的股票。从大盘到个股，中间的过渡是板块，所以一种常用的分析方法是选完大盘选板块，再从板块中选技术形态比较好的个股。先选股再选时更适合基本面选股，因为从基本面角度看每只股票差别很大。基本面选出股票后，选时调仓一般还是要使用技术分析。所以，以技术分析为主可以先选时再选股，以基本面分析为主则适合先选股再选时。

二十、识别个股启动信号的窍门

一般个股在启动前会先出现蓄势整理或刻意打压的动作，成交量也出现相对地量。开始启动时的 K 线一般为带有向上跳空缺口的中阳线或者小阳线，显示主力蓄谋已久，或者在低位连续出现五六根甚至更多的小阳线，如图 6-3 所示。

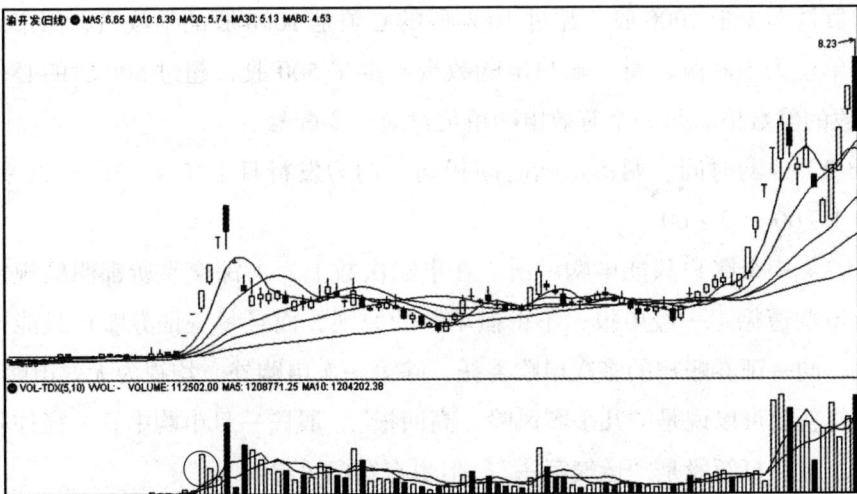

图6-3

成交量突然放大，是指启动日的成交量一般在 7 日均量线的 1 ～ 3 倍，而后成交量连续放大，7 日与 21 日均量线形成黄金交叉后向上发散。当出现个股启动信号后可半仓买入，当个股的上升行情确认且买入部分已有 5% 以上涨幅时可加仓另一半。

值得说明的是：均线上移看涨，均线下移看空。顺势而为至关重要，在涨势中做多和在跌势中做空都是顺势而为。对中长线牛股来说，每次的买入都正确；对大熊股来说，每次的卖出都正确。当然，如果你是短线操作高手的话，就可根据每个小趋势高抛低吸的原则操作。

二十一、打新股的窍门

打新股是指投资者用资金进行新股的申购，如果中签了，就买到了即将上市的股票，这是一种风险较低且收益相对较高的投资方式。打新股有时也会出现亏损，比如破发，即投资者申购的新股上市之后的价格低于发行价，虽然说破发的概率较低，但也还是存在的，所以投资者在打新股时，也要有亏损的心理准备。

作为一个新股民，首先要明确了解以下一些打新股的基本规则：

（1）沪深两市申购单位有区别。沪市规定申购单位为1000股，每一账户申购数量不少于1000股，超过1000股的必须是1000股的整数倍；深市规定申购单位为500股，每一账户申购数量不少于500股，超过500股的必须是500股的整数倍。每一个有效申购单位对应一个配号。

（2）申购时间。两市申购时间相同，均为发行日上午9：30～11：30，下午1：00～3：00。

（3）一个账户只能申购一次。在申购次数上，沪深交易所都明确规定了资金申购遵循"一经申报，不得撤单"的原则，而且每一证券账户只能申购一次，同一证券账户的多次申购委托，除第一次申购外，均视为无效申购。

打新股可以说是"几乎零风险，高回报"，股民一旦申购中签，往往收益颇丰。虽然打新股是"运气第一"，但也有窍门可寻。

（1）回避冷门追热门。当出现多只新股同时发行时，可以优先考虑较为热门的新股。避开先发股，集中资金打后发股，即假如有几只新股先后集中发行，那么，选择申购时间相对较晚的品种。这样操作主要是为了避免在新股刚刚出来时大家"抢筹"。

（2）集中资金打大盘股。如果多只新股同时发行，可选准一只全仓出击，并将目标锁定大盘股以提高中签率。

（3）选择时间有讲究。刚开盘或快收盘时下单申购的中签概率小，而上午 10：30 ～ 11：15 和下午 1：30 ～ 2：00 下单的中签概率相对较高。

（4）可以借助基金力量打新股。目前有不少基金、银行理财产品等都直接打新股，收益率一般在 10% 左右，高的甚至可达 20% 。

至于中签之后继续持有该股还是获利了结，这需要综合分析该新股的行业前景、盈利情况以及上市的交易情况而定，通常长期持有的收益比不上快进快出。

二十二、不宜抢反弹的几种情形

在股市调整过程中，时常会出现反弹走势，反弹行情在追逐利润的同时，也包含着一定风险。具体而言，在市场处于下列情况时，投资者不宜抢反弹：

（1）多杀多局面中不宜抢反弹。多杀多局面下的杀伤力不容轻视，投资者需要耐心等待做空动能基本释放完毕后再考虑下一步的操作方向。

（2）仓位过重不宜抢反弹。抢反弹时一定要控制资金的投入比例，不能重仓，更不能满仓。仓位已经较重的投资者贸然参与反弹行情，会很容易出现全线被套的被动局面。

（3）股市新手不宜抢反弹。参与反弹行情属于短线投资行为，通常需要投资者具有平稳的投资心态、敏锐的判断力、果断的决策和丰富的短线投资经验。

（4）不设止损点不宜抢反弹。反弹行情在提供炒作机会的同时，也说明了市场还未完全转强。在参与反弹行情时应该坚持"安全第一、盈利第二"的原则。

（5）弱势确立不宜抢反弹。当行情处于熊市初期，后市还有较大下跌空间，市场趋势运行于明显的下降通道、行情极度疲弱时，不宜抢反弹。

（6）脉冲行情不宜抢反弹。对于昙花一现的快速反弹行情和涨幅不大的小波段行情，投资者应该以保持观望为主。这类反弹的获利空间十分狭小，可操作性差，缺乏参与价值。

（7）下跌放量不宜抢反弹。抢反弹要选无量空跌股，而不能选择放量下跌股。在股价已经持续下跌一段较长时间后，跌市已近尾声时，此时可以抢反弹。

（8）股价抗跌不宜抢反弹。抢反弹要尽量选择超跌股，抗跌股有可能在股市的某一段下跌时间内表现得比较抗跌，但是，这种抗跌未必能够持久。

（9）风险大于收益时不宜抢反弹。只有在预期收益远大于风险的前提下，才适合抢反弹。

本章操作提示

本章精选了大量丰富实用的炒股高手的一些实战经验，比如如何选股、如何跟主力、如何解套等。

股市只有输家和赢家。对于一位股市新手而言，盲目而又急于试水很有可能得不偿失，甚至损失惨重。因此，研究和借鉴别人的成功经验，无疑会受益良多。新股民学习成功投资者的投资理念和方法，能省去大量精力和时间，有效利用别人创造的智慧，从而避免在错误的趋势方向和时间操作股票。

参考文献

［1］康凯彬. 选股细节［M］. 北京：中国纺织出版社有限公司，2022.

［2］李幛喆. 炒股就这几招［M］. 北京：中国经济出版社，2018.

［3］毕全红. 新盘口语言解密与实战［M］. 成都：四川人民出版社，2018.

［4］刘振清. 股票画线技术入门与技巧［M］. 北京：中国宇航出版社，
     2020.

［5］王坤. 股票投资入门与实战技巧［M］. 北京：民主与建设出版社，
     2021.